丛书主编 卫军英

城市营销

迈向消费驱动时代

周佳 著

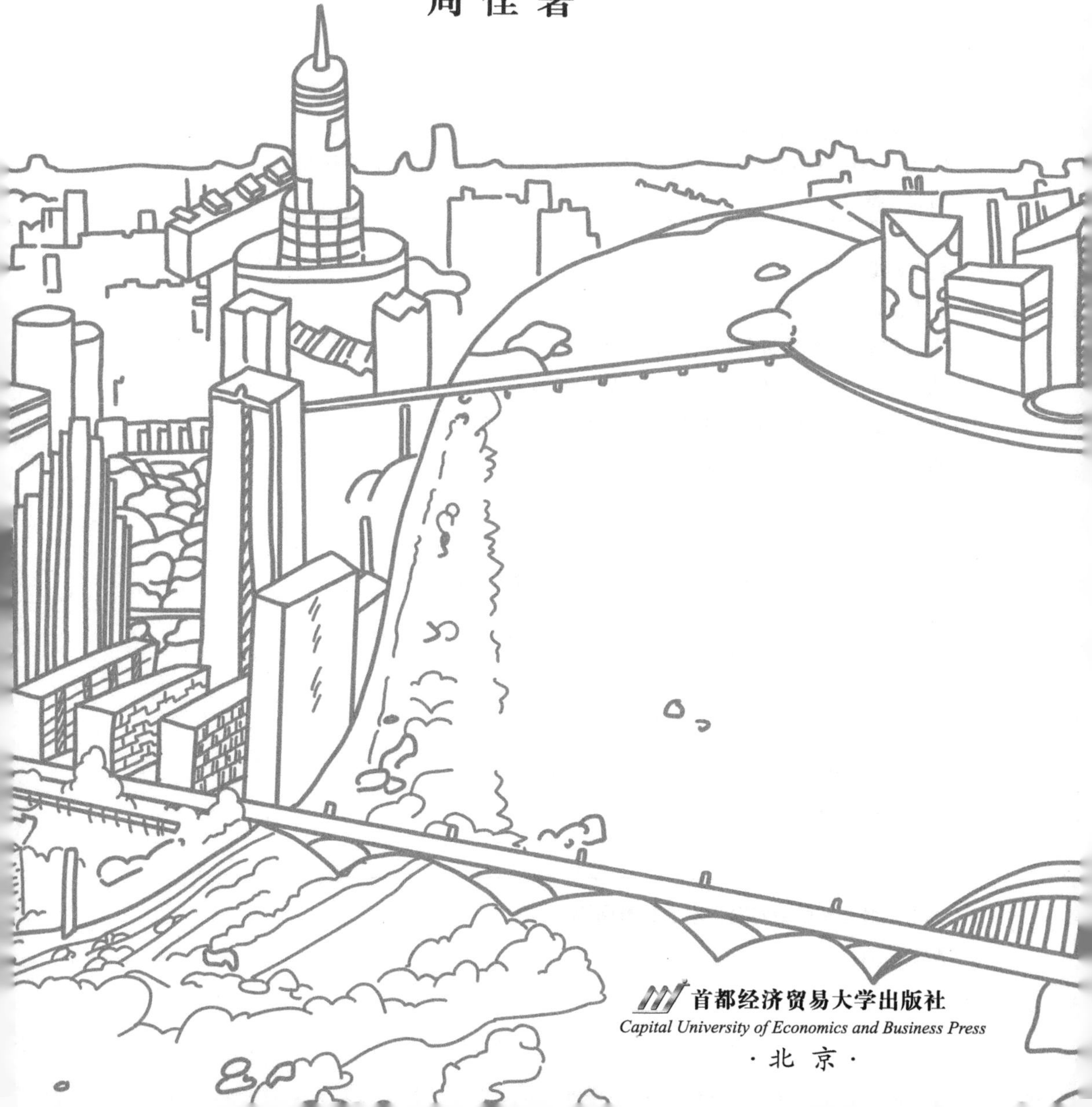

首都经济贸易大学出版社
Capital University of Economics and Business Press

·北京·

图书在版编目（CIP）数据

城市营销：迈向消费驱动时代 / 周佳著. —— 北京：首都经济贸易大学出版社，2021.11

ISBN 978-7-5638-3289-7

Ⅰ.①城… Ⅱ.①周… Ⅲ.①城市市场—市场营销学—研究—中国 Ⅳ.①F723.81

中国版本图书馆CIP数据核字（2021）第218141号

城市营销：迈向消费驱动时代
CHENGSHI YINGXIAO：MAIXIANG XIAOFEI QUDONG SHIDAI
周佳 著

责任编辑	胡兰
封面设计	傅星儒
出版发行	首都经济贸易大学出版社
地　　址	北京市朝阳区红庙（邮编100026）
电　　话	（010）65976483　65065761　65071505（传真）
网　　址	http://www.sjmcb.com
E - mail	publish@cueb.edu.cn
经　　销	全国新华书店
照　　排	北京砚祥志远激光照排技术有限公司
印　　刷	北京建宏印刷有限公司
成品尺寸	170毫米×240毫米　1/16
字　　数	245千字
印　　张	16.5
版　　次	2021年11月第1版　2023年12月第2次印刷
书　　号	ISBN 978-7-5638-3289-7
定　　价	65.00元

图书印装若有质量问题，本社负责调换
版权所有　侵权必究

本书受杭州市社科重点研究基地"城市文化创新传播研究中心"、杭州市一流学科建设项目（人文社科类：东方文化传播）、浙大城市学院科研培育基金资助课题（课题编号：J202121）的支持。

"大运河城市文化书系"
总序

横贯南北的京杭大运河,从苍茫的历史深处流淌而来,穿过两岸林林总总的城市和田野,经历了无数次的改朝换代,淘尽了数不清的泥沙。千百年来桨声灯影,舟楫穿行,千里沧波如镜,千年长歌如诉。这条历经沧桑依然颜容不变的大河,作为中国历史文化的一个见证,在我的印象里宛然是中华民族从农耕文明走向工业文明、从大河文化汇入海洋文化的象征。

河流与城市的交汇,原本就是人类文明发展的自然集聚,因此作为人类社会进步的象征,本身就具有相应的符号价值。而京杭大运河这一中华民族的历史创举,更是这个古老的民族寻求沟通和繁荣的智慧结晶,它所铺展开来的不仅是南北漕运的通道,而且是承载中华文化的宏大舞台。夏日暮色苍茫之际,站在大运河的南端翘首北望,城市的天际线迤逦延伸,随之一种对文化踪迹的追寻,一种深沉的历史叙事感油然而生。亚里士多德有一个经典的定义:"人是具有逻各斯的动物。"文化在本质上说,也就是人类故事的演绎和符号化的过程。所以当我们从文化传播学视角来看待这些时,可以简单直接地将他的话转化为"人是符号的动物"。大运河如同一条美丽的丝带,而运河沿岸的城市则如同丝带串起的明珠。

因此,我们试图以京杭大运河为纽带,以大运河所连接的城市为节点,通过文化叙事方法,展示其充满民族色彩的人文魅力。叙事的核心内容自然围绕大运河以及沿岸的城市和人,围绕它所构成的斑斓的历史和现实。我们对大运河和城市的理解,如同法国城市地理学家菲利普·潘什梅尔(Philippe Pinchemel)在其所著《法国》一书中所说的那样:"城市既是一个景观、一片经济空间、一种人口密度,也是一个生活中心和劳动中心;更具体点说,也可能是一种气氛、一种特征或者一个灵魂。"这种理解不仅超越了一般自然和经济认识的局限，而且穿越物质存在的空间，延展到了更深层次的精神性层面，在某种意义上说就是指向了与城市相关的文化人格，以及由文化人格所折射出来的大运河所塑造与影响的城市形象和城市品牌。正是在这个意义上来说，我们对大运河与城市文化传播的关注，就不仅仅甚至主要不是着眼于商业文明，而是关注运河城市的风土人情和文化踪迹，以及以人为中心所交织和延伸开来的种种传说。

　　文化的传播是国家软实力的建构和重塑，大运河城市文化叙事无疑也具有同样的意义，因此这个书系作为文字形态的文化叙事，其目标并不止于进行简单的大运河城市文化资料搜集。当文化成为一种国家战略时，我们更进一步的愿景，乃在于探求一种叙事范式，即通过考察大运河城市文化，力求寻找具有特色性的叙事方法，实现某种符号表达和阐释体系的建设。我们理解任何宏大叙事，实质上都是基于具体对象的深刻观察而展开的，因此立足于大运河城市文化的叙事，本身也是探寻普遍性理论的一种路径。正如以色列历史学家尤瓦尔·诺亚·赫拉利（Yuval Noah Harari）所说的，人类社会发展很大程度上如八卦一般，通过故事的虚构和叙述而存在，而发展的过程自始至终都是在讲故事。所以简单地说，我们就是要通过讲好大运河城市故事，进而实现讲好中国故事，传播好中国声音。

　　书系的努力正好与我主持的哲学社会科学重点研究基地工作相对应，完全契合"城市文化创新传播研究中心"的工作主旨，同时也符合浙大城市学院"大运河文化研究院"的工作内容。校区的旁边就是古老的京杭大运河，每一天我们都与它相逢，默默地彼此关注，无声地对话。那种长期的陪伴不仅没有使我们对运河熟视无睹，相反，运河的清波似乎在传递某种隽永，而这种隽永成为我们所共享、传承，乃至于不断赋予意义的共有记忆。提出"集体记忆"的法国历史学家莫里斯·哈布瓦赫（Maurice Halbwachs）认为，记忆不是被保存下来的，而是在现在的基础上被重新建构的。也许这正是大运河

"大运河城市文化书系"总序

城市文化叙事,在历史寻觅中历久弥新的基础。因此在这套丛书中,我们并不狭隘地封锁自己的目光,而是依循延伸的大运河和充满生机的城市,挖掘、探寻其千年历史文化演进所给予我们的"集体记忆",通过一点点的努力,万涓成水汇流成河,将其汇入大运河般亘古不息并奔赴未来的历史长河之中。

卫军英

2017年6月25日

杭州栖溪阁

前　言

经济史家保罗·贝洛赫（Paul Bairoch）在《城市与经济发展》（*Gities and Economic Development*）一书的开篇写道："这世界上没什么事情比城市的兴起更令人着迷了。没有城市，人类的文明就无从谈起。"

城市的未来取决于需求。时间价值的上升和消费范式的变迁正在重塑着全球城市的景观。城市之所以能成为吸引人居住的场所，很大程度上是因为它们是绝佳的消费中心。在物质匮乏的年代，城市总是为了生产而布局；在物质丰富的年代，解决人民日益增长的美好生活需要和不平衡不充分的发展之间的矛盾成为发展生产的最终要义，而城市也转向为了消费而更新。这并不是说我们的城市就不需要生产了，而是说我们需要更智慧的制造业，需要能够带来更好体验的服务业，需要各种能够满足人民物质和精神需求的更高品质的消费品。这只是告诉我们，城市发展的中心变了，变成以需求为本；城市居民选择工作和闲暇的动机变了，变成以对美好生活的向往为本。对于这样的时代，芝加哥大学城市社会学家特里·克拉克（Terry Clark）有个更为形象的说法——后工业时代。在后工业时代，城市本身将作为一种生活方式被消费。

从城市视角探究消费，源于城市日益从生产中心向消费中心转变的国际国内趋势，也基于我国城镇居民消费水平历来远高于农村居民消费水平的现实。"完善促进消费的体制机制，增强消费对经济发展的基础性作用"是党的十九大报告对消费的精辟论断。在经济高质量发展的新阶段和日益错综复杂的新环境下，国内消费仍将是驱动国家和地方经济转型发展的持久动力。作为居民最终消费率的主要贡献来源，城镇居民消费应作为国内各大城市在转型发展中长期坚持研究、深入发掘的重要增长源。

从消费视角探究城市，则是源于消费活动的社会性。消费城市虽是一个较新的话题,"消费"活动却由来已久。当今世界,人类利益共同体这一命题得到全世界的重视,我国也处于全面建成小康社会、开启全面建设社会主义现代化国家新征程的关键阶段,中国特色社会主义进入了新时代①。而城市是国家和社会治理体系中的重要一环,是社会组织的重要结构单元,是个人消费者、家庭消费者、产业消费者聚合而成的共同体。随着消费在国内社会经济生活中地位的日益提高,从城市层面研究消费在其发展中的角色和地位,成为中国城市营销理论和实践中值得关注的重点。

本书以消费为主要切入点研究城市营销,将城市看作商品、服务和文化的聚合中心,从消费角度界定城市营销的受众和对象,将吸引消费、满足消费作为城市营销的出发点、落脚点以及城市持续增长的动力所在。消费型城市的营销,其本质是吸引人来消费。吸引人居住、工作、生活、旅游、经商是城市营销的目的和基础。它的定位和目标消费群体如何?它的产品组合是什么?它和城市文化、城市品牌的关系如何,与城市产业的关系如何?这些是本书所要解决的主要问题。

相比消费主义作为西方后工业社会的主流文化,中国的城市化进程和城市营销实践有着自己的鲜明特色和文化印记。因此,在写作中笔者始终贯彻以中国城市营销问题意识为导向,力求多求证中国数据,多探索中国案例,多积累中国理论。本书分为三篇:上篇阐述城市营销的起源、定义、本质、要素等基本而重要的概念;中篇对城市营销环境变革进行分析,并阐述作为应对的定位战略与营销策略,也是笔者主要观点的体现——在后工业时代,城市营销的定位是"消费城市",消费城市的核心价值是城市利便性,文化场景是城市利便性的灵魂,是触动目标受众的内核部分,是使城市鹤立于同类的差异优势;下篇立足于当今中国城市的营销实践,围绕国内当前"国际消费中心城市"建设的新命题开展了一些创新性的探索,并重点针对北京、杭州两个典型城市进行消费驱动城市营销的个案调查与研究。

---

① 中华人民共和国国务院新闻办公室. 新时代的中国国防[R/OL]. (2019-07-24)[2021-01-04]. http://www.mod.gov.cn/regulatory/2019/07/24/content_4846424.htm.

前　言

本书写作的意义有两个层面。

从城市营销主体的角度，随着后工业时代的来临，城市发展的国际背景正在悄悄地改变，制约因素也越来越复杂，营销成为城市摆脱发展困境的一种尝试。旧的思维方式、旧的范式，例如"区位、区位、区位"和"土地、劳动力、资本和管理促进经济发展"在增强城市吸引力方面逐渐式微[1]，而新的问题，如"城市消费和相关利便设施是如何为现在和未来的居民、游客、会展商和购物者服务，而他们又如何反过来推动着城市发展？"对于城市决策者、公共官员、商业和非营利组织领导者来说至关重要。

从个体消费者的角度，随着人类的不断富裕，生活质量将日益成为决定特定区域吸引力的关键要素，消费者主权正将人口推向具有消费者所看重的属性的领域，就业地点的限制逐步降低，选择一个舒适的地方居住成为最自然的消费方式之一。选择一座城市，有的时候，便是选择了一种人生。我们每一个人都是这消费驱动的城市营销时代或主动或被动的观众，甚至也会成为影响他人选择的媒介。

本书是笔者多年来研究、思考和体味城市营销问题的结晶。本书得到杭州市社科青年人才计划、杭州社科城市文化创新传播研究基地的资助，得到浙江大学博士生导师、浙大城市学院城市文化创新传播研究中心专家卫军英教授的指导。北京市海淀区城市管理的从业者杨靓同志参与了本书上篇部分内容的撰写，并从业界专业人士的角度提出了很多创造性的意见和建议。笔者在此一并感谢。希望这本书不只是一部学术著作，也能成为折射这伟大时代的一滴水珠。

周佳

2021 年 11 月 11 日

杭州

---

[1] CLARK T N. Urban amenities: lakes, opera, and juice bars: do they drive development？[M]// CLARK T N. The city as an entertainment machine: research in urban policy Vol. 9. Bingley: Emerald Group Publishing Limited，2003：103–140.

目 录

上篇　城市营销：本源与要素 / 1

第一章　城市营销的起源 / 2
第一节　城市的产生及发展 / 2
第二节　从市场营销到城市营销 / 8

第二章　城市营销的涵界与本质 / 18
第一节　城市营销的涵界 / 18
第二节　城市营销的本质 / 27

第三章　城市营销的要素 / 32
第一节　城市营销的基本过程与基本要素 / 32
第二节　城市营销的主体与受众 / 37
第三节　城市营销的载体 / 46

中篇　从生产城市到消费城市 / 67

第四章　后工业时代城市营销环境变革 / 68
第一节　城市营销的环境评估 / 68
第二节　后工业时代城市发展形态 / 88

第三节　后工业时代中国城市营销环境 / 94

第五章　城市营销的新定位：消费城市 / 104
第一节　"生产城市"向"消费城市"的理论转向 / 104
第二节　国外典型消费城市 / 118

第六章　消费城市的价值营销：城市利便性 / 151
第一节　城市利便性视角下的城市价值与消费 / 151
第二节　城市利便性吸引消费的实证研究 / 159
第三节　城市利便性价值营销的竞争性策略 / 166

第七章　消费城市的差异营销：文化场景 / 176
第一节　场景理论视角下的城市文化与消费 / 176
第二节　文化场景影响城市消费的机理与实证——以城市商业文化为例 / 179
第三节　城市文化场景营销的差异化策略 / 188

下篇　消费升级驱动中国城市营销实践 / 195

第八章　基于国际消费中心目标的中国城市营销实践 / 196
第一节　国际消费中心城市的界定与评价 / 196
第二节　基于国际消费中心目标的中国城市营销策略 / 202

第九章　北京经验：从古典向新生消费中心城市的蜕变 / 211
第一节　消费视域下的北京城市定位变迁 / 211
第二节　北京的"地方反营销"实践 / 223

第十章　杭州样本：城市品牌与产业品牌、会展品牌的互动 / 229
　　第一节　城市品牌与产业品牌、会展品牌的关系 / 229
　　第二节　杭州的"产城融合"品牌传播实践 / 231

结语　城市营销：未来与展望 / 240
　　第一节　消费时代中国城市营销面临的新挑战 / 240
　　第二节　未来城市营销的特征与方向 / 244

上篇

城市营销：本源与要素

第一章 城市营销的起源

在西方社会发展过程中，以菲利普·科特勒（Philip Kotler）为代表的西方学者对国家发展模式进行了研究，产生了"国家营销"的概念，而"城市营销"是"国家营销"这一概念的延伸，也是学者们对城市发展方式和经验的系统性思考和探索，对西方城市治理有非常大的指导意义。他们推进了营销概念的延伸，把它从商品买卖领域扩展到区域发展领域，探索出一条城市发展与社会进步的新路。菲利普·科特勒认为，设计出一个满足居民需求的社区，"当诸如居民、就业者、厂家这些利益相关者对社区感到满意，当游客、新厂商和投资者的期望得以实现，那么地方营销就成功了。地方营销的核心包括4项内容：就社区特色和服务设计一个恰当的组合；为现有和潜在的产品和服务的购买者和使用者制定有吸引力的激励措施；以有效而可达的渠道传递地方的产品和服务；推展地方的价值和形象以使潜在的使用者充分了解本地独特的优势"[①]。

第一节 城市的产生及发展

一、城市的产生与定义

城市是人类社会发展过程中的产物，其发展水平与生产力的发展程度息息相关，是整个社会政治、经济、文化、社会等诸多方面的集中代表，城市的发展与我们每一个人的生活关系密切。城市是一个庞大而复杂的系统，人类在城市里开展各种社会活动，汇集了各种人、财、物、事，对于城市如何定义，诸多学者有很多表述，并且定义的角度和切入点差异较大。

---

① 科特勒. 地方营销[M]. 翁瑾, 张惠俊, 译. 上海：上海财经大学出版社, 2008: 16-17.

第一章 城市营销的起源

我国多部古代著作提到了城市的概念。在古汉语中,"城"与"市"最初是两个不同的概念,"城"指一定地域上为防御而围起来的墙垣,"市"则指进行交易的场所,是商品流通的中心。关于"城",《墨子·七患》给出了定义,"城者,所以自守也"。《管子·度地》云:"内为之城,外为之廓。"《说文》云:"城,以盛民也,从土从成,成亦声。"《吴越春秋》云:"筑城以卫君,造郭以守民。"《世本·作篇》则记载,颛顼时"祝融作市"。"城市"的提法最早见于战国,《韩非子·爱臣》云,"大臣之禄虽大,不得藉威城市","今有城市之邑七十,愿拜内之于王,唯王才之"。由此可见,中国古代就已经把城市作为国家统治的中心和税收的主要来源。

在现代社会,城市高度发展的今天,国家把城市作为社会发展的重点领域,并制定了相应的法律法规。我国《城市规划法》第三条规定:"本法所称城市,是指国家按行政建制设立的直辖市、市、镇。"城市的法律含义,是指直辖市、建制市和建制镇。这是对城市的核心地位从法律上予以确认。于光远主编的《经济大辞典》把城市定义为:"城市是人口集中、工商业比较发达的地区。"

对城市的定义较有权威性的是德国著名学者、现代社会学的奠基者之一的马克斯·韦伯(Max Weber),他的定义较为全面,也比较符合本书对城市营销的研究旨趣。他认为:"城市的经济本质,市场聚落。'城市'此一概念可有许多不同的定义,所有这些定义唯一的共通点如下:城市是个(至少相对而言)密集的'聚落',而不仅仅是个一些分散的住居的集合体。通常在城市中——当然并不仅限于城市——房子彼此盖得非常接近,以今日标准而言,差不多都是墙靠墙了。除了上述住居的密集外,另外与'城市'此一名词相关的概念是纯粹数量性的:它是个大聚落。就此而言,这个概念还算严谨。"① 韦伯的研究是基于西方城市发展史以及城市社会关系发展脉络,他的主要观点是:西方城市的发展受到经济因素和政治制度的影响,是理性化性格的形成过程,城市的发展也因城市特性不同而有不同的发展

---

① 韦伯. 非正当性的支配:城市的类型学[M]. 康乐,简惠美,译. 桂林:广西师范大学出版社,2005:1.

模式。

英国城市经济学家K.J.巴顿（K.J.Barton）对城市有更加直接的表述：城市是一个在有限空间地区内的各种经济市场——住房、劳动力、土地、运输等等——相互交织在一起的网状系统。

美国城市史学家刘易斯·芒福德（Lewis Mumford）也曾给城市下过一个定义，强调了城市的多维属性和多重功能：城市不只是建筑物的集群，它更是各种密切相关并经常相互影响的各种功能的复合体——它不单是权力的集中，更是文化的归极。

美国哈佛大学新城市主义经济学家爱德华·格莱泽（Edward Glaeser）曾写过多篇城市经济学论文，他在《城市的胜利》（Triumph of the City）一书中认为：城市是人、公司之间空间距离的消失，代表了接近性（proximity）、密度（density）和亲近性（closeness）（Cities are the absence of physical space between people and companies. They are proximity, density, closeness）。这个定义的要点，依然是描述城市的特性，也就是距离缩短、密度增加、交流增加。在格莱泽的概念中，密度的增加带来便利性的增加、效率的提高，这是城市的奥秘所在。

芝加哥大学的城市社会学派是一个针对城市发展中出现的各种问题应运而生的理论流派。在《城市社会学——芝加哥学派城市研究》一书中，R.E.帕克指出："城市，它是一种心理状态，是各种礼俗和传统构成的整体。"[①] 在芝加哥学派的城市社会学者眼中，城市不仅仅是物质和空间上的创造，更是应城市社会的心理需求而形成的一个社会的有机体。帕克是一名生态学家，他将城市看作一个生物，一个有生命的生物，城市的形成过程如同一切生物为生存而去适应或者改变环境的生态过程。

本书参考韦伯的主要观点对城市进行定义，主要从经济和社会的角度来阐述。本书认为，城市是指在有限的地域内集中了各种有经济关联和社会联系的要素的集合体，包括城市建筑、城市人口、城市经济结构、城市规

---

① 帕克,伯吉斯,麦肯齐. 城市社会学：芝加哥学派城市研究[M]. 宋俊岭,等译. 北京：商务印书馆, 2012：4.

则等要素。

二、城市的要素

城市的要素是构成城市并维持其运行的必要方面。

（1）城市建筑。城市建筑是人类在城市范围内利用掌握的技术手段，使用掌握的各种物质资源，遵循一定的科学原理和设计规则、美学法则创造的人工环境，它是社会发展进步的重要标志物，能够满足社会运行的特定需要。城市内汇集了各种建筑物和各种道路、管线系统，创造了各种空间，容纳了城市的人口，是经济、文化、社会的承载体。

（2）城市人口。城市人口指的是在城市中活动、与城市紧密联系的人们，他们以城市为主要活动区域，既是城市的拥有者，又是城市的建设者，还是城市服务的对象；他们依靠城市生存，城市为他们提供生活、就业、社会保障方面的支持。我国对公民实施以户为单位的户籍人口管理政策，根据地域和家庭成员关系将户籍属性划分为农业户口和非农业户口。在后工业时代和全球化深入发展的今天，城市人口出现了以下特征：人口集聚和人口高度密集、人口高流动性、人口多样性、人口关系复杂化。城市人口与城市的关系是相互影响、相互促进的，人口素质影响着城市的发展，城市为人的工作和生活提供环境。

（3）城市经济结构。城市经济结构是指城市各组成要素相互关系、相互作用的形式和方式[1]，是社会分工情况在城市经济运行过程中的反映，它决定着城市的经济功能和城市性质，体现着城市生产力和生产关系在现实经济中的性状。城市的性质和特点最终是由城市经济结构决定的，并受一定的外部因素影响。城市经济结构的各要素配置合理，是促进城市和谐发展的必要条件。

（4）城市规则。城市都有其自己特定的组织形式、运行模式、历史文化，甚至风俗习惯，这些都被人们在活动中普遍遵守，对人们具有约束力。城市

---

[1] 何盛明. 财经大辞典［M］. 2版. 北京：中国财政经济出版社，2013：893.

规则制约着城市运行过程中各要素的作用发挥和它们之间的相互关系。合理的城市规则可以推动城市的协调发展，反之则阻碍城市的正常运行。城市规则维持着动态的平衡，它随着城市的发展不断更新，城市规则也引导着城市前进的方向。城市规划是城市规则在城市空间管理方面的一种规定。

三、城市的发展形态

城市发展到今天，经历了多个阶段，学界认为城市的发展形态与科技革命有密切联系（表1-1）。

表1-1 科技革命与城市发展

科技革命	大致时间	标志和性质	城市发展进程
第一次	16—17世纪	现代科学诞生	工业时代城市
第二次	18世纪	蒸汽机和机械革命	
第三次	19世纪	电力和运输革命	
第四次	20世纪上半叶	相对论和量子论革命	
第五次	20世纪下半叶	电子和信息革命	后工业时代城市
第六次	21世纪上半叶	新生物学和再生革命	
第七次	21世纪下半叶	新物理学和时空革命	

资料来源：何传启. 第六次科技革命的预测及中国的应对之策[J]. 科学与现代化，2017（1）：6.

（一）前工业时代城市

前工业时代城市指的是第一次科技革命之前的城市。这一时期城市经济以商业和手工业为主，城市一般处于交通要道或者河流沿岸、海边，以商品交易中心和手工业生产集中地为主要功能，城市生产规模小。例如，广州、杭州、威尼斯、伊斯坦布尔等，都因商业繁荣而孕育出伟大的城市文明。那时的城市间、城乡间没有频繁的交流和往来，农民将已加工好的商品拿到城市中来简单交换，农村可以自给自足，而城市对农村的依存度很高。

这一时期城市发展更多依靠国家的权力和制度，城市化进程较慢，城市化水平低，农村人口增长规模明显大于城市人口增长规模。

（二）工业时代城市

第一次科技革命至第五次科技革命前，随着西方文艺复兴和资本主义萌芽出现，城市革命性发展由此拉开序幕。科技革命让城市发生了翻天覆地的变化，农民进入城市谋生，为新的工业中心提供充足的劳动力。工业城市出现了加工、销售一体的产业集群特征，促进了社会细化分工和流通效率提升，城市获得了前所未有的发展。城市生产越来越集中，原材料、劳动力、资金、技术以及市场信息等生产要素迅速向城市集中，人口数量和城镇规模猛增，城市基础设施建设迅速起步，城市间联系更加便利且紧密，城乡差异逐渐拉大。这一时期城市化出现拐点，进入加速增长的阶段，人口逐渐由效率低下的部门流向效率较高的部门，城镇人口接近或者超过50%，城市变得富足。

（三）后工业时代城市

第五次科技革命发生在第二次世界大战结束以后，很多战争中的发明和创造转为民用，极大提升了社会经济运行效率。这一阶段城市向更高质量和多功能方向发展，城市成为全球化的窗口和节点，出现了城市群、经济圈等规模化发展形态，城市产业向第三产业和高新技术转移，城市合理规划和生态可持续发展得到进一步重视。城市化进程出现新特点，西方发达国家城市化进程变缓，城市化率在一个较高水平波动，而在以"亚洲四小龙"为代表的后起国家和地区，城市高速发展，城市化水平迅速接近西方发达国家水平。近年来，随着第五至第六次科技革命的进行，人们生活观念改变，某些西方城市发生了人口倒流的现象，这也是城市发展的新特点。

第二节　从市场营销到城市营销

城市营销理论与市场营销理论师出同门。营销理论最初用于探讨企业如何开拓市场、更好地为顾客提供产品和服务方面，营销理论的主要理念在企业经营实践中起源并成型。随着经济全球化的迅速发展，在企业间竞争愈演愈烈的同时，城市间也出现了资源的争夺和人才的竞争。城市间的竞争是更加考验综合实力的全方位的竞争，如何增强城市形象和吸引力、提供双方认可的价值基础，被一些城市管理者和城市学者关注和研究。营销企业的一些理念和方法首先被运用于营销国家，后又扩展到营销城市，并取得了很好的效果，人们逐渐意识到"营销原理"是普遍性的真理，下一步很可能进一步扩展到街区、社区。所以，要想全面理解城市营销的真谛，就要先了解营销原理的发源——市场营销原理的基本观点。

一、营销原理的起源——市场营销理论

市场营销理论于19世纪末发端于市场极其活跃的美国，当时只是研究广告和商业网点的设置，随着市场的不断发展，其理论中的核心内容经过多位专家学者的阐释日益成熟。20世纪20年代，欧美企业开始运用市场营销理念经营企业、开拓市场，市场营销理念进入实际运用阶段，1931年美国市场营销协会（American Marketing Association，AMA）的成立确立了市场营销学的地位，但此时的市场营销理念是关注消费市场，且为资本主义市场服务的，无法解决资本主义体制的根本矛盾。1953年，尼尔·博登（Neil Borden）在美国市场营销协会的就职演说中创造了"市场营销组合"（Marketing Mix）这一术语，其意是指市场需求或多或少地在某种程度上受到所谓"营销变量"或"营销要素"的影响，为了寻求一定的市场反应，企业要对这些要素进行有效的组合，从而满足市场需求获得最大利润。[①] 他提出了营销组合的12个要素。1960年，美国密歇根大学E.J.麦

---

① 于永新. 浅论市场营销的发展历程[J]. 商业经济，2008（4）：62.

卡锡（E.J.Mccarthy）教授提出了著名的4P营销策略组合理论，4P即产品（product）、定价（price）、渠道（place）、促销（promotion）。1967年，菲利普·科特勒在其著作《营销管理：分析、规划、实施和控制》(*Marketing Management: Analysis, Planning, Implementation, and Control*)中肯定了4Ps营销策略。该理论诞生在工业化快速发展的时期，市场已比较完善，可以说这是现代市场营销理论的开端。4Ps营销策略自提出以来，对市场营销理论和实践产生了深刻的影响，被营销经理们奉为营销理论中的经典。[①]1990年，美国北卡罗来纳大学的罗伯特·劳特朋（Robert Lauterborn）教授提出了4Cs理论，继承和发展了4Ps理论。

随着市场经济的发展，市场营销理论进一步扩展。考虑到企业之外的公众的影响，菲利普·科特勒于1986年在4Ps的基础上提出了两个附加且一般的P——政治权力（political power）和公共关系（public relation），认为除了给顾客和中间商（如代理商、分销商和经纪人）提供利益外，同样应让政府、工会和可以阻碍企业进入某市场以获利的其他利益集团分享利益。6Ps理论形成之后，菲利普·科特勒又提出战略营销计划过程的4P，即探查（probing）、分割（partitioning）、优先（prioritizing）和定位（positioning）。10Ps建立起了一个比较完整的营销管理理论分析框架。20世纪90年代，美国学者唐·E.舒尔茨（Don E.Schultz）将关系营销思想简单总结为4Rs，从而阐述了一个全新的营销四要素：一是与顾客建立关联；二是提高市场反应速度；三是关系营销越来越重要；四是回报是营销的源泉。[②]

对于市场营销的定义，业界公认比较权威的是美国市场营销协会的定义：一个企业在将自身的产品进行制造、交流、宣传和交换产品的过程中，为消费者、企业客户和合作伙伴以及整个社会带来一定的有价值的一系列过程。[③]2013年7月，该定义通过了美国市场营销协会董事会的一致审核和认定。另一个比较公认的定义是菲利普·科特勒对市场营销的定义，他

---

① 于永新. 浅论市场营销的发展历程[J]. 商业经济, 2008（4）: 62.
② 于永新. 浅论市场营销的发展历程[J]. 商业经济, 2008（4）: 63-64.
③ 辛应红. 关于市场营销与企业文化相关性分析[J]. 时代金融, 2017（8）: 310.

认为:"什么是市场营销呢?简而言之,市场营销就是通过为顾客创造价值和从顾客身上获得价值来建立有价值的客户关系的过程。"①"市场营销的目的是为顾客创造价值,并获得顾客回报。"②

市场营销理论是从顾客的需求出发,通过获得和分析顾客的需求、购买力、体验等方面的期望信息,有计划、有组织、有领导、有控制地实施经营行为,建设相互信任的沟通交流基础和价值观念,实现企业和顾客共同的愿景,从而建立企业的优势能力。它是一个相互作用的过程,是一个螺旋上升的过程,是企业不断发展壮大过程中必须进行研讨和管理的能力之一。首先,市场营销在社会生产和社会需求之间搭建了沟通的桥梁,形成互相促进的积极推动作用,企业与顾客通过交流得到满足,以企业为中心的销售理念转为以消费者为中心的营销理念。其次,市场营销过程中积极了解信息的行为,有效地缓解了市场信息不对称的弊端,让企业生产有目的性,顾客有更多选择。再次,以消费者为中心的企业生产,要求企业及时调整经营策略,加强风险预判和管理,提高了企业的抗风险能力。最后,市场营销最终建构的是企业和顾客之间的共同价值,形成潜意识上的同步关系。市场营销理论探讨的最为关键的核心问题是:实现价值上认同是建立彼此合作关系的基础。企业买的不是产品本身,而是其背后的价值;顾客购买的也不是产品本身及使用功能,而是一种价值的认可。这是市场营销原理最为核心的观念。

二、营销原理的新领域——国家营销

20世纪80年代末至90年代初,世界发生了巨大变化,东欧剧变结束了世界两极化格局,冷战的大幕落下,海湾战争对冷战后建立新的国际秩序产生了深刻影响,世界逐渐向多极化、全球化发展,这对人类社会层面影响显著:优势"聚集效益"以及对经济、社会、文化、人才等资源的争夺不可避免地将各国带入一场激烈的竞争之中。

---

① 科特勒. 市场营销原理[M]. 16版. 楼尊,译. 北京:中国人民大学出版社,2015:6.
② 科特勒. 市场营销:原理与实践[M]. 16版. 楼尊,译. 北京:中国人民大学出版社,2015:7.

第一章 城市营销的起源

国家营销的理念和思路在20世纪20年代就已萌芽,并被一些国家实践、探索,使他国接受本国的主张,甚至加入其阵营。如当时的美国按照美国的规则建立了金本位金融体制,苏联主导的共产主义思潮在各国不断扩张,国家间的利益争夺所使用的手段体现了某些国家营销的理念雏形。国家营销以一种理论被正式提出则是在20世纪90年代的全球化和多极化快速发展时期。

菲利普·科特勒将宏观经济政策和微观厂商与消费者行为紧密结合,运用营销战略分析方法,构建了一个创造国家财富和促进国家经济发展的战略性框架。他在其开创性著作《国家营销——创建国家财富的战略方法》(*The Marketing of Nations: A Strategic Approach to Building National Wealth*)一书中首次提出国家营销的概念:这是一个全新的战略性规划,把向顾客推销商品的理念应用于制定国家宏观经济政策层面,通过向全世界积极地推销国家价值理念,赢得国际认可,发展健康的国民经济,从而为国家财富的积累、经济的长期繁荣铺平道路。国家营销理论为国家治理设计了独特的分析框架,帮助国家认清各自的优势和劣势,识别机遇和面临的威胁,指导其在全球竞争中选择较有利的战略和政策。菲利普·科特勒在《国家营销——创建国家财富的战略方法》中指出了国家营销理论的特别之处:这项研究对积聚国家财富的问题采取战略规划的方法;这项研究旨在为政府及企业界领袖提供一个可操作的管理指南;这项研究将政治、经济和文化因素合为一体,形成一个广泛的经济发展理论,而不仅仅是过度依赖某些驱动经济增长的动力;这项研究是针对所有国家经济发展问题,而不单单是针对所谓的第三世界国家进行的。① 他通过美国、英国、日本、苏联、中国、新加坡、马来西亚、韩国等国的大量数据和案例,指出了刺激经济增长的潜在因素,提出政治、经济、文化等因素的综合作用对所有国家都有影响,无论是工业化国家还是发展中国家,明确提出了政府政策与企业政策之间存在的巨大差距,指出对他国市场的生产商、经销商和顾客的深刻了解是

---

① 科特勒. 国家营销:创建国家财富的战略方法[M]. 俞利军,译. 北京:华夏出版社,2001:4-5.

制定国家政策的前提和基础,探讨了宏观层面与微观层面的努力方向。

约翰尼·K.约翰逊(Johnny K. Johansson)在其著作《约翰逊全球营销》(*Global Marketing:Foreign Entry, Local Marketing and Global Management*)(原书第4版)中,对全球市场营销策略进行了探讨,指出国家吸引力也是影响营销效果的重要方面,国家吸引力受到政治、环境、竞争者、进入壁垒等影响;扩大出口也是国家营销的一方面;宏观的国家政策与微观的企业策略同样重要。

对国家营销的概念和本质,有专家学者对其进行了较为全面的阐述:"该理论是营销学与发展经济学相融合的产物,它将营销战略管理的方法应用到国家的经济管理战略上,即国家是行为主体,在充分分析国际环境基础上,一方面进行自我宣传、沟通和服务,以此影响国际社会或者目标国家的内在观念与行为决策,另一方面将本国宏观经济政策和微观生产与消费行为紧密结合,从而构建了一个创造国家财富和促进国家经济发展的战略性框架。"[①]国家营销理论就本质而言属于宏观管理理论的研究范畴,融合了新公共管理理论、国家竞争优势理论、软实力思想与国家形象理论等,具有明显的交叉性特征。[②]国家营销理念是传统营销理念向宏观营销理念的延伸,是对营销理论的新应用。

国家营销理论与企业市场营销理论的差别在于:

(1)营销目标不同。国家营销的主体政府,要实现国家利益最大化,有时可能为了整体利益而牺牲局部利益。企业市场营销的目标是实现企业利润的最大化,一般以利润作为企业经营成果的考量。

(2)营销范围不同。国家是一个复杂的组合体,国家营销要把国家形象和发展理念整合后进行整体性营销,一般在同一营销框架内实施。企业市场营销一般只针对某一产品或者服务,针对企业的不同产品可以采取不同的营销策略,营销方式具有较强的灵活性和针对性。

---

① 汪涛,邓劲. 国家营销、国家形象与国家软实力[J]. 武汉大学学报(哲学社会科学版),2010(3):251.

② 张海军,聂元昆. 国家营销的相关研究及理论述评[J]. 中国市场,2013(4):5.

（3）产品和服务权属不同。企业销售的产品或者服务，随着购买行为发生，会产生权属转移，企业需要重复生产才能保证供给。国家营销的则是公共物品，公共物品具有非竞争性和非排他性的特点，不为特定个体所占有，一次生产即可满足所有有需要的个体。

（4）营销渠道不同。企业营销产品或者服务，可以选择代理商分销，也可以选择企业直销，即产品或服务可以离开企业进行。国家营销要吸引利益相关者到国内生活、就业、娱乐、投资等，如离开国家这个载体，交易是不存在的。

（5）营销策略影响不同。国家营销所选择的策略一般是全局性的策略，其影响范围较广、力度较大。企业营销所选择的策略一般是局部的、个别的，在一国多如牛毛的中小企业里，采用何种策略对市场的影响是微不足道的。

三、国家营销的延伸——城市营销

"城市营销"理念的雏形可以追溯到公元前8世纪至公元前4世纪古代希腊的城市国家（图1-1）。一个城市是一个国家，一个城邦由一个城市构成，这种国家形式即希腊人的城邦，又叫城市国家（city）。古希腊人最崇拜的精神就是"竞争精神"，古希腊城邦数量众多，有着以贸易和工商业为主的经济形态，这就要求树立鲜明且强大的城市形象，才能生存并壮大，而当时树立这一形象的办法就是体育竞技、文艺竞赛，这也为世界留下了丰富的遗产。

城市营销活动可追溯到14世纪的意大利。[①] 当时的意大利尚未统一，亚平宁半岛上有佛罗伦萨、热那亚、威尼斯等繁荣的城市，这些城市产生了欧洲最早的资本主义萌芽，为了促进城市商业的发展，以吸引东西方贸易为目的"城市展示"非常流行。

---

① 郑昭. 国内外城市营销理论综述［J］. 经济纵横，2005（7）：75.

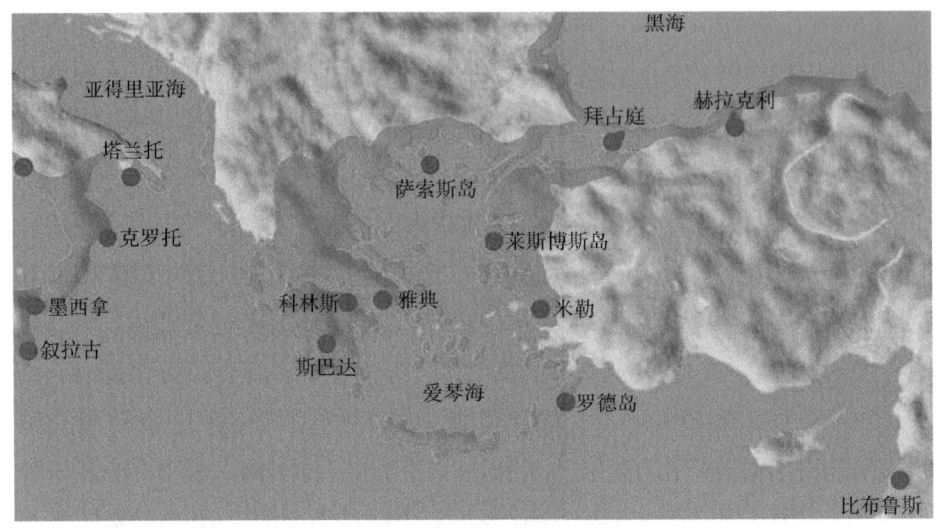

图1-1 古希腊城邦

资料来源：米凯勒. 古希腊时代：孕育英雄的土地［M］. 皮埃尔·普罗布斯特，绘. 冯悦，译. 北京：新星出版社，2016：1-2.

近代城市营销实践也始于欧美国家，只不过当时并没有较为系统的理论体系和严谨的定义。早在19世纪50年代，城市销售的思想已经在美国作为一种吸引移民的手段得到应用；20世纪初期的英国和法国，则在海岸旅游开发方面运用广告来吸引游客[①]，以阳光、沙滩、海洋为元素的旅游宣传海报（图1-2、图1-3）成为当时的海边小镇以及旅游公司、铁路公司和船舶公司最有力的营销工具。

之后，城市营销理念进入发展的快车道，与现代的城市营销理论越来越接近。对城市营销理论发展历程的阐述，比较有影响力的是沃德（Ward）、贝利（Bailey）及菲利普·科特勒的研究。

沃德1998年在他的著作《场所销售：城镇和城市的营销和推介1850—2000》（*Selling Places: The Marketing and Promotion of Towns and Cities 1850-2000*）一书中，将城市的营销活动总结为5个不同类型的历史阶段：19世纪40年代的待开发地区销售（selling the frontier），主要指未开发农场和城镇的

---

① 王进富，张道宏，成爱武. 国外城市营销理论研究综述［J］. 城市问题，2006（9）：84.

第一章　城市营销的起源

图 1-2　法国诺曼底旅游宣传海报　乔治·多里瓦尔
（Georges Dorival）1914 年

图 1-3　洛斯托夫特港旅游宣传海报　雷金纳德·爱德华·希金斯
（Reginald Edward Higgins）　1923 年

销售；19世纪70年代的胜地销售（selling the resort），即对休养胜地和水边地区的销售活动；19世纪末的郊区销售（selling the suburb），郊区住宅成为真正意义上的商品；20世纪初工业城市销售（selling the industrial town），工业城市为了吸引投资商对本地工业的投资而进行推销；20世纪中叶的后工业城市销售（selling the postindustrial city），使市中心的工业区和水边地区具有历史价值和文化价值，并以新的城市形象对外推销。①

根据贝利及菲利普·科特勒等人的研究，城市营销经历了三期的发展，即地区推广（place promotion）、地区推销（place selling）和地区营销（place marketing）②。

（1）"地区推广"阶段：时间大体上是在20世纪二三十年代至50年代。这一阶段的城市营销发生在工业化、城镇化快速发展的西方市场，目标是为城市吸引劳动力、促进制造业销售以及推广房地产项目。欧洲一些沿海城市也开始推销风景名胜促进旅游业发展，这就吸引了大量的劳动力到本城居住和工作、大量旅行者到本城观光旅行，由此扩大了产品知名度，他们也带来了大量资金到城内投资建厂。标志性的研究成果是1938年美国人麦克唐纳（McDonald）的《如何促进社区及工业发展》（*How to Promote Community and Industrial Development*）。

（2）"地区推销"阶段：时间大体上是在20世纪六七十年代。这一阶段重视城市的面貌更新和形象重塑，打造城市自己的发展体系框架。传统的城市发展策略导致环境污染、噪声、交通拥堵、垃圾成山等城市病的发生，城市对人们的吸引力变弱，只有重塑城市形象才能吸引人们对城市的向往和关注，因此，这一阶段主要对城市进行历史和文化的挖掘和包装，赋予城市新形象。

（3）"地区营销"阶段：时间大体上是在20世纪80年代至今。该阶段是

---

① WARD S V. Selling places: the marketing and promotion of towns and cities 1985-2000 [M]. London: Routledge, 1998.
② 转引自：杨鑫. 城市营销理论及其策略研究 [D]. 兰州：兰州商学院，2008；于涛，张京祥. 城市营销的发展历程、研究进展及思考 [J]. 城市问题，2007（9）：99.

"城市营销"成熟阶段，菲利普·科特勒系统地阐述了城市营销理论的基本思想、概念和理论框架，强调了营销理念在城市开发过程中的重要作用，奠定了该理论体系的基础。诸多学者在他的研究基础上，又扩展和丰富了该理论，我国学者也在中国城市发展的实践中扩展并提升了该理论。

第二章 城市营销的涵界与本质

从历史发展脉络上看,现代的城市营销理论脱胎于国家营销理论,可以说是国家营销理论的发展和延伸。城市营销是为城市更好地发展而采取的一种主动措施,它首先依托于城市,伴随着城市的变迁而不断发展、成熟,并形成了较为完整的理论体系。

第一节 城市营销的涵界

一、城市营销的定义与特点

(一)城市营销的定义

国内学者于涛、张京祥对城市营销的定义进行了归纳和总结,可以分为北美学派、欧洲学派、国内学术派和国内实践派。[1]菲利普·科特勒将城市营销的定义进行了较为权威的表述:"城市营销是指为满足城市目标市场的需求而进行的规划和设计,成功的城市营销应使市民、企业对其所在的社区感到满意,游客和投资者对城市的期望得到满足。"[2]他的定义阐述了城市营销的目的和过程:城市营销的目的是使城市利益相关者的目标和要求得到实现,而过程则是通过营销手段进行城市自身的形象设计、建设,吸引利益相关者到这个城市来投资、消费等。迈克尔·波特(Michael Porter)则从城市经济发展的角度出发,重在研究可执行的城市营销战略建构和推广过程。[3]他强调的是城市在国家竞争中扮演着重要角色,城市竞争包含着各种要素(生产、需求、产业、企业)竞争,通过这些要素的合理搭配可以实现

---

[1] 于涛,张京祥. 城市营销的发展历程、研究进展及思考[J]. 城市问题,2007(9):97.
[2] 科特勒. 地方营销[M]. 翁瑾,张惠俊,译. 上海:上海财经大学出版社,2008:90.
[3] 波特. 国家竞争优势[M]. 李明轩,邱如美,译. 北京:中信出版社,2007.

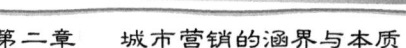

城市的核心竞争力。威特（Waitt）从城市意识形态与城市营销的关系出发来进行研究，发现城市营销依赖于意识形态。[①]他认为城市形象在城市利益相关者心中的主观映像，影响着城市的吸引力，城市利益相关者的主观映像影响其对城市的判断，因此，城市推销、城市活动都可以影响城市利益相关者的映像，正面的映像可以吸引他们参与城市发展进程，由此为城市带来各种机会。美国著名管理学家拉塞尔·M.林登（Russell M.Linden）的无缝隙政府理论强调政府要把公众需求当作"顾客"需求一样，以无缝隙方式为"顾客"服务，建立顾客导向、竞争导向、结果导向的价值考核体系。[②]拉塞尔·M.林登的理论阐述了城市政府的存在意义，把政府服务的理念与公众的利益联系起来，强调公众的"顾客"属性，为了满足公众不断增长的需要，引进竞争机制和监督考核体系，使政府服务能更好满足公众要求。

针对城市营销理论，很多专家提出了自己的研究方向和切入点，有城市竞争力之说、城市品牌与形象设计之说、城市文化构建之说，但其使用的理念和方法没有离开营销理论框架。综合诸家学说，本书将城市营销定义为：城市管理者遵循城市运行的要求和规律，把城市当成企业来运营，综合运用市场中的营销方法和手段，为寻求市场认可的共同价值深度挖掘、整合、盘活城市的有形和无形资源（包括政治、经济、文化、环境等要素），以实现城市资源配置效益最大化，实现城市发展的美好愿景（繁荣的经济、良好的生态、优越的生活、安全稳定的社会环境等）以及"顾客"（也就是目标受众）的需求，从而提升城市竞争力和吸引力的一种社会管理活动和过程。

城市的"顾客"有哪些呢？也就是城市对哪些人能够带来收益呢？一是城市中的居民，因为居民生活在城市中，城市要为居民提供基本生活条件，不同城市对居民需求的满足程度不同，带给居民的感受也就不同。二是平行的城市政府，城市间是合作还是竞争，取决于城市关系的建立和维系，而城市营销也是建立互惠共赢关系的一种途径。三是城市内外的企业等单位

---

① 赵雷. 县级城市营销战略研究［D］. 上海：上海交通大学，2011：3.
② 林登. 无缝隙政府公共部门再造指南［M］. 汪大海，吴群芳，译. 北京：中国人民大学出版社，2014.

组织，它们需要城市提供合适的经营环境和政策。四是城市的到访者，如旅游消费者、途经者等在城市消费或者从事一定的经济活动的人。

从城市营销的定义来看，其内涵很深刻：

城市营销必须遵循城市发展的基本原则和规律。城市发展不是任由其发展，而是在一定的框架内的发展，必须遵循一定的规则，投机取巧越过雷池必将受到惩罚。

城市营销的核心要义是交换。通过输送城市形象、品牌等正面信息，换来投资者、居民等"顾客"的广泛认可，从而促进城市发展这个核心利益。所以，城市营销是一种利益的交换。

城市营销运用企业运营及营销的方法手段。可以将城市看作一个复杂的企业，营销不是一个孤立的方法，而是具有通用性和可扩展性的，其基本原理也适用于城市管理，具有很大的借鉴价值。

城市的有形、无形资源都要利用好。城市中的诸要素都要进行合理的安排，按照市场经济规律进行整合，资源的优化配置能够转化成生产力。

城市营销的立足点是实现城市美好愿景，让城市有竞争力和吸引力。城市的发展愿景是政治、经济、文化、社会等诸方面的集合，政治稳定、经济发展、文化繁荣和社会和谐也是城市必须实现的目标。城市营销依赖于美好的城市愿景，美好的愿景能够吸引更优质的资源，促进城市功能的进一步提升可以使城市营销更有值得展现的核心价值。

城市营销的目的是满足政府、企业和公众等多方面需求。城市营销是手段不是目的，它只是让城市产业更加成熟、居民更加幸福，对投资者更有吸引力，对政府管理更有帮助的举措。

城市营销的战略，来源于市场营销战略理论。城市根据其目标市场的需求和竞争情况，对城市的各种资源进行发现和挖掘，通过一定的渠道和中介将能满足城市相关利益者特定需要的城市产品和服务传递出去，争取各方的认可，进而提升城市竞争力，这个过程是计划、组织、领导和控制的各种策略的集合。

城市营销包含一系列社会管理活动或过程。城市空间规划、城市治理、城市形象设计与传播都是常用的城市营销方法,这些方法随着城市治理实践的发展在不断完善,此外,一些新的方法也逐渐投入使用,不断丰富城市营销理论的内涵。

(二)城市营销的特点

城市营销有不同于市场营销的特点,主要包括以下几点。

(1)营销产品的不可分割。城市是多种要素在一定空间的密集集合体,城市营销时要把城市形象、经营理念、环境、资源禀赋等一系列"产品"整合打包后向"顾客"推出,是一项整体性的工作。而市场营销销售的产品是单个个体或者某项服务,产品或者服务都有单价。例如,作为城市营销产品的城市形象,就是不可分割的,如果来到城市的游客对城市的某一方面不满意,那么,其对整个城市的印象就会变差。

(2)营销产品的传播特殊性。市场营销管理中,产品分销渠道离不开物流链,物流链的效率在很大程度上决定了产品的销路,特别受自然条件和产品的物理、化学特性影响。但是城市营销的渠道有其特别之处,比如城市形象信息是通过媒体、网络等信息渠道到达城市外潜在的"顾客"那里的,而在城市内的"顾客"除此之外还能够通过体验获取城市形象信息。

(3)营销产品的公共属性。城市营销产品不能为某一"顾客"所独有,具有非排他性的特点,同时也不会因为"顾客"的"消费"导致其他"顾客"体验不好,具有可以重复消费的非竞争性特征。而市场营销的大部分产品,是面向某一个体或者特定群体,具有排他性和竞争性,因此,产品的数量、特性影响市场营销策略。

(4)营销目的的公益性。市场营销的一个重要目标是节约企业成本、扩大企业收益以实现企业利润增收。城市营销要为城市形象的提升而努力,为城市获得内在能力提升和相应的收益而努力,对城市的本地居民、企业等利益相关者带来潜在的利益,城市的整体效益得到提升。

二、城市营销与相似概念比较

与城市营销相似的几个概念很常见,但是常常被混用,很多人对它们的概念并不清楚,如"城市管理""城市运营""城市经营""经营城市",这几个概念同属于城市治理理论范畴。从这几个概念的内涵界定来看,还是有很大的区别的。我们可以从概念、主体、方法、过程、最终目标等几个方面与城市营销概念进行比较,弄清它们之间的区别。

(一)相似概念

对于"城市管理""城市经营""经营城市""城市运营"这几个概念,研究者给出了相对权威的定义。

城市管理是指以城市这个开放的复杂巨系统为对象,以城市基本信息流为基础,运用决策、计划、组织、指挥等一系列机制,采用法律、经济、行政、技术等手段,通过政府、市场与社会的互动,围绕城市运行和发展进行的决策引导、规范协调、服务和经营行为。[①] 广义的城市管理是指对城市一切活动进行管理,包括政治的、经济的、社会的和市政的管理。狭义的城市管理通常就是指市政管理,即与城市规划、建设及运行相关联的城市基础设施、公共服务设施和社会公共事务的管理。[②] 近年来,城市管理理念进一步发展,从粗放型发展向精细化管理转变,用于解决城市发展过程中发生的环境污染、人口膨胀、交通拥堵等"大城市病"。精细化管理是指为保障各元素精确、高效、协同和持续运行,使用系统化和细化规则的方法,采取信息化、数据化、标准化和程序化的措施。[③]

城市经营就是拥有城市产权的城市政府运用价值规律,把城市资源、城市设施作为资本运作,使城市资源得到合理配置,城市设施得到有效使用,使城市资源和城市设施所产生的效益最大化的过程。[④] 城市经营强调的是

---

① 尤建新. 现代城市管理学[M]. 北京:科学出版社,2003:50-68.
② 宋刚. 复杂性科学视野下城市管理三维结构[J]. 城市发展研究,2007(6):72-76.
③ 郭福桥. 现代城市精细化管理[M]. 北京:中国建筑工业出版社,2010:122-124.
④ 邻艳丽,田莉. 城市总体规划原理[M]. 北京:中国人民大学出版社,2013:30.

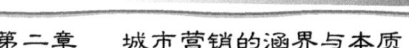

第二章　城市营销的涵界与本质

物尽其用,尽量发挥城市各种设施和资源的最大功效,政府要争取把"每一分钱花在刀刃上"。

经营城市是指通过运用市场机制和市场规律来调控城市发展要求与发展条件之间矛盾的一项经营管理活动;是对构成城市空间和城市功能载体的资源进行集聚、重组和营运,最大限度地发掘这些资源的潜力,在整个城市范围内实现资源配置容量和效益的最大化、最优化,以谋求城市资产的流动增值。[①]经营城市理念在我国改革开放初期起到了重要作用,改变了计划经济时代对市政设施粗放式的管理思维,既重视投入又重视产出,注重城市建设的效益,促进城市资源配置容量和效益的最大化、最优化,可以说是城市管理理念的重大转变。

城市运营是指政府和企业在充分认识城市资源的基础上,运用政策、市场和法律的手段对城市资源进行整合、优化、创新而取得城市资源的增值和城市发展最大化的过程。[②]城市运营观念源于企业运营理念,是为了适应市场经济高速发展的需要,是以企业管理的理念对城市管理机制的流程再造,是一种城市建设理念和思路,贯穿于城市发展的全过程,推动城市管理机制自动化、智能化、效率化,最终实现城市自我运行的良性循环,实现城市综合竞争力的提升。城市运营不仅仅要开发土地、森林、山水等有形资源,还涉及文化、教育、风俗等人文资源,把物质财富、精神财富整合优化,为城市居民带来良好的生活质量和居住体验。

(二)异同比较

1. 相同点

"城市管理""城市经营""经营城市""城市运营"这几个概念非常重要,在各国城市治理过程中发挥着各自的作用,有很多共同的特点。

一是对城市治理进行了系统思考。城市治理是每一座城市都需要面对

---

① 芮国强,孟开进. 城市经营:城市政府管理模式创新的理论解读 [J]. 苏州大学学报(哲学社会科学版),2005(6):22-25.

② 向春玲. 城镇化发展与城市运营 [N]. 学习时报,2012-02-20(010).

的课题，一座城市的永续发展、经济的持续增长，是一个永恒的主题。学者们从不同的视角对城市治理问题进行了思考，也提出了很多理论，既有政府主导型的，也有群众参与型的，对城市各利益相关者的行为产生了一定的影响。城市管理者奉行某种理论进行的实践，进一步完善了城市治理理论体系，理论在城市治理过程中留下了自己的印记。

二是政府在其中起着主导作用。无论是倾向哪种治理方式，政府都是城市的主要管理者，政府的政策对城市发展走向起着决定性作用，政府出台的一揽子规则就是城市管理者的意志体现。近年来，城市精细化管理、智慧城市建设为城市未来描绘了宏伟蓝图，但如果由某一企业单枪匹马地实施如此巨大的工程，其难度可想而知。政府通过集中使用资金和物力，可以使一些启动难度较大的项目落地生根，加快城市升级步伐。

三是城市发展是其核心。中央城市工作会议指出，要全面贯彻党的十八大和十八届三中、四中、五中全会精神，坚持创新、协调、绿色、开放、共享的发展理念，完善城市治理体系，提高城市治理能力，走出一条中国特色城市发展道路。[1] 无论哪种治理方式，最终都是为城市发展服务，只不过具体实现的途径有差别。究竟哪种治理方式才适合某个具体的城市，只能看这座城市的发展水平和速度。

四是提升服务是城市治理的必选项。随着城镇化进程的进一步发展，已经由城市建设向城市服务转变，以满足群众日益增长的生活需求。几种概念对城市服务的切入点不同，服务的方式不同，但目的和出发点是一致的，也是城市治理工作的必然趋势。

2. 不同点

树立城市营销观念，警惕城市发展陷阱，是当前各国城市需要正视的一个紧迫的课题，只有认清城市发展观念的误区，才能更好地做好城市治理。城市管理、城市经营、经营城市、城市运营这几个看似含义很相近的概念是有很大差别的。

---

[1] 陈政高. 完善城市治理体系 提高城市治理能力 [J]. 求是，2016（6）：50-52.

一是目标的差异。

城市管理的目标是将政府对城市的控制，实现其治理愿景，城市在政府规定的轨道上运行。

城市经营的目标是将政府控制下的各种独立资源、资产推向市场，参与市场竞争和资源配置，不断实现各资源、资产的盘活、保值、增值。

经营城市的目标是把城市作为参与市场竞争的主体，协调、调动城市内各种资源并进行整体组织和配置，实现城市综合竞争力的提升。

城市运营的目标是通过一系列制度规定、技术措施，实现城市正常的运行功能，通过提升效率减少内耗，促进城市各"零部件"发挥最佳功效。

城市营销的目标在于满足各方需要，是需求导向的城市治理方略，企业、城市居民、投资者、旅游消费者都是潜在的"顾客"，树立城市正面和良好的形象用于吸引"顾客"，提升城市的公共价值。

二是方法的差异。

城市管理视城市为管理对象，政府的行政手段是治理城市的主要方法，一般是通过行政机构利用政府权力来调整城市内的各种关系。具体方式有：①政府命令及行权。主要依托政府的权威和权力，通过发布命令、指示等形式，直接控制和调节城市各方的活动，对违反政府命令的行为进行处罚，有较强的强制性。比较常见的手段有政府命令、税费征缴、政府部门检查、行政处罚等。②行政引导。政府不以命令形式规定，而是采取规劝、引导、说服的方式控制城市各方，是比较柔性的政府管理方式，在现在城市治理过程中日益显示出其重要性。③信息引导。政府不是通过直接的行政行为实现自己的管理意图，而是通过释放信息影响各方的决策，从而发挥宏观调控的作用，这种方式不像行政命令或者行政引导那样精准，但是其影响力和范围更广，可以起到四两拨千斤的效果。④行政服务。政府通过提供服务来影响城市各方，如咨询、审批、收费等，从而间接引导城市各方的活动。这是我国建设服务型政府的重要举措和支撑点。

城市经营把城市的各种资源视为可以运作、保值、增值的商品，各种资

源之间既可以是独立的，又可以是有一定联系的，这种资源一般是政府垄断的有形或无形资源，如土地资源、公共物品及服务等，实施的方式一般采取政府项目的形式。现在，城市经营的方式趋于多元化，资源也成为商品，可以采取租赁、拍卖、抵押、质押、参股等形式经营，它强调的更多的是城市微观、局部上的行为。

经营城市则把城市当成一个整体，它的理念是全面地协调城市内的各种资源，统筹考虑城市发展对策，不局限于当下，而是一种战略性思维。城市管理者通过制定和发布城市规划、城市可持续发展战略的方式，统一城市发展构想，形成前后一致的城市发展思路。

城市运营把城市当作一条"流水线"，一般是通过制定制度、设定技术标准、规定流程等方式，实现城市的顺畅运转的，更多地侧重于技术和规范层面。城市运营可以包含交通系统、生活保障系统、建设系统等多个复杂的子系统，各个子系统下面还有若干系统，各系统的协调配合搭建起城市正常运行的框架。

城市营销把城市的形象和相关的服务，通过营销手段向市场传达，这些专业化营销手段可以是细分、定位及渠道等。现在，常用的城市营销方式有会展营销、节日营销、赛事营销、广告营销、政策营销等形式，每种营销手段都有成功的案例。

三是实施主体的角色不同。

城市管理与城市运行的主体是政府，政府在城市治理过程中处于支配地位，城市居民、企业、旅游消费者等都是城市管理的目标受众，政府具有绝对的发言权。

城市经营与经营城市的主体既有政府，也有各方利益相关者。政府不再处于绝对支配地位，在具体领域要充分尊重市场规律，参与市场竞争，虽然在宏观层面上政府仍有较强的发言权，但在微观层面上，政府与企业一样是在提供市场要素，既要参与市场要素的配置，又要面临其他城市的竞争，政府与市场之间的关系进一步密切。

城市营销主体更具有复杂性，既包括城市、地区、国家和国际等多个层面，也包括政府、企业、居民、旅游消费者等利益相关者，政府既是管理者又是参与者，更是商品和服务的提供者，政府要像企业销售商品一样推介城市形象，而利益相关者则"用腿投票"，决定着城市的兴衰。

四是制定战略与执行过程不同。

城市管理、城市经营与经营城市制定战略一般是由政府牵头，执行战略的也是政府，政府按照其设想制定并实施城市发展战略，基本局限于政府组织流程与制度约束框架内。

城市运营的战略一般以子系统战略形式出现，比如城市交通发展战略、城市商业发展战略。

城市营销战略受制于参与主体多元、目标多元的特点，要求政府与利益相关者进行有效的沟通和协调，寻找利益结合点。城市营销战略在设计上要兼顾各方，在执行过程中要各方协调配合，共同实现同一愿景。

第二节 城市营销的本质

一、城市营销的理论本质

城市营销理论不是现象级的，它的内涵会随着城市的变化而变化，但是它为城市服务的根本目标不会变。本书认为，城市营销理论的本质就是研究如何寻找城市价值的认同者，帮助城市赢得竞争。它是适应经济全球化和人口城镇化的发展方向，推动生产力发展、调和生产关系的一种政策手段，是将城市作为一个企业，将城市的各种资源、产业和服务，甚至是环境、文化氛围、价值观以营销的方式推向市场以获得需要者的认同。它所奉行的理念是为城市经济发展、关系协调、环境友好而服务的，是为城市获得有效且足够资源的竞争而服务的，它能够帮助城市获得发展的空间和竞争力。竞争迫使城市必须正视并积极应对城市发展的优势和劣势、威胁与机会。城市营销并不仅仅是一座城市的政策制定和实施过程，而是一个广义的企业化的社会思潮和意识形态。[①] 城市营销通过引导并满足公众对"城市产品及服务"的需求,推广城市发展理念、文化、艺术、生态、管理等经济价值,并争取社会的认同。

关于为什么要研究城市营销,菲利普·科特勒在《地方营销》一书中进行了较为详细的阐述:处于极端无望的地方正在衰亡或者渐趋萧条,它们缺少重新振兴的资源;也有一些已经陷入严重萧条的地方还存在着复苏的潜力;另一些地方的经济则处于繁荣和萧条的交替之中;一些地方正经历着健康的转型;还有一些地方成为值得称道的少数几个样板。[②] 城市间的发展不均衡引起了菲利普·科特勒的思考,如何改善面临困境和问题的城市境遇,那些发展较好的城市有哪些经验可供借鉴,城市营销理论能够很好地解答。

城市营销理论地位的确立是顺应当前城市发展要求的,具有深刻的历史背景。一方面,城市发展受到了衰落的威胁。从引发城市衰落的内部力量,也就是城市衰退的内因来看,城市发展出现了"瓶颈"。无论发达国家还是新兴的发展中国家的城市都遇到了一定的困难,如重要的企业搬迁流失,城市失业率高,商业萧条,城镇税收不断下滑,财政收支不平衡,环境污染,"城市病"大行其道,城市的吸引力逐渐下降,进入恶性循环。从引发城市衰落的外部力量,也就是城市衰退的外因来看,有以下四点。首先,经济全球化和城镇化进程加速,资本和劳动力在全球范围内重新分配,世界经济和人口结构发生了新变化,市场变化迅速,全球资源争夺压力凸显。其次,第三次科技革命以来所带来的产业变革,依赖电子计算机和网络的知识以及服务型社会打破了原有的经济秩序和发展模式,信息化科技拉近了城市间的距离,极大提升了城市间信息流通效率。再次,政府角色虽然发生了变化,但政府的适应能力却弱于市场需要,原有的政府管理和服务模式有了较大的缺陷和弊端,占有资源的不足导致需要政府出面来为城市争

---

① 赵云伟. 城市形象营销与旗舰工程建设:以伦敦的千年工程项目为例 [J]. 规划师,2001(5): 9-12.
② 科特勒. 地方营销 [M]. 翁瑾,张惠俊,译. 上海:上海财经大学出版社,2008:3-4.

取更多的资源，这就出现了城市间的竞争。最后，区域竞争与合作改变了城市间的关系。城市间的协同发展使城市群得以出现，使城市间出现了相互依存的新型关系，同时，城市为了在城市群中获得更合适的功能定位，也积极改善营商环境，参与优质资源的竞争。此外，城市发展有了新的机遇。一是城市营销中的某些方法应用取得了良好的效果。城市形象塑造、城市形象传播等方法被实践证明是有效的，在某些城市取得了成功，被认为是城市复兴的"良药"。二是城市对未来的管理需要十分紧迫。现代城市面临的发展环境变化日新月异，政府对城市环境变化的反应总是滞后的，城市营销不仅仅要帮助城市走出困境，还要帮助城市做好准备、经营未来，应对未来的不确定性，这与城市发展的需要不谋而合。三是城市经营理念的重大变化。政府主导的城市规划系统出现了低效和失灵的状况，城市发展不再是政府一厢情愿，而是以市场为导向，促进经济发展的长期性规划实践的需要。

二、城市营销的实践本质

菲利普·科特勒在其《地方营销》的序言里，明确提出了城市营销的目标：如何设计和传播地方形象和信息。更具体地，他讨论了如何吸引旅游，如何吸引、保留和扩展本地的商务活动，如何扩大出口及吸引海外投资，如何挽留和吸引居民[①]。此外还提到了应对后工业时代社会的变革问题。也就是说，通过形象传递来达到促进城市持续发展的目标。

（1）要巩固已拥有的资源。城市应长期保持常住人口数量稳定、企业经营稳定，使客流量保持在一定水准，城市要维持其目前运行规模的相应资源。

（2）要把投资和消费吸引来。城市不仅要维持现有的运行规模，还要发展和扩张，这样在城市生产、生活的民众和企业才能成长，接受投资和增加消费是实现这一目标的主要途径。

---

① 科特勒. 地方营销［M］. 翁瑾，张惠俊，译. 上海：上海财经大学出版社，2008：2.

（3）要促进城市可持续发展。城市要有持续发展的能力，就需要进行适时的变革，顺应开放的世界发展潮流。

从城市管理的实践来看，城市营销被证明是管理城市的新思路，是一项系统工程，涵盖了城市发展的方方面面，具有划时代意义。

（一）城市营销改变了传统的经营城市的理念

传统的城市经营理念带有很强的行政色彩，城市管理者的意愿往往决定着城市发展的走向，提供的服务往往是比较简单和基础性的，理念也比较僵化。城市营销是城市管理理念的创新，把原有的封闭的管理方式变成开放、共赢的管理方式，从被动的应变变为主动寻求资源的新思路。在战略层面上考虑城市与公众之间的良好互动，考虑争夺资源、增进公益和谋求发展；在具体方法上，城市目标设计、城市空间打造、城市广告、城市推广等技巧也被规范应用。这对公众认同城市、体验城市、享受城市、融入城市、奉献城市有积极的推动作用，从而形成城市特有的凝聚力和吸引力，是构建后工业化时代城市竞争力的重要手段。

（二）城市营销提供了一个解决城市问题的全新战略思路

随着城市新经济和全球化进程的飞速发展，城市变得越来越复杂，随着需要解决的各种问题越来越多，城市发展受到的制约因素和需要摆脱的困境涉及方方面面。城市营销理论为城市面对新的形势如何发展提供了新的理论，突破了传统营销理论的学科界限，丰富了城市治理理论和地区发展战略思想，提供了一个多角度、多内容的解决城市问题的途径。

（三）城市营销理论来源于实践，在实践中初步建立起概念体系和理论框架

城市营销理论基于城市建设和竞争的实践，着眼于解决城市发展中出现的问题，从一开始就明确了问题导向、实践导向。随着城市的发展，城市营销理论又融合了社会学、地理学、城市规划、公共管理、艺术等学科的知

识,进一步扩展了城市营销理论的外延。可以说,城市营销理论博各家之所长,在实践中总结,在总结中提升,逐渐形成了多学科交叉的理论体系。

(四)城市营销理论是研究城市的动态方法论

传统观察城市的视角是静态的,思维是带有黏滞性和固定性的模式,对城市的管理是"打补丁"式的管理,短期效应考虑较多,长期战略考虑较少;城市管理的全面性不够,缺乏全面管理和前置管理。这已经跟不上城市迅速发展的步伐了。后工业时代的城市管理更加重视动态变化,对每一个因素的变化都充分重视,考虑不同时间点城市的状态,并通过总结出来的规律预测城市未来的发展趋势。此外,城市管理的全面性也被列为考察城市管理水平的重要方面,生态、文化、社会和民生等因素也影响着城市的发展,城市需要更综合性的管理,需要不断扩展管理内容。

总之,城市营销是符合世界城市发展潮流的,也是符合我国的科学发展观、符合新时代中国特色社会理论的,对城市发展并赢得全球化竞争有重要作用。

第三章 城市营销的要素

城市营销主要由营销主体、营销载体和营销目标受众(营销对象)所组成,城市营销要对以上三个要素进行统筹整合,寻找要素之间的契合点,使城市营销达到令人满意的效果。城市营销主体和载体、目标受众的关系是:营销主体利用营销载体使营销目标到达受众的过程。

第一节 城市营销的基本过程与基本要素

一、城市营销的基本过程

城市营销理念的深入发展,让各大城市瞄准了自己的"顾客群",要想让"顾客群"认知、认同城市的发展理念,需要一系列的营销手段。这个过程的基本步骤有以下七点。

(一)分析城市营销环境

城市营销的环境是影响城市的各种潜在关系的内部和外部因素的集合,是城市必须面对的条件。城市营销环境分为外部环境和内部环境。外部环境是存在于城市外部的难以控制的因素,一般以城市的机会和威胁的形式存在,例如国内外政治、经济、文化、社会的形势,周边城市的发展情况;内部环境是城市内部的各种力量的关系博弈,处理好内部关系能够为城市带来优势,否则将是内耗,甚至灾难,例如,城市的自然条件、经济条件、基础设施建设等。营销环境既可提供机遇又会带来风险。分析营销环境是明确城市自身位置和未来发展定位、面临的机会和挑战,为城市的战略定位提供依据。

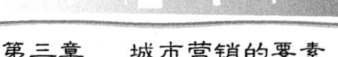

（二）市场细分

市场细分的目的是从城市的角色和区位角度辨别"顾客"的消费需求，以便实施精准的营销策略，确定与城市定位以及自身禀赋相适应的目标市场，提供更加符合市场需要的产品和服务，树立城市形象。城市营销的"顾客"有着不同的需求层次和特点，城市根据其城市定位，可以把目标"顾客"分为若干个具有相似需求和特点的群体，这个过程就是市场细分。城市营销的"顾客"通过细分，被分为若干个小的"顾客群"，小的"顾客群"内部有着类似的消费意愿，小的"顾客群"之间有着较清晰的界限和差异，并且能够被城市识别。

（三）目标市场选择和定位

分清了市场里"顾客"的层次和结构，就要有针对性地选择那些适合城市营销的目标受众，从而为城市带来满意的收益。市场细分后，要剔除掉不适合城市营销的目标"顾客"，这个过程需要以"顾客"的特点和需要、城市资源禀赋、相关城市的情况等内容作为决策的依据。目标"顾客群"可以选择一个也可以选择几个，这由城市自己决定，决定的依据是在这个目标"顾客群"里能够发挥城市自己的优势，取得相对满意的营销成果。

（四）制定城市营销组合策略

城市营销组合策略是城市拟实施的一系列市场营销策略的集合，是对多种可控的营销手段的整体运用。多种营销手段的组合使用，可以提升营销效果，也可能产生内耗，因此，需要政府整体把握营销措施的搭配。

城市营销组合要考虑的要素主要有城市形象设计、城市形象信息获得的代价和渠道、对"顾客"的促销。城市形象，按照《辞海》的定义，一般而言，是城市（或特定的区域）给人的印象和感受，建筑物、道路、交通、店面、旅游景点、生活设施等，都是构成这种印象和感受的基本要素。城市形象设计就是要使人对城市形成一种特征鲜明的印象和感受,让这个城市与其他城市区别开来。城市形象设计既要注重物质形态领域的美感,又要注重精神层面上的升华,既有宏观层面上的规划,又有微观层面上细节的处理,有一个合适的软硬件环境,让城市真正成为人们的心灵家园。城市形象需要通过一定的渠道传播出去,让"顾客"了解到相关信息,同时,还要满足"顾客"的可达性,即"顾客"以其可接受、可实现的代价能够享受到城市的产品和服务。随着信息技术的快速发展,"顾客"了解城市信息的成本和代价将会越来越小。此外,为了提高城市形象接受速度,降低"顾客"接受难度,适当的城市推介、促销、公共关系活动是必要的,广告和活动都是常用的促销手段,新闻媒体、展览活动等是促销的载体。在当今后工业时代的背景下,城市品牌推介会屡见不鲜,此外,不少城市还与专业机构合作策划城市形象宣传主题活动;主动承办各种会议、赛事、表演活动、展览等,为城市带来客流量。这些促销手段都取得了较好的效果。

(五)制定营销计划

营销计划就是把营销组合的各种实施策略的路线图拟定出来的过程。营销计划是城市实施营销的具体方案。营销计划是前一阶段各项工作的总成果,便于下一步指导实施城市营销活动。制定的营销计划要有可行性、实用性、前瞻性,既可以切实落地,也可以应对各种状况,分工明确、各负其责,实现对城市营销活动的整体控制。

(六)开展营销活动

城市营销活动是指城市按照营销计划,通过参与社会活动、主动组织策划活动以及利用媒体传播城市形象,以达到短期内迅速提升城市的知名度、美誉度、忠诚度和品牌影响力的一种营销行为。营销活动最常用的形式是推介活动或者媒体宣传。

推介活动成为一座城市吸引外资、旅游消费者的重要方式,在国内,很多城市都举办了多种形式的推介会,青岛、海口、南宁、防城港等城市的推介会为城市带来了投资项目和外资注入,为城市发展带来了新活力。媒体宣传是城市形象传播的重要方式,这是一种快速传播的方式,媒体的正确宣传是帮助利益相关者认识城市的捷径,常用的媒体有网络、广播电视、广告牌等。

(七)信息反馈与改进

当"顾客"进入城市开展相应的活动时,城市营销主体——政府就要落实当初的各种承诺,为"顾客"提供相应的服务。"顾客"在享受到服务后,会产生具体的感受,政府通过调查和评估收集这些感受,巩固好的方面,改进缺陷,使城市在制定营销计划、提供服务等各方面找到差距,对城市营销战略进行再调整和再定位。

城市营销过程是一个不断研讨、不断完善的循环过程,会随着城市的发展路径而调整具体的内容和策略。

二、城市营销的基本要素

城市营销是由实施主体、目标客体、营销产品、载体或渠道四个核心要素以及历史、环境两个外延要素构成的,这几个要素相互配合、相互影响,共同形成了城市营销的闭环。城市营销理论的发展,推动了各要素的整合协作,是多方面要素共同影响的结果,城市的运作、发展和未来形态取决于各要素之间的博弈。

(一)城市营销的核心要素

1. 实施主体

一般都是政府。政府在城市建设、发展过程中居于支配地位,对城市建设和发展进行领导、组织、管理,同时又维护和保障城市建设和发展的内外部环境,因此,政府主导城市营销是符合城市治理的需要的。随着第五次科技革命以来世界政治、经济、文化、社会和生态各领域的迅速发展,政府承担的责任越来越大,需要管理的领域越来越多,中央政府对地方政府的管理权限逐渐放宽,地方政府有了更多的自主权,积极性也空前高涨,各城市纷纷"苦练内功",不断争夺各种资源,不断提升城市核心竞争力,城市间竞争愈演愈烈。地方政府为了打赢这场"没有硝烟的战争",更加重视营销手段在提升城市竞争力方面的运用。可以说,政府作为城市营销的实施主体,既有历史的必然,也有现实的基础。

2. 目标客体

目标客体是对城市所能提供的"产品"有一定需求的"顾客"。成为目标客体必须具备三个条件:一是对城市所提供的"产品"有一定欲望,希望得到这些"产品";二是对这些"产品"有一定的消费能力;三是能够通过某种渠道或者中介得到这些"产品",即有交换平台。这些目标客体应该包括城市的所有利益相关者——企业、社会组织、居民、投资者、旅游消费者等,他们正在城市中工作、生活,或者希望进入城市。

3. 营销产品

城市营销的产品就是城市所要展现出来的吸引目标客体的特质。这种特质就是城市在生产、生活、居住、环境和发展空间方面所体现出来的基本功能。有学者按照刘易斯·芒福德在《城市发展史——起源、演变和前景》一书中的观点,总结了城市的基本功能:人居中心,城市最根本的功能是居住和生活;文明的生产者,城市是创造文化、积累文化、流传文化的主要场所;教化功能,城市是人类文明的一块奠基石,是人类进步的阶梯,人类正是凭借城市这个阶梯才一步步提高自己,丰富自己,贮存自己的文化创造的;社会功能,城市一出现就极大地丰富了社会需求的类型及其表达方法,各种人群之间的交往增多;经济功能,为经济发展提供了交通运输的便利,同时城市本身就是一个巨大的市场。①

4. 载体或渠道

营销产品如何传递到目标客体,需要有媒介,或者有渠道,也就是营销产品的流通路线。城市营销要针对大量的"客户人群",因此一般以大众传

---

① 林广. 城市的基本功能是什么?:刘易斯·芒福德城市研究的遗产[J]. 都市文化研究,2014(12):38.

播的方式为载体。载体可以分为直接载体和间接载体。直接载体是指直接传递城市营销产品信息的各种手段,包括通过报刊、电视、广播发布的各种信息、广告,各种城市宣传活动、推介活动等;间接载体是指通过让目标顾客体验而自发赞同的一种方式,如举办各种文化、体育、科技活动吸引各方参加和关注,在活动中了解和体验城市,从而自发地形成对城市的良好印象。

(二)城市营销的外延要素

1. 城市的历史

一座城市的历史是无法更改的,一座城市一定会有区别于其他城市的风度和气质,也能体现一座城市所特有的治理理念和思想,它一定能在城市营销核心要素上留下自己的印记,如城市历史形成的社会风尚、民风,使城市在做决策、使用方法手段等方面有不同寻常的一面。

2. 城市的环境

城市环境包括硬环境和软环境。硬环境一般是指城市的交通、市政、通信等基础设施和气候、地理等生态条件;软环境一般是指城市的法制、道德、文化等方面的情况。城市的环境是城市营销实施的约束条件,城市环境对城市发展是有巨大的价值的。

外延要素不能决定核心要素,但是可以影响核心要素。比如,城市的历史会影响城市营销实施者的决策方式,会影响"产品"的表达方式,会影响使用何种载体或渠道来表达;城市的环境会影响载体或渠道的传播效率和准确度。这也对城市营销的最终结果产生了较大的影响。

第二节 城市营销的主体与受众

一、城市营销的多元主体

城市营销的主体是主动发起城市营销的主角,是宣传城市的主要推手,

也是城市营销行动的主要实施者。随着城市营销理论的进一步发展,实施城市营销的主体出现了多元化的趋势,城市的参与者都有可能成为城市营销的主体。多位学者提出过城市营销主体的多层次结构特征。菲利普·科特勒把城市营销主体分为公共部门和私人部门,公共部门主要包括:政府,主要依靠税收获得资金,并以政府购买和转移支付的形式向社会提供公共产品和服务,最大的特征是拥有公共权力;公共组织,受政府授权和管制并向社会公众提供必不可少的公共产品和服务的单位和部门,包括各种非营利性组织;公共企业,政府组建、控制的以政府资产保值增值为目标,以企业化方式运营的部门;国际组织,以组织成员共同遵守的协议形式建立的组织,组织成员可以是政府、企业、社会组织和公民个人,从事的活动部分具有公益性。[1]私人部门与公共部门相对,主要指私人或者家庭所有的部门,投入主要依靠个人或者家庭出资,自身收益最大化是其目标。后有学者把其细分为政府、民众和私人部门,又有学者按照利益相关者理论,将其进一步细分为政府、居民、企业和社会团体这四部分[2]。从各位学者提出的理论来看,对城市营销主体的分析越来越细,这也是市场发展的新趋势。

本书认为,城市营销主体多元化是趋势,主体的划分会更加细致,城市营销主体分为如下类别。

(一)政府部门及附属机构

传统理论认为,政府是城市营销最主要的实践者,它们对城市实施动态管理,落实计划、组织、领导、控制职能,具有最强的管理权力。政府在城市营销过程中主要有以下几个职能。

1. 城市营销的战略规划

政府按照其长期发展战略,依托其权威,建设城市特有的内涵、核心理念,明确城市定位,规划发展路径。相应地,政府要制定城市总体战略下的城市营销战略,要配合城市总体的战略规划和定位,制定自己的发展规划,

---

[1] 韦文英. 区域营销系统的目标市场和营销主体[J]. 改革与战略, 2005(5):6.

[2] 郭霄星. 城市营销主体研究[J]. 生产力研究, 2010(9):95.

为城市战略的实现提供支持和保障。因此，城市营销要明确思路、确定方向，充分挖掘各种资源，凝聚各方力量，与城市总体战略保持一致。

2. 提供公共服务

一座城市的公共服务是企业、居民、投资和旅游消费者等利益相关者考量一座城市的关键指标之一，公共服务的质量关乎城市的形象。政府提供的公共服务主要是私人部门不能提供或者提供时效率较低的服务，如国防、社会保障、基本教育等，这些都是关系到国计民生的大事，如果公共服务的质量低，利益相关者会拒绝来城市或逃离城市，相反，高质量的公共服务是城市营销过程中非常重要的卖点和资本。政府在提供公共服务的时候，服务享受者的口碑是最直接的宣传渠道，而城市广告是覆盖面最广的方式，传递好"顾客"所需要的信息，不断改善服务质量，取得与"顾客"全方位的沟通，是发挥公共服务影响效应的关键。政府要组织协调好城市中的文教、科技、福利、基础设施建设等各项事业，积极引导各方共同参与，解决城市问题，参与城市经营与建设。

3. 开展营销推广

城市营销常用的手段是营销推广，营销推广的主要形式有广告、会展、节日、庆典、危机公关等。营销推广的内容主要是城市的文化传统、旅游资源、美食、特产等具有典型意义的要素，让人能够把城市和各种特色资源联系起来，形成城市特有的内涵和相关产业链的支撑。政府凭借其权力优势，有计划、有组织地营销推广能够强化利益相关者的视觉、心理感知，使其产生联想，美化其对城市的印象，从而使城市的知名度和美誉度得到提升。

4. 完善保障机制

政府通过完善城市法律法规体系，建设完备的监督执法机制，建立起高效率的运作秩序。一方面，政府是法律的执行者，是规章的制定者，要坚定依法行政的执政理念，创造一个健康、公平的市场环境；另一方面，政府要依据时代要求，加快职能转变和改革，使治理理念跟上城市的发展需要和全球化步伐。

政府在城市营销的多元化主体中处于主导性地位，它对城市的发展起着全局统筹的作用,把握着城市发展的方向和原则。政府的主导地位无论在西方的资本主义实践中还是在中国社会主义市场经济条件下,都是如此。

政府的主导地位是由多种因素共同决定的,是历史发展的必然。这几个要素是:

首先,城市服务的公共属性决定了政府的地位。政府要配置城市的各个要素,决定公共政策的实施方向和配置方式,城市管理意图强、目的性强、影响面广,对城市各要素及营销利益相关者均有涉及。但是,随着城市各方力量的发展演变,政府的政策所牵扯的营销各方利益越来越多,营销多元化主体之间存在的利益交叉越来越多,想要把这些营销多元化主体的利益都照顾到、形成广泛的社会共识并不简单,政府只能统筹考虑,寻找各方可接受的方案,利用其手中掌握的公共资源和服务分配的权力,提供适合社会需要的资源供给和服务水平,最大限度地调动各方积极性。

其次,政府宏观调控政策决定着城市的发展方向。随着我国城镇化进程不断发展,城市营销将配合城镇化进程,并可以极大地推进这一进程。现阶段,政府是我国城镇化进程的主要推手,城市营销作为配合手段在理念上和战略上影响着未来城市的形态。城市发展进程中难免有这样那样的缺陷和问题,需要政府通过财政和税收政策调节,弥补市场机制的不健全,创造一个良好有序的市场环境。

再次,城市中的政府已经在市场中扮演重要的角色。政府通过某种形式掌握着城市大量的金融资源、信息资源,掌握着大量的国有企业和公益性组织,掌握着大量的基础设施资源,对城市各方都能起到制约作用。但是政府并不是依赖地位的优势,进入可以充分竞争的领域,而是要集中力量办大事,处理城市中市场失灵的问题,开创并试验新的城市发展模式,将企业家精神运用到城市管理过程中去,使城市经济运行更有组织性和长远性。

最后,政府体制改革为城市带来无限动力。政府改革是政治、经济、社会等一系列因素综合作用的结果,是顺应时代发展要求的必然选择,在社会发展选择的十字路口,政府的决策将决定城市的成败。城市营销的理念、运作方式与政府的思路密切相关,政府与时俱进的改革思路将更加切合

实际,符合时代要求,政府改革也为城市营销带来新的机会和创新的工作方式。

在以上因素的共同作用下,政府仍是当前城市营销最主要的推动者,因为其所履行的职责和强大的权力使其成为聚集、调动各要素最有利的方面。政府部门主要指国家权力的立法、行政、司法机关,但这只是政府参与城市营销的部分方式,政府部门周边的附属机构也是参与城市营销的重要角色。在我国,附属机构一般是事业单位、群团组织等部门,一般是国家设置的协助履行部分政府职能和带有公益性的组织,国家会拨付相应的财政款项和补助。政府的附属机构的作用是对政府职能的补充,既参与社会管理,又履行服务职能,但一般服务于专业化、专门化知识较强的领域,具有提高政府服务水平和服务效率的重要作用,其发挥作用与政府履行职能密切相关。政府的附属机构是城市营销活动的重要参与者、执行者,甚至是主办者,政府通过全权授权,由附属机构代表政府实施城市营销活动,既减轻了政府工作压力,同时又因为其具有较高的专业知识和专业的资源配置,所以开展活动时更便捷、专业性水平更高。

(二)企业

按照《辞海》的解释,企业是指从事生产、流通或服务性经营活动,实行独立核算的经济组织,是国民经济的基本单位。企业一般利用土地、资本、劳动力等生产要素,向市场提供商品和服务,以实现盈利。企业对城市发展前景有信心,就会愿意到城市来投资设厂,愿意在城市里发展自己的产业。随着投资入股参与模式的发展,企业通过发行股份汇聚众多投资者的资金,形成共同的投资行动,企业越是盈利能力强、发展前景好,就越受投资者青睐,企业规模就会越来越大。企业愿意进入一座城市,本身代表着对城市有信心,相信在城市中能够发展壮大获利,因此,企业的一致行动代表着市场参与者的判断,能够带动市场中的资源向城市流动,也就为城市带来了更多的发展潜力。所以说,企业认同城市营销理念和发展愿景,并做出一致的行动,就是对城市营销效果的肯定。

(三)民众

民众这个概念比较复杂,应包括城市内外以不同目的与城市发生关联的人,如以居住为目的的居民、以发展事业为目的的从业人员、以旅游为目的的旅游消费者、以寻找投资机遇为目的的投资者等。民众对城市营销的贡献是隐形的,主要是通过口碑、行为取向、参与度等间接表现出来,民众积极向上、安居乐业的生活和工作氛围,就是给城市做了一个最好的广告,反之则为城市形象减分。城市营销的民众主要可分为常住人口和非常住人口。

1. 常住人口

主要指城市内的工作、生活的人口,主要有劳动者、普通住户等群体。

(1)劳动者。劳动者的成分比较复杂,分布在各个行业,以自己的劳动收入为主要生活来源,对城市能够给予其的发展机会和环境有强烈的需要,其对一座城市的认可表现在愿意为城市努力工作并给予正面的评价。劳动者可能是城市原住居民,也可能是从农村、其他城市迁徙而来的流动人口。

(2)普通住户。普通住户包括在城市内工作的劳动者,还包括未参加劳动的儿童、老人以及失业者。城市内很多居民既是劳动者又是普通住户。他们的家园在这里,成长在这里,生活圈子在这里,他们的认知、评价是最直接、最真实的,"金杯银杯不如群众的口碑",在人们的口口相传中,即使没有到过这座城市,在民众心中也会树立起对一座城市的印象,而且这种印象在很长一段时间内难以改变。

2. 非常住人口

指以满足一定需求为目的的人口,城市营销活动中常见的是商旅人群。

(1)投资者。投资者的目标是获得利润和收益,好的城市营商环境能够为投资者提供较高的回报。资金的走向在某种程度上代表着人们对城市的信心,投资取向是城市形象的重要指标,资金聚集能力是城市营销能力的重要体现。投资者是"用脚投票"的,投资者的资本、知识、技术将流向服务更完善、效益更佳的行政区域。

(2)旅游消费者。旅游消费者是为了得到更好的生活体验、满足好奇心、获得愉快的心情等目的而进行外出旅行的人。城市旅游已经成为重要的旅游方式,除了城市里的自然和人文景观以外,周到的服务和良好的体验也是吸引旅游消费者的要素。旅游业既能带来收入,同时也能够宣传城市形象和历史,是城市非常重要的产业之一。

(四)社会组织

社会组织是指由遵守一定的社会规则并有共同的社会目标的社会成员所组成的社会群体。社会组织的共同目标是其存在的基础,成员之间遵守共同的规则是组织架构完好且稳定的支撑,社会组织有发起者、组织者、执行者、搭车者等角色,各种势力的博弈决定了社会组织的形态、影响力和发展方向。社会组织在城市运行过程中所起到的重要作用就是市场营销中介作用,提供计划、组织、服务等专业性社会组织的效率高低决定着其为市场服务的效果。社会组织在城市营销过程中最重要的功能是做好政策咨询、流程指导、代办服务、项目落地协调、后期跟踪指导等辅助性服务,为企业、投资者等提供经营活动的保障。

二、城市营销的主要受众

城市营销最终要影响某一受众的具体行为,使其做出符合城市期望的选择。也就是说,营销主体通过有效载体,向"目标顾客"传达信息,使"目标顾客"最终选择对城市有利的行动。

(一)投资者

投资者既是城市发展的支持者、实践者和城市形象的传播者,同时也对城市发展渴求,希望好的城市前景能够带来获益机会,也就是说,投资者既需要参与城市形象的塑造,又要从城市发展中获得更多机会,具有营销者和需求者的双重身份。投资者在参与城市运营的过程中既要主动维护、展示城市的积极性,又要实现自身利益;既要主动去推销城市,又要接受城市的吸引。

（二）企业

很多企业就是所在城市的名片，城市的知名度与企业品牌联系在一起，当某家企业在进行企业营销时，会让人自然想到这座城市，无非是为城市做了最直接的推介。现在新的理念是一家企业与一座城市共同成长，当企业被城市吸引，来到城市发展时，城市发展规划就要为企业留足空间，以便企业搭上城市发展的"便车"，为城市实现发展目标提供有力支撑。

（三）居民

居民有生活、就业的需求，是城市软文化、社会氛围的缔造者，为城市带来活力，城市的发展离不开居民。居民以其言行营造这座城市的标志和印记，也许多年以后，城市原初的面貌已不在，但城市的民风、人文气质仍有较强的影响力，对城市的影响是持久而深刻、不易替代的。良好的软文化、社会氛围更让人有依依不舍的感觉，更能打动其他人，这就形成了具有特殊性的城市魅力。

（四）旅游消费者

旅游者是希望通过旅游体验，得到愉快的心理享受的人。旅游收入已经成为很多城市的重要收入来源，旅游带动交通、商贸、餐饮等一系列行业的发展，是重要的就业领域，各城市对旅游产业也加强了宣传和投资。城市营销目的中重要的一方面是吸引旅游者前来并进行消费，城市营销推介的卖点必须对旅游者有吸引力，取得旅游者的认同并产生向往，最终才能达成交易。

城市营销要影响到目标受众的具体行为，就必须了解目标受众的特征并能够正确识别目标受众。选择目标受众需要进行前期调研，了解几个问题：目标受众的备选范围；如何获得他们的特征信息（生物特征、知识、需求、心理等）；他们的目标和标杆是什么样的；影响他们行为的因素是什么；影响他们行为的因素的作用机理和过程是什么。

在了解了以上信息后，城市应结合城市营销的目标，以及需要了解的自身所拥有的资源禀赋，选择具有可达和有效率的目标受众。那么，城市选择的目标受众应当具有什么样的特征呢？

首先，目标受众应与城市具有价值的契合。无论是交易实体还是服务，其本质就是价值的认同，目标受众只会认同符合其要求的价值，城市营销需要营销主体拿出目标受众乐于接受的核心价值观念，才能有达成交易的基础，与其说是推销城市，不如说是寻找对城市一致的价值观念。

其次，目标受众应具有现实的需要。有需要才能产生市场，城市营销的成功需要目标受众的呼应。人民群众有更好的生活条件的需要，企业有更大的市场和发展前景的需要，旅游消费者有精神愉悦和社会交往的需要，投资者有资产保值增值的需要。

最后，目标受众应具有达成协议的条件。主体与目标受众双方能够接受的价格、时间、空间、信息和服务方式等是交易达成的制约条件。达成协议的条件是比较苛刻的，各种要素缺一不可。

三、主体和受众的关系与转化

需要指出的是，城市营销的主体与目标受众存在普遍的重叠现象。选择什么样的目标受众与城市营销形象传播扩散的效果有直接关系，当目标受众认可某一城市时，其会成为一个新的赢得媒介和分享媒介，这时他就转换成为营销主体的角色了。目标受众与主体之间的互相促进的关系让城市营销规模不断扩散，但他们都有其局限性。投资者更重视投资收益，重视金融运作，一旦遇到挫折就有随时撤资的可能，让城市陷入尴尬境地；企业更加重视经营收益和利润，市场竞争的压力会让其更加关心自身的处境，对城市整体的未来发展考虑不足；居民比较注重自身环境的感受，但缺乏对城市整体利益的考虑；旅游消费者归属感不强，其负面口碑对城市影响更大，即"好事不出门，恶事行千里"，一旦负面口碑出现，可能会随着旅游消费者扩散，对城市的不利影响更加深远。可见，上述目标受众即使变为城市营销的主体，因其局限性不足以担当城市营销的主导者，所以依然需要一个代表社会公平和公众整体利益的政府成为城市营销的主导。

城市营销目标受众之间也是存在相互关联和带动作用的，这也是城市营销发展的动力源之一。企业的经营环境需要和居民的生活品质的需要得到了很好的满足，城市的良好形象和口碑必然会让投资者和旅游消费者认同，企业将会取得较好的收益，劳动者会得到较好的劳动报酬，其家人也会得到生活上的满足，同时，也为政府带来良好的税收，为投资者带来相应的投资收益。同样，政府、企业、投资者将会为城市发展增加投入，倡导居民文明的生活方式，为城市形象更加美好加分。满足居民和企业利益诉求的需要是城市营销发展的根本目标，他们既是城市营销的目标受众，也是推广城市营销的关键主体，这种角色轮转让城市的发展不断向前。

第三节　城市营销的载体

城市营销的载体是指采用什么手段或者方法来实施城市营销。城市营销的载体关键是要解决营销主体向目标受众传递信息渠道的问题，也就是说它要起到中介的作用。城市营销主体会根据自己的决策，采用合适的营销媒介，达到其推介的目的。

城市营销载体可以是一种吸引"顾客"的形式，也可以是主动招揽"顾客"的形式。近些年，国外城市营销有很多成功的实践，国内城市纷纷学习和效仿。选择城市营销载体，一般由城市营销参与者根据自己的实际情况来确定，不同地域、不同时期，都有特定的选择。

一、城市营销载体的形式

城市营销载体的形式随着时代发展越来越丰富，也积攒了不少使用经验。城市营销载体的主要形式有以下七种。

（一）广告营销

广告是扩大传播范围的有效手段，目的是向社会广大公众告知某事，达到引起公众注意的目的。城市营销广告不以营利为目的，而是为了树立城市品牌形象，提高城市知名度和竞争力。广告营销可以选择的媒介有纸媒（报纸、杂志广告）、电视、广播、户外、网络等。

1. 主要特点

（1）传播迅速。广告内容通过媒介可以迅速传达给目标群体，尤其是信息化时代传播更加迅速。

（2）扩散面广。各种媒介都有大量的忠实拥趸作为获得信息的主要渠道，比如一档好的电视节目收视率可达上千万人，其间所插播的广告的观众也会相当可观。

（3）影响深刻。广告可以反复播送，一些好的广告语成为流行语，给公众留下较为深刻的印象。

（4）渠道多样。广告的投放渠道多样化，除传统的纸媒、户外广告牌匾等平面媒介外，后来又加入了广播、电视以及互联网等渠道，增加了广告的可达性。

（5）技术含量高。近年来，随着大数据分析和数据挖掘技术的成熟，广告定向投放更加精准，广告的成功率也在提升。

（6）艺术性强。广告制作已经成为一门艺术，要给顾客以视觉上的冲击，还要有艺术上的美感。随着各种设计、绘画科技含量的增长，各种美轮美奂的广告作品不断涌现。

2. 广告营销的运用

城市营销广告使用非常广泛（图3-1），主要领域有：

（1）旅游推广，即以宣传美丽风景、旅游特色吸引旅游者为目的的广告，一般是旅游企业或者旅游管理部门的行为。例如，珠海长隆海洋王国广告片于2015年上映，为企业带来广泛的知名度，2015年接待游客749万人次，同比增长36%，较2014年增速提高28%，2016年的客流量在亚太地区排名第四,中国排名第一。

(2)形象宣传,一般由城市政府主推,对城市的政治、经济、文化、社会、生态等各方面进行陈述,其广告会详细介绍城市的情况,树立正面形象,如2019年咸宁城市形象宣传片、2019年北京海淀城市形象宣传片。

(3)招商,侧重于介绍城市经济和贸易情况,展现城市良好的资源、营商环境和广阔的市场潜力,如湖南常熟高新区城市招商宣传片。

(4)会展邀约,即与大型展会、会议、展览相配合的城市宣传片,如广交会宣传片。

(5)赛事推广,即把争办国际性的赛事活动作为推广城市形象的重要手段,如2008北京奥运会城市形象宣传片、2010上海世博会城市形象广告等。

(6)节庆宣传,即把节日活动作为宣传推广的手段提高城市知名度,如西双版纳泼水节、大连国际海鲜节、青岛啤酒节。

图3-1　青岛城市形象综合营销广告牌

资料来源:青岛在日本、韩国、阿联酋和欧洲地区做城市宣传获好评[N].青岛日报,2020-01-15.

(二)会展营销

城市通过举办展会吸引投资者、企业、游客,扩大城市的影响力和号召力,展现城市的区位、资源、产业等优势方面。国内比较成熟的会展营销有中国进出口商品交易会（广交会）、中国国际进口博览会（上海）等，国际比较知名的展会有德国法兰克福国际车展、法国戛纳电影节、法国巴黎时装周、德国汉诺威国际商用车展览会、瑞士达沃斯论坛等。

1. 主要特点

（1）展示性。举办展会为本地的产品和企业提供了展示平台，展现的是城市在科技、文化、旅游等方面具备的潜力和优质资源，展现的是一座城市的内在品质；此外，大量商家和消费者前来参展也是提高城市知名度的重要方式。

（2）专业性。展会的内容一般比较专业，参展商、参会者也是专业人士。举办展会有了较为专业的组织机构，会展服务成为一项新兴产业，部分城市甚至将举办展会作为城市的一项重要产业来发展，例如，新加坡每年举办的展览会和会议达3 200场次，2000年被国际协会联合会评为世界五大会展城市，多年连续被评为亚洲首选会展举办地城市。

（3）带动性。展会具有较强的集聚效应，主要是人气集聚和效益集聚。人气聚集主要包括专业人才的流入、客户的流入和相关人群（旅游）的流入。以北京为例，2008年奥运会后，其在获得投资和吸引人才两方面取得长足进步。

（4）经济性。效益集聚主要包括投资资金的流入、营业收入和利润的增长。展会将带动服务、旅游、餐饮等多个产业的发展，给当地带来巨大的经济和社会效益。每年在展会上达成的交易金额庞大，以第十四届中国国际中小企业博览会为例，两周左右的博览会共吸引32.2万人次进场参观采购，达成合同及意向项目1 688个，合同及意向总金额共计877.37亿元。

2. 会展营销的运用

随着展会行业的发展，国际博览会联盟（Union of International Fairs，UIF）成为较有权威的展会专业机构。随着展会日益成熟，按照其规模逐渐有了综合展览会和专业展览会的区分。综合展览会指包括全行业或数个行业共同参与的展览会，比如万国工业博览会、中国国际工业博览会、中国（大连）轻工商品博览会。专业展览会指的是展示某一行业甚至某一类产品的展览会，主要有行业技术研讨、新产品发布等内容，比如中国长春国际汽车博览会、中国（深圳）国际钟表珠宝礼品展览会、联合国世界地理信息大会（图3-2）。此外，根据面向的参会者的不同，可分为贸易和消费两类，贸易类是以签订合作协议为目的，消费类是以快速销售商品为目的。

图3-2　2018年联合国世界地理信息大会会址浙江省德清县

（三）节庆营销

节庆营销是以城市的节日为契机开展的营销活动。由于城市的历史、风俗、特色和文化存在差异，各城市都有自己的节日，有的节日还是许多城市共同的节日。节庆可以是约定俗成的节日，如我国的中秋节、端午节，西方的圣诞节等，也可以是国家或城市甚至企业自定的主题节日，如国庆节、劳动节、植树节、旅游节、特色产品节等。

节庆在不同地域、不同国家、不同民族、不同宗教背景下，有其独特的风俗习惯，来展现该国家、地区、民族、宗教的特定历史、经济以及文化特征，是在长期的生产生活实践中形成的特定的社会现象，有特定的主题和约定俗成的活动方式。节庆期间将吸引大量的旅游者、投资者、企业来城市参加活动，从而实现城市推广和产业营销两大功能，城市文化知名度也会得到提升。

1. 主要特点

（1）群众性。群众性是城市节庆活动的重要特点之一。节庆能够为城市居民带来快乐的享受，提升生活品质和幸福感，会产生较明显的互动意向和情感需求。居民既要当好东道主，还可以享受节庆那种文化的、轻松的、开放的氛围，因此，居民的参与度非常高，受到的关注也很高，影响范围和影响力也是比较大的。

（2）特色性。近年来，一些城市发现了节庆所带来的商机和对城市形象的提升效应，也结合城市特色创造了一些"节日品牌"，这种与传统节日有所区别的形式，带有较为鲜明的城市特征，已经成为城市宣传的窗口。如盛产啤酒的青岛，"青岛啤酒"一直是国产啤酒的龙头，从1991年起，国家有关部委和青岛市人民政府共同主办了青岛国际啤酒节，啤酒节融旅游、文化、体育、经贸于一体，彰显了青岛的个性优势与魅力，逐渐成为国内最大的啤酒盛会。青岛以啤酒为媒树立起青岛城市和啤酒公司的新形象。

（3）综合性。现在各城市的节庆越来越丰富，节庆内容已不再单一，在城市的各种活动中都更加重视节庆的宣传和促销功能。通过竞赛、洽谈、展销、传播等多种形式，节庆变得更加丰富多彩，不同层次的观众可以自由选择。只有把节庆的内容做活，花样做多，才能让人们有兴趣，产生吸引力和新鲜感。

（4）目的性。一座城市举办节庆，最终目的是取得经济效益和社会效益。节庆活动中的特色内容，能够推动城市的消费、经贸洽谈等出现一个较明显的上升，出现交易的放量；节庆也对当地文化特质、文化传统有着承续和提升作用，只有为城市的文化发展提供持续的发展后劲，才能让人们对这个节日产生期待和向往。举办节庆是打造和提升城市名片含金量的重要方式和促进手段。

（5）情感性。传统节日一般都有浓厚的文化内涵和情感因素，如端午节、中秋节，这些节日承载的情感或祝福，会使营销引起相应的共鸣，使营销效果更好。一些城市的特色节庆活动，会勾起人们的回忆，因此，也会有较强的吸引力，如长春汽车文化节，就会勾起老一代"一汽人"对峥嵘岁月的回忆。

2. 节庆营销的运用

城市营销与节庆的结合，就是把城市元素与文化元素结合起来，通过城市节庆营销活动，让城市节庆活动真正地促进文化发展、交流，展现城市形象，带动文化繁荣（图3-3）。吸引人们到某个城市去过一次别有风味的节日，体验一下不同的文化风情，这就是对城市文化的营销。不同城市有不同的地域文化，让城市在节庆时间展现独特的文化成为国内外的普遍做法。

图3-3　山东十七地市节庆活动

资料来源：山东十七地市节庆活动盘点［EB/OL］.［2020-12-24］. https://sd.ifeng.com/zt/sdjq/#bt07.

（四）赛事营销

赛事营销是以体育赛事为主题，满足城市形象提升、经济发展、人才吸引等需求的营销活动。随着体育产业化的迅速发展，体育赛事越来越密集，

第三章 城市营销的要素

很多体育项目逐渐向商业化方向发展，体育赛事的品牌效应日趋明显，品牌溢出效应为承办城市带来了更多的机会。全世界各地每年都会举办很多体育赛事，体育赛事已经成为人们生活的一部分，体育赛事的举办地会因赛事增加曝光率和知名度，也就为城市带来了特殊事件。城市品牌知名度的提升需要以特殊事件为契机，特殊事件往往能够起到事半功倍的效果。例如，奥运赛事能够对承办城市的产业发展起到促进作用，主要影响的行业有旅游业、文化产业、房地产业、金融业等，对提升承办城市的经济、政治、文化发展，提升城市形象和知名度有正面影响（图3-4）。

1. 主要特点

（1）展示性。大型体育赛事需要多方面协调支持配合，组织好大型体育赛事是展现一座城市组织动员能力的重要窗口，同时吸引社会关注和大量的企业、各界人士前来，城市的政治形态、经济条件、文化社会环境、历史气质以及城市的地理条件、交通状况、空间形态、旅游名胜等城市内外在特色等从而被世界了解得更深入。

（2）汇集性。举办赛事不仅仅可以带来众多观众，还会成为关注的焦点。在赛事举办时，会有媒体的关注和报道，会有赞助商的赞助，会带动赛事相关产业的兴旺。赛事所带来的关注度是提高城市关注度的重要契机，以美国男子职业篮球联赛为例，各支球队的主场所在城市，受到职业体育赛事的影响，带动了一系列城市产业发展，如旅游产业、特许经营收入等，城市名+球队名的命名模式让城市随比赛走向世界。

（3）传承性。一座城市有其特色的历史文化和社会风俗，也就有一些展现特色的赛事，如美食大赛、设计大赛等，比较成功的赛事营销就是体育赛事。某些体育项目在城市内颇受欢迎，比如在欧洲，很多城市都有足球传统，赛事也很多，欧洲杯、欧洲俱乐部冠军联赛等赛事举办地受益匪浅；在北美，冰球项目颇受欢迎，北美冰球职业联赛总决赛的举办城市会吸引全世界的目光。这些城市有一些观众众多的传统体育项目，赛事的竞技水平和举办经验丰富，开发赛事价值的能力一流，城市举办其特色传统赛事有着较好的匹配度。

（4）广告效应。一项成功的赛事能够成为推广宣传城市的途径，因为城市的名字会在传播赛事信息的媒体报道中出现，这推动着公众传播度的提升。近半个世纪以来，电视直播和网络直播使各种赛事展现在全球公众面前，赛事通过这个平台能够有效地传递比赛精神和提升城市影响力。

2. 赛事营销的运用

城市营销在增强城市存在感、塑造城市品牌、提升城市价值方面的重要性毋庸置疑，但随着社会民主风气盛行，站在政府角度的营销效果不太令人信服。在相对和平的环境下，人们对体育、美食、时装、娱乐等的追求越来越高，充分利用人们的兴趣点，顺势将一座城市的历史文化、环境风貌、经济发展状况关联起来，实现自然而然、全方位的宣传，更让人容易接受，城市的气息将传得更远。在国内，比较成熟、有效的赛事营销方式是马拉松赛事营销，据中国田径协会马拉松2019年度新闻发布会上公布的数据，2018年，全国规模赛事达到1 581场，比2017年增加43.46%，参加总人次583万，增幅达到17%，人民网为此还评出了全国最具影响力TOP100。几乎每个举办城市都在利用这个平台推介自己，并塑造更加鲜明的城市特色，如长春引入"冰雪元素"，亮出"冬夏并行"牌。马拉松是外界认识城市的窗口，其调动的各方媒体资源形成的轰炸式报道，参赛选手以及观众、旅游者

图3-4　北京奥运营销

资料来源：北京奥运城市发展促进会，http://www.beijing2008.cn/。

的共同参与和体验，赛事周边产业的市场机会大增，赞助商的投入等最大限度地将赛事全过程和城市形象展现在公众面前，形成正面的冲击，城市的经济效益、社会效益、人文效益都会相应地提升。

（五）企业营销

企业与城市的融合促进了企业营销的发展。城市可以通过著名的企业品牌增强城市的影响力，吸引外部优势资源，形成资源集聚优势，使人们一提到某某品牌就想起它所在的城市，比如，一提到"中国一汽"就会想到吉林长春，一提到"老干妈"就想起贵州贵阳。

1. 主要特点

（1）合作化。城市与企业合作，利用企业的资金、技术、影响力等要素，城市提供政策、土地、劳动力等要素，推动企业在城市落地生根、发展壮大，进而为城市带来正面影响。2009年以来，绿地集团把泰安作为区域发展的重点城市，重点打造"泰安绿地商务中心"等大型项目，泰安市政府对此给予大力支持，从而加快了泰安城市面貌的更新。

（2）一体化。城市与企业融合不断加速，"产业资本城市""产城合一"的一体化模式不断发展、成熟。尤其是大型、超大型企业涉足城市各领域产业，企业的投资带动城市建设、基础设施、产业的发展，城市的发展又给企业带来市场，从某种程度上说，城市与企业荣辱与共。一座城市能够为一家或几家企业提供发展的平台，也从另一个角度上说明城市具有开放、共赢的气质，就是对城市最好的宣传。

（3）品牌化。城市品牌与企业品牌呈现合一的特点，企业品牌代表了城市。例如，德国的沃尔夫斯堡市是大众汽车集团的所在地，大众汽车标志也成为沃尔夫斯堡市的标志，随着大众汽车走遍全球，沃尔夫斯堡市也成了世界著名的城市，位列2019年全球城市500强榜单第297名，汽车、科技产业的发展为相关企业提供了众多发展机遇。

（4）资源化。企业是城市的一种资源，是巩固城市的品牌权益与品牌形象的一种方法，"顾客"对企业品牌的认可对增强城市品牌有促进作用，"顾客"接触到企业品牌时所产生的愉快的消费体验,可以影响到其对城市的态度,进而产生旅游、购物、投资等意愿。企业对生产要素的吸引和汇聚作用,将为城市带来额外的资源集中效应。

2. 企业营销的运用

一些城市随着企业的发展而发展,城市以企业总部所在地、发源地而闻名于世,无形中就为企业做了非常好的宣传,城市也就围绕企业周边开发相应的旅游、地产、金融、生活服务等产业,为城市全方位发展奠定基础,企业的发展可以助力城市的增值。仍以沃尔夫斯堡市为例,作为汽车城,沃尔夫斯堡提供了以汽车、技术、科技和革新等为主题的精彩游览景点,为5万多名大众汽车总部雇员提供生活、就业、教育等服务。大众汽车博物馆是德国最负盛名的博物馆之一,成为德国的一个重要景点。大众公司投资建立的"透明工厂"(图3-5)外观光彩夺目,且与城市植物园相距仅数百米,与城市风光浑然一体。

图3-5 大众汽车的透明工厂

资料来源:工业旅游新模式:国内外经典案例分享,济南工业旅游公众号,2020-03-19。

（六）影视营销

近年来，影视作品以某些城市作为故事的发生背景地，间接地为城市做了很好的推销，城市也有意无意地争取融入影视作品里，借机宣传城市的面貌、文化、风土人情、历史文化等特色，推动了城市的旅游、文化产业发展。

1. 主要特点

（1）潜移默化。影视作品以故事为主线，穿插了城市的细节、片段，一些景点被冠以某某影视剧拍摄地，让观众产生美好的憧憬，从而带动当地的旅游产业发展。

（2）集中投放。影视作品的投放一般是有档期的，在播放档期内宣传上的"狂轰滥炸"，让相关城市的关注度相应提升，为城市免费做了一次集中的广告投放，有助于提升城市知名度。

（3）时代性强。影视作品一般都要反映一定时代的社会生活或者大事件，只要有题材，故事不断，总会引起观众的欣赏和共鸣。所以说，影视营销更能凸显城市的时代特色和历史方位。

2. 影视营销的运用

影视作品能够以最自然的方式拉近观众与城市之间的心理距离，是以感情为基础的互动方式。有人说"影视作品是城市最好的广告方式"，这并不为过，正是对影视营销作用的充分肯定。影视作品对于城市营销，不仅仅是"名利双收"，更重要的是影响力的极大提升。2016年9月上线的"抖音"，把影视社交提升到新的高度，它旨在帮助大众表达自我，记录美好生活并对外分享，视频中出现的城市背景、定位的拍摄地点，以及"网红打卡地"等新鲜事物，让年轻人非常容易接受和向往。近年来比较成功的影视营销案例很多，比如，陈展鹏、陈茵媺的《单恋双城》展现了马来西亚槟城和风土人情，登上微博热搜榜的《你和我的倾城时光》，其八成戏份都在武汉取景。又如，被网友称为"中国哥谭"的重庆，作为背景地出现在不少国产悬疑推理片、电影大片中（图3-6）。

图3-6 爱奇艺《沉默的真相》剧照
资料来源：被网友戏称"中国哥谭"，国产悬疑片为何偏爱这座城？[N].人民日报人民文旅，2020-07-10.

（七）城市群营销

随着城市群的发展，出现了城市"抱团取暖"的现象，在我国京津冀、长三角、珠三角地区以及日本京畿地区比较典型。单个城市可利用的资源量级和城市群无法比拟，而且城市群中城市间的分工协作，为城市发展提供了较高的效率。从历史发展进程看，单个城市的营销发展到城市群的营销，初步实现了在城市自身营销目标不受削弱的基础上达到城市群营销的目标，符合城市发展的方向和要求。城市群营销必须有以下几个条件：一是相对便利的地理条件；二是共同的发展愿景，营销目标趋于一致；三是较为明确的城市分工与合作；四是有资源流动和共享的机制；五是在战略上以互信互补、双赢为目标。城市群共同发展是共生式的发展，在合作机制创新的基础上，逐步理顺合作思路，建立高效模式，形成决策程序与模式，最终实现利益共享的城市间角色分配。

1. 主要特点

（1）目标一致。一致的目标是合作的基础，没有一致的目标只会导致分道扬镳。城市间一致的目标体现着城市群的个性和价值取向，吸引着具有相同追求的人们，城市的目标也具有相当大的凝聚力。一致的目标就是城市的共同发展、互利共赢，为此需要大家合作与分工，扩大资源规模，提高抗风险能力。国家层面的协调规划、城市间确定合作协议等方式能够将城市联系起来，可以实施城市营销。

（2）功能互补。城市拥有各自品牌、形象等特色资源，城市群内重新分配角色，可以对资源进行再组合、再分配、再优化，提高资源利用效率。此外，城市间角色的再分配，可以减少重复投资、无序竞争等弊端，降低城市间的内耗成本，提高城市营销投入效率。但是对于城市间某些相似功能的整合，需要较长周期，会产生一定的发展阵痛。

（3）资源共享。城市群发展的关键是能够实现资源利用率的优化。资源既包括城市公共设施、地理条件、自然条件等硬件资源，还包括城市的政治生态、经济氛围、历史积淀、社会风气等软件环境。这些资源在城市间流动，各城市可以部分或全部地享受这些资源，尤其是在互联网技术日趋成熟的今天，网络协助人们了解城市信息和远程工作，实现了城市间协同工作模式，进一步缩短了城市间协调的时间和成本，提高了城市群反应速度，推动了城市群的契合发展。但是资源共享也是有限度的，一些涉及城市核心机密的资源往往会影响到城市的核心竞争力，共享的难度较大，很难实现贡献与获得对等，需要长期的谈判和严格的协议，资源共享无法实现全面开放。

（4）人才汇聚。"一年之计，莫如树谷；十年之计，莫如树木；终身之计，莫如树人"，人才的重要性不言而喻。城市发展的第一动力是创新，创新的实质是以人为主体的创新，人才是城市可持续发展的最终源泉。城市群发展需要宽视界的人才资源，需要安排合适的人才发展规划、人才提高计划、人才引进及服务方案，为人才的落地生根提供良好的土壤。

（5）统筹协调。政府作为营销的核心，需要统筹推进城市间的营销设计、实施、控制、评估等各个阶段，是城市间合作的推进者。城市群内各个政府之间的协调尤为重要，城市群中较为强大的城市作为主导，中小城市作为协同，树立共同的环境意识和机遇意识，完成各自在城市群中的角色任务。城市群的营销是协调各城市利益关系的产物，稳定的、长远的、系统化的城市营销方案，有助于城市群中的主导城市发挥统筹作用，帮助各方实现自我约束和互相监督，维持较为稳定的营销合作关系，因此，主导城市牵头非常关键。

2. 城市群营销的运用

城市群营销结合城市发展进程，有针对性地、系统性地实施非常必要，经济全球化使不同经济体趋于合作，提高城市竞争力与实现城市发展目标要求，已经促成了多个城市群的协同发展。在日本，形成了三大都市群——东京大都市圈（首都圈）、京阪神大都市圈（近畿圈）、名古屋大都市圈（中部圈）；在欧洲，有英伦城市群、欧洲西北部城市群；在美国，有五大湖畔城市群、华盛顿城市群、旧金山洛杉矶城市群；在我国，有珠三角城市群、长三角城市群、京津冀城市群。这些城市群的发展带来的巨大效应又将持续形成合作动力，城市营销品牌为世界经济发展趋势所认可。

城市群营销的运用的困境是多头发展的均衡博弈。虽然城市的聚集方便合作，但城市聚集带来的资源需求陡增、城市病被放大等问题，需要城市共同面对。此外，城市聚集容易带来低效博弈，即谁也不愿承担过多的义务和责任，在内耗中影响了城市营销的实施。

二、城市营销载体的选择

谁来决定以何种形式将城市品牌传递出去呢？决定者可以是政府也可以是城市的利益相关者，他们根据实际需要选择合适的渠道，可以达到事半功倍的效果。

（一）主要参考因素

1. 政府对城市的定位

政府是城市的主要管理决策者，政府对城市未来发展的规划决定着城市营销的方向和策略，政府要想选择最有价值的目标"顾客"进行营销，必然要选择行之有效的营销载体和渠道。此外，随着政府绩效考核评价机制的完善，对政府推介经费的支出效能评价日趋严格，要在其有限的推介经费范围内，获得相对较好的营销效果，也是政府做出选择的重要依据。

2. 城市独特的资源

城市间的竞争关键在于获取和维持城市竞争优势，而城市的竞争优势在于如何发挥好资源优势，并成为吸引城市外资源的"利器"。城市拥有的不同特色资源，由于资源的独特属性，需要的营销方式和平台也有所不同。不同城市拥有的特色资源优势不同，应根据各自的实际情况，采取不同的营销策略。但是，现在很多城市营销盲目模仿甚至照搬照抄其他城市的营销思路，造成营销定位不准，同质化竞争严重，营销成效并不显著。因此，要以城市资源禀赋为基础选择营销手段和渠道，展现城市的资源高效利用和独特的增值能力，从而实现城市推广的高性价比。

3. 目标受众的特性

"对症下药"是营销的重要法则之一。城市要对符合其发展路径的目标受众进行分析、锁定，并安排能够快速传达信息的营销载体，这样目标受众才有可能转化为目标"顾客"。目标受众容易接触和接受的那些载体应作为城市营销特定目标受众的营销工具。目标受众的哪些特色会影响营销载体选择呢？主要有以下三方面：一是目标受众的个性特征，主要包括性别、年龄、民族、职业、兴趣爱好、价值偏好、思维模式等；二是行为特征，包括生活圈子、交际圈子、工作圈子等，如经常去的酒店、餐馆、旅游景点等，以及经常观看的电视电影、访问的网站、使用的即时通信工具等；三是匹配度，就是目标受众对载体及内容的认可度，要符合他们的口味，比如针对青少年的营销载体要选择网络、电影电视等平台，采取符合当代青少年习惯和观念的营销内容。

4. 环境

一座城市所处的环境会潜移默化甚至是非常强烈地影响着城市营销载体的选择。这个环境分为宏观环境和微观环境。宏观环境包括地理空间、经济形势等城市难以改变的外部条件，这是城市营销的外部框架，制约着城市的发展水平。微观环境则包括技术和制度，随着科技的不断进步以及城市管理理念的更新，有的城市营销载体变得过时了，而新的营销手段逐渐上位，成为流行趋势。城市营销载体的选择要在两种环境的交互作用下，不断演变和进步。

（二）选择的原则

1. 自主性原则

选择营销载体必须站在城市主体角度思考，营销载体必须能达到城市推广意图、实现城市发展计划。也就是说，城市营销载体是一种沟通、交流、送达的媒介，能联系起城市利益相关者，使城市在各方面都能够开展一定的营销活动。城市营销载体是便于城市自主开展营销活动的有效路径。

2. 网络化原则

营销载体要把城市利益相关者有机地联系起来，形成网络系统，积极推进各方开展合作。城市所提供的品牌和形象，要通过顺畅的媒介或者流通渠道传递给目标"顾客"。随着信息化手段和通信技术的发展，这一要求变得越来越容易满足，保障了大量传播需求的实现。

3. 需求导向原则

城市要想达到特定的传播效果就要选择与之相对应的营销载体，也就是城市要选择能够达到其营销目标的载体。比如，大型、特大型综合性的城市可以选择广告、赛事覆盖面较广的营销载体，而专业特长较为突出的城市，则更适合以会议、会展或者企业为载体进行推广，突出其专业化水准，更精准地直达目标"顾客"。

4. 性价比原则

城市营销也要讲究投入产出比，利用相对较少的投入产生更佳的效果，也就是花小钱办大事。赛事营销、影视嵌入式营销就是遵循了这个原则，借助别人的平台，顺便宣传了自己的形象。

(三)选择方法

选择营销载体时,需要有一定的科学方法作为支撑,选择相对满意的方案来组织实施。

1. 财务评价法

城市的财政收入是保证政府履行职责、提供公共物品与服务而能够筹集的资金总和,也是实施城市营销策略的资金约束。把可使用的不同载体所需的资金成本,和可能获得的收益相比较,来选择最大利润的载体。有多少钱办多大的事,此评估法主要是从政府的财政因素来决定选择何种载体。

2. 交易成本评估法

该方法是从营销载体各利益相关者的参与成本来考虑的。城市营销不仅仅是政府的事,还需要各参与者的合作,因此,就会产生信息收集、洽谈、协商,甚至内耗的成本。交易成本从系统角度分析营销载体的全部投入,更加全面地反映社会经济效率,符合分工协作的市场化运作要求。

3. 经验分析法

这种方法是以经验知识为依据和手段,来认识事物的分析方法。通过在实践中进行经验总结可以获得理性认识,理性认识又能反作用于感性认识,指导实践。由于个人经历各有千秋,因此,集中多人的智慧能够更接近真相。经验分析是依据实际来进行判断的,具有直观、容易理解的特点,但容易产生表面化倾向,经验分析对个人素质的依赖程度较高。常用的方法有:

(1)评分,即针对多种备选方案,明确做出决策需要考虑的各项指标,并根据经验赋予各指标的权重和相应的评价分值,最后根据加权计算得出总分数,按分数排序确定最佳方案。

(2)比较分析,即将多种方案所带来的预期收益进行分析比较,选取收益最大者。

(3)会议研讨,即邀请多名专家共同研究讨论,争取达成相对一致的意见。

(4)德尔菲技术,即选择富有经验的营销专家,为其提供信息,背对背地阐述各自的意见,组织方收集意见后将意见整理反馈给各位专家,供他们提出新的论证,反复多次,形成较为一致的方案。

三、城市营销载体选择中存在的问题与改进措施

选择城市营销的载体很重要,但不是每一个决策者都能适时做出最正确的决策,从实践来看,存在以下几个方面的问题。

一是树立载体的品牌意识不足。载体中赛事、会展的知名度能够创造更多的交易机会,直接影响城市的曝光度,但是现在城市一窝蜂地创办、承办赛事或者展会,造成了内容同质化,没有让人产生直接联想的品牌亮点,让宣传效果大打折扣;此外,有的城市一届管理者一个思路,选择载体也是朝秦暮楚,民众参与度不高,充其量只是动员。

二是专业化水平亟待提升。通过电视、网络等媒体宣传造势、做表面文章的情况不在少数,而真正练好内功的城市却少之又少。很多城市把搞好城市环境卫生、大建基础设施当作打造城市形象的捷径;城市的节庆活动、赛事、展会的内容空洞,缺乏专业水准;一任领导换一个思路,导致缺少长期的规划,反而被诟病为政府乱作为。

三是针对性缺乏。城市营销载体在居民心中和专业圈内有相当高的认可度,其营销效果最好。但是,如果城市对自己的定位不清,对自己的发展规划随意性强,没有认清自己的资源优势,那么营销区分度就不好,会产生很多低效的投入。例如,明明是要吸引专业人士,却使用区分度较差的载体传递信息,这就会导致向很多无关群体做无用功,浪费营销载体资源。

针对以上问题,城市营销载体的选用要加强统筹管理和性价比评估,让城市营销管理者会选载体、会用载体。主要的改进建议是:

一是要提高营销载体的品牌价值。载体的品牌价值能够加速城市营销的效果,是城市营销的催化剂。城市营销载体的品牌塑造比较复杂,好的载体需要一定时间和经历的积淀,才能得到社会和"顾客"的信赖。载体品牌的塑造需要产业规划、城市建设、旅游规划、人才政策等层面的决策,由政

府和城市活动的参与者共同认可，围绕载体的特点，采取差异化的定位模式和发展策略，建立适合载体的理念系统、视觉系统、行为系统，最终形成可辨识的载体品牌。

二是要形成连续一致的载体建设与使用策略。城市营销行为与载体之间相互促进发展的共生模式已得到广泛的认可。政府不能把城市营销载体作为一种短期的推销行为的平台，而应将其作为一种传播城市核心价值的沟通渠道。连续性、一致性、稳定性的策略是推动载体不断成长的坚实基础，越来越成熟的载体带来的是越来越高效的、专业的传播。

三是要善于借助专业力量建设载体。现在，专业的第三方力量能够提供专业的策划、组织、评估等服务，它们具有更加系统、成熟的操作流程，眼界也更加开阔，把城市营销载体交给它们运营更为现实。放眼全球，会展公司、广告策划公司、赛事组织公司等专业机构承办了大量会展、赛事、广告宣传，运作了很多经典的创意，获得了社会的广泛认可，产业规模在进一步扩大。

中篇

从生产城市到消费城市

第四章　后工业时代城市营销环境变革

后工业时代是社会发展的一个阶段，也可称为后工业社会。美国著名社会学家与未来学家丹尼尔·贝尔（Daniel Bell）于 1959 年在奥地利萨尔茨堡的一次学术讨论会上，首次提出"后工业社会"一词，用以表示社会进入一个新的发展阶段，这也是对西方社会未来发展的一种描述方法，对西方社会发展预测的各种学说起到了开创性的示范作用。贝尔通过 1962 年的《后工业社会：推测 1985 年及以后的美国》、1967 年的《关于后工业社会的札记，1-2》、1973 年的《后工业社会的到来》(*The Coming of Post-Industrial Society*) 等几部著作，逐渐完善了"后工业社会"理论阐述。后工业时代的竞争是全方位的竞争，知识、技术、人才、资金、文化等资源在全球迅速流动，城市也呈现出集群化发展势头，城市间争夺资源的竞争日益激烈，在传统理论对城市发展驱动力不足的情况下，环境变革推动了城市营销的应用和发展。

第一节　城市营销的环境评估

城市营销要想取得较好的效果，要知己知彼方可百战百胜，要分析它的内、外部环境，揭示它的优势与劣势，以及面临的机会和威胁，确定其目标市场，并选择相应的战略和对策。

一、城市营销环境的定义

城市营销环境是指影响城市管理者与其目标"顾客"之间建立和维系关系所要面对的约束力量构成，它能够影响甚至改变城市营销的结果。

城市营销环境包括宏观环境和微观环境两部分。宏观环境是指影响城

市营销活动的社会力量和因素,主要包括政治、经济、自然、人口、文化、科技及环境。微观环境影响城市管理者服务能力的组织和个人,一般包括自身资源禀赋、公众、竞争对手等。

二、城市营销环境的评估方法和渠道

城市管理者必须对营销环境进行充分的测量和分析,及时了解环境信号特征及其含义,对环境趋势和机会更加敏感,这需要拥有有章可循的渠道——调查研究和信息情报系统。正是通过较为系统的环境研究,城市管理者才能及时调整战略规划和策略,适应城市治理的新要求,迎接新的机会和挑战。

(一)评估方法

SWOT分析是营销理论的基本分析方法,在把城市当成企业来运营的城市营销理论面前,具有较强的可用性。SWOT分析最早应用于市场营销理论,是制定市场营销计划和方案的关键环节。

该方法由美国旧金山大学国际管理和行为科学教授海因茨·韦里克(Heinz Weihrich)于20世纪80年代提出,是制定战略的常用方法。它是对竞争条件下的企业宏观环境和微观环境进行分析后,明确企业内部的优势(strengths)和劣势(weaknesses)、外部的机会(opportunities)和威胁(threats),并在矩阵上进行排列,形成战略组合。

SWOT分析也称形势分析(situational analysis),是指对影响组织的内部优势(S)、劣势(W)、外部机会(O)和威胁(T)的检查。形势分析是市场营销计划的一个基本要素,用来为市场营销活动制作方案。它寻求回答两个一般问题:现在组织在哪里?组织前进的方向在哪里?为回答这些问题,需要研究社会和整治发展对市场营销策略的影响、竞争者、技术进步以及其他可能影响市场营销计划的产业发展。[①]

---

① 因贝尔,托夫勒. 市场营销辞典[M]. 奚俊芳,译. 3版. 上海:上海财经大学出版社,2008:650.

城市营销理论框架下的 SWOT 分析是指分析研究与城市密切相关的内部优势和劣势、外部的机会和威胁,通过城市内外资源和环境的整合,分析竞争对手情况,确定城市发展的战略与战术,最终实现城市所要实现的发展目标。

1.SWOT 分析用于城市竞争战略研究的前提

(1)对城市的优势和劣势有辩证的认识。

(2)对城市的历史、现状和未来有明确界定。

(3)全面考虑城市的各个方面。

(4)全面发现和认识城市的竞争者。

(5)抓住关键环节和要点,抓住城市主要矛盾。

(6)因城而异。

2.SWOT 分析的四种不同类型的组合

SWOT 分析方法可以研究城市所处的环境和自身的禀赋,从而对城市内外因素进行全面、系统、准确的了解,选择最优的内外策略选择组合。可选择的策略组合有以下四种。

(1)优势-机会(SO)战略:城市发展既有内部优势,还有可利用的外部机会,这是最佳的战略状态。

适用情形:当城市在某方面有特定优势,外部又有合适的机会时,城市可利用内部优势把握外部机会,使机会和优势紧密契合发挥作用。

要求:城市要主动把握转瞬即逝的机会,为发展创造有利条件。

(2)弱点-机会(WO)战略:通过外部机会发现城市自身弱点,改变弱点而改变城市的境遇。

适用情形:城市存在外部机会,但其内部也存在一些妨碍其利用机会的弱点。

要求:城市首先进行自我改变,克服弱点,把利用机会的时机变成克服弱点的时机。这时,城市可以采用追加资源、转变做法等方式,促进内部资源劣势向优势方面转化。

(3)优势-威胁(ST)战略:城市利用自身优势,回避或减轻外部威胁所造成的不利影响。

适用情形：城市拥有较强的适应能力和充分的准备，当外部境遇变坏时，可通过内部调整应对外部变化。

要求：要避免优势被削弱或者丧失的情况，相反，要巩固优势，避免被削弱，积极应对威胁。

（4）劣势-威胁（WT）战略：城市要减少内部弱点，降低外部环境威胁的影响。

适用情形：城市有诸多弱点，同时又有外部环境压力，这时就需要城市迎接挑战，改善弱点，度过危机。

要求：选择改变弱点的合适方法，把外部威胁变为改变内部弱点的动力，力争生存下去。

3.SWOT分析的基本步骤

第一步，分析城市环境和能力因素。通过对城市所处的环境和自身拥有的能力进行分析，了解其处境，并对环境和能力的正反两面进行判断。调查分析这些因素时，既要覆盖到方方面面的关联要素，还要考虑到纵向时间轴方面的变化，城市的历史与现状，甚至是未来规划都需要考虑。对于城市来说，各种因素随着时间的变化都会发生变化，因此，优势和劣势、机会与威胁都是相对的，随着时间轴的变化会出现此消彼长的情况。一般分析因素时都会限定一定的时间段。

第二步，组成SWOT矩阵组合。对获得的各种因素根据其性质、影响程度进行排列，构成SWOT矩阵。每种因素对城市的影响有轻有重，对影响较大、重要、紧迫的因素赋予较高的权重，对影响较小、次要、非紧迫的因素赋予较低的权重。

第三步，确定应使用的战略或策略。在明确城市处于SWOT矩阵何种位置之后，考虑使用何种行动策略。拟定策略的基本原则是：综合考虑历史，基于当下，着眼未来，发挥优势，克服劣势，利用机会，化解威胁。城市可选择的战略要根据优势和劣势、机会和威胁中哪种因素更加重要，来确定可选择的对策。这些对策就是WT、WO、ST、SO四种战略。WT战略的处境最为不利，是在不利条件下做出的被动选择，SO 则是处境最优的情况下可以采取的战略，WO 战略和 ST 战略则喜忧参半。

（二）信息来源

1. 调查研究

调查是指按照特定的目的和计划，有意识地深入现场探查事物的真实情况；研究是分析所取得的调查材料的本质特征和规律。调查是取得一手材料的过程；研究是对一手材料重新认识、探究规律的过程。调查研究一般是主动的、自觉的行为，并要使用一定的方法。

调查研究的要素：①为何而调查；②需要调查的现象；③选择使用的调查方法；④调查成果；⑤使用何种方法进行研究；⑥研究出本质特征和规律。

调查研究的基本原则：①有针对性，为解决某一问题而探求现象背后的真相；②尊重事实，真实反映实物的本来面貌；③具体问题具体分析，根据情势选择合适的方法。

2. 情报系统

情报是为解决特定问题而通过一定载体传播的信息，这些信息能够反映周边环境中存在的机会和威胁，并有助于预测未来的趋势。情报系统是使用一定方法搜集情报信息的组织架构。由于情报是动态的、分散的、表面化的，因此，需要专门的体系来搜集它，同时必须满足真实性和时效性的要求。情报系统的主要功能有搜集、加工、整理、传递等。情报系统一般强调快速反馈，在出现新信息后及时将之传递到需求者手中，但也难免出现信息量过大、难辨真假、传递失真等情况，需要使用者进行加工鉴别后使用。

3. 检索

很多历史信息都是通过文献、报表、网页信息等形式进行记录的。为获取一定的信息，可以采用一定的技术手段从文献、报表、网页信息等存储媒介中找到有用的相关信息。检索现在已经成为获取知识和信息的重要方式。若想取得较高的检索成功率，必须有存储力较为强大的数据库或者数据来

第四章 后工业时代城市营销环境变革

源,其次需要合适和高效的检索方法,电子计算机的普及以及大型服务器和云计算技术可以很好地提供支持。

三、城市营销的外部环境分析

研究城市营销环境,预测环境变化的趋势非常重要。城市营销环境分析的目的就是要识别哪些因素影响着城市发展,并加以分类,明确哪些因素在竞争中处于优势地位,哪些因素处于劣势地位,让城市管理者发现机会和威胁,从而便于采取有针对性的措施抵御、转移威胁,或者降低威胁的损害程度。环境分析需要全面的、系统化的指标体系,因此需要识别对城市营销环境有直接或间接影响的因素。

城市营销的外部环境是指城市所处的外部环境以及直接或间接影响城市营销效果的因素。分析城市营销外部环境的目的是识别影响城市发展的外部环境因素及趋势,发现其中的机会和威胁,为城市发展战略选择提供依据。

(一)宏观环境分析

宏观环境一般是指对城市各个微观环境有影响的外部环境,包括自然地理环境、人口统计环境以及人文环境三大类。自然地理环境包括气候(气候类型及主要特征)、水文(河流、水源等)、地形(地形类型及地质)、土壤(土壤类型及厚度、肥沃程度)、植被(植被类型及覆盖状况)等;人口统计环境是指人口的生物特征、社会特征指标的现状和变化趋势对城市所产生的影响,这些指标包括人口的总量、分布、种族、性别、年龄、生育率、文化层次、收入、职业等情况;人文环境包括政治、经济、技术、文化、历史等因素。宏观环境一般是不可控的,但是可以使用一定的方法和资料确定现状及未来一段时间的发展趋势,对城市发展和政策制定起到方向性作用。

1. 自然地理环境

自然地理环境是城市赖以生存的自然基础,也是城市存在的地域空间。

自然地理环境是指市场营销者需要投入的或受市场营销活动影响的物质环境和自然环境。① 自然地理环境对城市营销的影响是显而易见的，主要表现在以下几方面。

一是影响城市的位置。自然条件优越、地理位置重要、交通便利的地方较容易形成城市。世界上的大多数大城市位于地形平坦、土地肥沃、便于农耕的平原地区，或者在交通便利的河道、道路沿线，或者中低纬度气温适中、降水适度的沿海地区，这些城市大部分都有较为宜居的环境。

二是影响城市的规模。城市的生存必须有相应的资源禀赋作为支持，其与城市的规模成正比。自然资源条件越优越，环境越宜居，越容易吸引人口聚居形成城市，城市的规模也就越大，比较重要的影响因素有能源、原材料，这是维持城市规模所必需的支持要素。

三是影响城市的运行。自然条件对城市建设、发展有相当大的影响，城市设施建设需要考虑自然条件的制约，并采取一定的应对措施，比如寒带城市建设需要考虑加设防寒层。此外，自然灾害会影响甚至中断城市运行，造成水电气热、交通等方面的损失。

四是影响城市居民生活。优越的自然条件使城市居民的生活更加便利，生活环境舒适友好，吸引居民集聚；恶劣的自然条件会让居民生活不便，成本增加，离去的意愿逐渐增强。

自然地理环境是决定城市发展的重要因素，但不是唯一因素。从城市的发展周期来看，这是自然、政治、经济、法律、文化、历史等因素共同造成的。即使城市具有相似的自然地理条件，也会有不同的发展路径和形态。所以，自然地理环境仅仅是影响城市发展成果的具有一定权重的因素而已。

2. 人口统计环境

人口相对集中是城市的重要特征。人口既是城市的建设者，也是城市的消费者，因此，了解人口统计环境特征有助于揭示人口现象背后的本质和规律，有助于选择适合的城市营销政策。通过大量的数据统计和挖掘，发现

---

① 科特勒. 市场营销原理 [M]. 楼尊, 译. 16版. 北京：中国人民大学出版社，2015：85.

人口特征,总结人口特征,从而得以制定有针对性的城市营销政策。人口统计指标通常采取如下分类方式:按照数据是断面数据还是区间数据可分为静态指标和动态指标;按照数据性质可分为定性数据和定量数据;按照数据是否经过加工可分为绝对数和相对数。

3. 人文环境

城市的建设者是人,人的意识决定着城市发展的方向。城市的发展成果展现着人类社会的进步和社会治理观念的改变。影响城市营销的主要人文环境因素有四种。

一是政治法律环境。

政治法律环境是城市营销活动所面对的国内外政治形势、根本政治制度和方针政策、法律法规,以及维护政治态势的政府部门和团体。政治法律环境由在特定社会中影响或制约各种组织和个人的法律、政府机构及压力团体构成。[1] 其在制约城市发展的同时,也对城市给予保护和支撑,对城市发展起着非常重要的作用。政府正确的政策,可以为城市发展保驾护航,安定、团结、稳定的政治局面决定着国民经济发展方向和国家开放程度,有利于维护良好的经济发展态势和安全的生活环境。

政治环境包括国际政治环境和国内政治环境两方面。良好的国际政治环境要求与绝大多数国家保持良好的关系,并有相应的政治往来;良好的国内政治环境要求有民主、自由、秩序和法制的治理结构,民政思想统一、利益分配机制合理。

法律环境是指为实现管理国家职责、经过一定的立法程序而颁布的基本法律和普通法律的总称,也是城市必须面对的大环境之一。法律维护着城市的内外环境的稳定,完善的法律法规是一个市场经济国家必须具备的基础性保障。法律比道德更客观,具有判断人们行为合法性的作用,规范着人们的行为;引导着人们的行为,对人的行为具有教育和示范作用;法律可以制裁违法犯罪行为,保障社会公平正义。城市的存在与发展离不开良好

---

[1] 科特勒. 市场营销原理[M]. 楼尊,译. 16版. 北京:中国人民大学出版社,2015:88.

的法律环境,正因为有法律的存在,社会才变得有序,人们的权利才能得到保障,城市生活才会越来越丰富多彩。

二是经济环境。

经济环境一般理解为城市活动所面临的外部经济现状和国家经济政策。经济环境对城市的影响是最重要的,城市是否繁荣、财政资金是否充裕、居民收入及购买偏好,都取决于经济环境的好坏。

经济环境主要由两方面构成,即经济现状及国家经济政策。经济现状包括经济结构、经济发展水平,国家经济政策包括经济体制和宏观经济政策。

经济现状是指经济现实发展程度,是城市生存的经济基础,这一般是通过国民经济结构和经济发展水平的一系列指标来衡量的。国民经济结构是指国民经济诸要素的排列次序、空间配置、聚集状态、构造方式以及各要素之间相互联系、相互作用的内在形式。[①] 比较典型的指标有第一、二、三产业比重,农业、轻工业、重工业的构成,积累与消费的比例,价格结构,进出口结构等。经济发展水平反映的是社会经济现象在不同时期的规模或水平[②],比较典型的衡量指标有国内生产总值(GDP)、国民生产总值(GNP)、国民收入(NI)、人均国民收入(GNI)、国内生产总值增长速度(GDP增速)等。

国家经济政策一般是战略性的宏观政策,是国家管理经济的职能体现,国家经济政策影响城市的经济发展方向。经济体制是指国家经济组织的形式。经济体制规定了国家与企业、企业与企业、企业与各经济部门的关系,并通过一定的管理手段和方法,调控或影响社会经济流动的范围、内容和方式等。[③] 宏观经济政策是指国家、政党制定的一定时期国家经济发展目标实现的战略与策略,它包括综合性的全国经济发展战略和产业政策、国民收入分配政策、价格政策、物资流通政策、金融货币政策、劳动工资政策、

---

① 何盛明. 财经大辞典 [M]. 2版. 北京:中国财政经济出版社,2013:157.
② 何盛明. 财经大辞典 [M]. 2版. 北京:中国财政经济出版社,2013:94.
③ 何盛明. 财经大辞典 [M]. 2版. 北京:中国财政经济出版社,2013:197.

对外贸易政策等。①

总之,随着经济全球化逐渐加深,国家间、城市间的经济往来越来越频繁,发展经济成为城市发展最关键的环节,这也为城市带来前所未有的机遇和挑战。在城市经济繁荣、市场活跃的同时,居民收入和生活水平不断提高,这是城市发展的应有之义。

三是文化环境。

文化环境由制度和影响社会的基础价值观、认知、偏好及行为等其他力量构成。人们在特定的社会中成长,逐步形成自己的基本信念和价值观。②文化环境主要通过社会道德、风俗习惯、文化传统、宗教信仰、社会心理等体现。文化环境是带有社会痕迹的,因为在某种社会环境下生存,所形成的文化必然带有当时社会状况的印记,每个城市都会有自己遵从的规则。文化环境是间接作用于城市营销参与者的决策方式。

文化环境的差异会影响城市营销活动的开展,不同文化背景下的决策可能千差万别。因此,城市营销策略的制定要尊重文化的差异,准确把握文化背景和习惯,使营销策略更"接地气",更容易被各利益相关者接受。

四是科技环境。

科技环境由影响科技的要素构成,这些要素可以创造新的产品,开发新的市场以及寻找新的市场机会。③科技的发展及应用对城市的发展进步具有积极的作用,为城市治理提供了新的视角和工具,也为城市的组织和管理方式带来了新的革命。科技环境变化速率加快,城市发展的节奏也会越来越快。科技环境的变化影响着城市管理者的思想,其渗透到城市营销的各合作方、各行业,改变着城市的每个角落。科技环境的变化推进了现今社会的城镇化进程,极大促进了特大城市、城市圈、城市群等新城市形态的形成和发展,城市发展受制于距离、自然条件的程度越来越低。未来,新的城市形态将会出现,这也就要求适应这种形态的城市营销理念和方法必须

---

① 何盛明. 财经大辞典[M]. 2版. 北京:中国财政经济出版社,2013:105.
② 科特勒. 市场营销原理[M]. 楼尊,译. 16版. 北京:中国人民大学出版社,2015:94.
③ 因贝尔,托夫勒. 市场营销辞典[M]. 奚俊芳,译. 3版. 上海:上海财经大学出版社,2008:425.

跟进。

（二）区域环境分析

区域环境是指伴随着城市营销活动整个过程的周边影响要素和条件的总和。区域的特点是：在地域上相连或者毗邻，城市面临的环境相似。在我国，区域以行政区划或地理方位进行划分的情况比较多。区域环境这一概念是中观的概念，是把几座城市连成片以发挥集群效应优势，共同应对竞争和压力。一方面，分析区域环境一般需要看区域的共同特点，找出共同优势，通过城市集群放大城市的优势，并在此基础上制定城市营销策略。另一方面，在分析各个城市的特点和优势时，还能发现各个城市的短板，使城市间形成协作和互补的关系，这时就可以由优势城市带动劣势城市，实现区域的整体协调发展。

区域环境分析必须依靠全面的区域环境评价。区域环境评价，即区域环境影响评价，就是在一定区域内以可持续发展的观点，从整体上综合考虑区域内拟开展的各种社会经济活动对环境产生的影响，并据此制定和选择维护区域良性循环、实现可持续发展的最佳行动规划或方案，同时也为区域开发规划和管理提供决策依据。[①]

一是区域发展目标的匹配性。城市营销的目标与区域发展的总体规划目标一致，将为城市发展带来极大的便利，使城市营销所需的资源更容易获得，实施成本降低，这样，区域的引领能力和整体功能才会最大化。因此，区域统筹发展与城市个体发展在目标层面上要具有契合性。

二是区域协作关系的密切程度。城市与周边城市之间的协作发展至关重要，城市间不只有竞争关系，还有分不同角色的协作关系，应避免区域内城市间的恶性竞争，一城独大的发展模式被证明存在很多问题。因此，要从体制上打破行政壁垒，减少行政区划分割的阻隔，建立区域内和跨区域资源协调机制，协调角色分工，建立科学的区域和城市整体的绩效评价体系。

---

① 师玮. 区域环境影响评价理论与实践［D］. 兰州：兰州大学，2006：1.

三是区域发展的可持续性。区域可持续发展需要把长远目标和近期目标统筹考虑，既要考虑经济发展和资源的可持续，还需要考虑环境、文化、科技等各个领域的共同发展。

（三）竞争环境分析

城市之间的竞争已成新常态，尤其是定位、基础条件相似的城市之间，争夺能源、人才、发展空间以及各种稀缺资源的情况很普遍。竞争态势分析为制定城市发展目标及策略提供依据。分析竞争态势要明确以下几个方面的情况。

（1）竞争态势：竞争对手的建设目标；竞争对手的营销目标及策略；竞争对手的关系网；竞争对手的发展战略（近期、中期、远期）。

（2）竞争对手的条件：拥有的优势、劣势；拥有的独特的优势、劣势；对可能发生的优势、劣势转换的情形预测。

（3）竞争对手采取的反制措施的历史和案例，预测可能的反应和采取的策略。

四、城市营销的内部环境分析

城市营销的内部环境是指对城市自身所拥有的各种资源、禀赋（包括劳动力、资本、土地、技术、管理等）进行分析，以确定自身拥有的优势、劣势的过程。分析城市营销内部环境是建立自信、明确自身短板的过程。城市是一个混合体，有优势也有劣势，掌握反映其内部状况的事实、数据等资料，并分析好、利用好这些资料对制定城市发展战略很重要。城市营销的内部环境分析是明确城市优势和劣势的重要途径，可以从城市资源和城市管理两方面来分析。

（一）城市资源

能够被城市利用并带来一定效益的都可以看作城市资源。能否成为资源也取决于一定的社会生产、文化、历史等条件，以前不是资源的要素可能会转化为资源，而某些资源因城市的变革而利用价值降低，甚至退出社会运作的环节。

1. 自然资源

《辞海》把"自然资源"定义为：人类可直接从自然界获得，并用于生产和生活的物质资源，如土地、矿藏、水利、生物、气候、海洋等。自然资源包括可再生资源和不可再生资源。自然资源可以从自然界获得并直接应用于生产和生活，是人类和自然之间的天然纽带。

自然资源禀赋的多少与城市的区位有较强的关联性，城市与自然在时间、空间上的完美组合可以让城市获得得天独厚的资源优势，这也是城市发展的先天优势，这关乎城市运行的成本、获取资源的便捷程度等问题。

就某一区域来说，掌握了一定的自然资源就掌握了一定的要素禀赋，这是不同区域间差别的重要体现。自然资源禀赋决定着城市的经济形态，如果城市拥有独占性高、集中程度高、稀缺性高的资源，城市将有比较明显的比较优势。在我国，因自然资源丰富而发展起来的城市有很多，比如因煤炭资源而兴起的阜新、因石油资源而兴起的大庆、因铁和有色金属矿产而兴起的攀枝花等等。自然资源在城市初创和起飞时期起着重要作用，但城市也会因资源的枯竭而衰落。

2. 经济资源

经济资源在这里指城市劳动者长期经济活动中创造积累的具有特定经济意义的资源。经济资源包括各种建筑物、厂矿企业的机器设备、交通线路和设施、邮电线路和设施、水电工程、农业设施等。经济资源具有有用性、可用性和稀缺性的特点。有用性是指能够被利用创造价值的属性；可用性是指依靠现有的技术力量和条件可以利用其创造价值；稀缺性是指资源数量是有限的或者配置不均衡的，不能满足所有的需求。

城市营销的经济资源应该包括原材料、资金、信息以及知识技术等在内的产业活动所必需的各种经济要素。从经济发展的历程来看，这些经济要素越丰富,组织这些经济要素的能力越强,城市的竞争力就越强。

3. 人力资源

《辞海》把"人力资源"定义为:能够推动组织发展,为社会提供劳动和服务的具有脑力劳动能力和体力劳动能力的人的总和。人力资源为一种可贵的生产资源,对经济发展有重要的影响,与经济发展中的自然资源具有同等的价值。可称为人力资源一部分的必须是智力和体力相结合,同时还需要受到良好的教育和具备一定的应用技能的人。

人是创造历史的源动力,人在城市发展的过程中处于核心地位,城市的样子就是各种人的意识映像在现实中的反映集合。城市既接纳了人,又受人的能动性影响。城市的形象反映了居住在城市里的人的素质,因此,人力资源是维护城市吸引力的重要窗口。居民素质高的城市,环境更优雅,城市更有序,运行效率更高,无形中就创造了新的财富、节约了成本。

4. 文化资源

《辞海》把"文化资源"定义为:一切能够被用于人类社会文化生产发展的自然和社会条件。狭义指人类社会创造的一切精神文化成果及其构成形态。文化资源受政治、经济等因素的影响,同时也能反作用于政治、经济等因素,具有比较鲜明的时代特征,文化资源的丰度和质量是影响城市发展的重要因素。

文化是人类智慧的体现,是知识的积累,文化资源的积累充分显示出一个城市的厚度与积淀。好的文化资源需要城市按照文化发展规律和特征进行文化开发与利用,要与城市的发展规划和举措形成相互匹配的关系,这样才能打造城市文化品牌。

文化营销是城市营销的一部分,城市文化也是城市可以提供的产品的一部分,增加城市文化创造价值的能力可以为居民、投资者、旅游消费者等相关群体提供更好的体验和情感寄托,无形中提升了城市的吸引力和竞争力。

5. 旅游资源

《辞海》将"旅游资源"定义为:能吸引旅游者的自然和社会的事物,是

一个国家或地区发展旅游业的物质基础和基本条件。2003年国家旅游局颁布的《旅游规划通则》,将"旅游资源"定义为自然界和人类社会凡能对旅游消费者产生吸引力,可以为旅游业开发利用,并可产生经济效益、社会效益和环境效益的各种事物和因素。旅游资源可以分为自然风景旅游资源和人文景观旅游资源。自然风景旅游资源是依靠自然界的力量形成的,人文景观旅游资源则是人类活动所留下的痕迹遗产。

旅游资源对于城市来说是有价值和功能的。对于旅游消费者来说,能够增加其精神层面的获得感,对人的身心健康、强身健体有积极作用;对城市来说,其旅游资源可以带来直接的经济效益和社会效益,并带动与旅游相关的住宿、餐饮、交通等产业的发展,具有较强的杠杆作用。近年来,我国对旅游产业发展高度重视,加快了旅游开发步伐,旅游特色城市不断涌现,成为城市营销的一张靓丽的名片。

(二)城市管理

习近平总书记在2015年12月14日主持召开的中共中央政治局会议上强调城管体制改革时说:"要提高城市管理水平,落实城市管理主体责任,改革城市管理体制,理顺各部门职责分工,严格安全监管,健全城市应急体系。"城市管理水平对于树立城市形象、打造城市品牌有重大意义。城市是开放的,它属于自下而上的空间,是属于全体民众的,城市外的人可以来,城市里的人可以离开。城市里有形形色色的人,有各种设施,还有各种看不见的政治、行政、法律等规则,各种要素相互联系、影响和制约,使城市系统渐趋复杂、庞大。此外,城市的正常运转需要政府、企业、居民等多个角色参与,需要信息沟通与交流,还需要严密的信息网络,以实现政府的计划、组织、领导、控制等管理职能,为城市的运行和发展提供决策引导和协调规范。

1.城市规划

城市规划思想对城市管理思想的发展和演进有着极其深刻的影响。城市规划是城市发展的蓝图,起主导作用的是政府,是对城市未来发展方向、

第四章 后工业时代城市营销环境变革

城市布局以及城市建设和管理方式的综合性安排,是城市管理的重要部分和前置条件之一。城市规划既包括理论构想层面的城市发展思想规划,又包括实施层面的土地利用规划、空间布局规划等具体规划方案。

城市规划的依据主要包括两方面:一是国民经济和社会发展规划,即国家的总体规划;二是城市本身的禀赋和条件,即自然、资源、人文等历史和现实的特点。城市规划关注的领域包括空间布局、土地利用、基础设施建设、园林绿化等。城市规划的合理性决定着城市未来发展的深度和广度,能确保城市的经济、社会与生态环境相协调,增强城市发展的可持续性。

2. 城市建设

城市建设是城市管理的重要组成部分,是实现城市规划的实施环节。城市建设是软、硬环境的全方位建设。软环境建设主要是城市的精神文化建设;硬环境建设主要是基础设施建设,要对环境进行改造,建设城市内各种物质设施,为城市的存在创造基础条件。城市建设的关键领域有交通路网、教育设施、休闲设施、居住区、地下管线、能源设施、通信设施等。

城市建设的质量决定着城市规划的实现程度和城市运行的成本。近年来,城市建设的发展方向是可持续发展,畅通城市、海绵城市、森林城市、智慧城市等新概念逐渐出现在城市建设之中,极大地推进了以人为本的城镇化建设。现代城市已经成为各种理念汇聚的综合体,加快了最新科技的落地实施,城市建设的兼顾和包容会越来越强,城市会变成一个复杂的系统。

3. 城市运行

城市运行是完成城市规划和建设后投入使用的阶段,也是真正发挥城市功能、维持城市正常运转并提供相应服务的阶段。城市运行阶段将为城市利益相关者提供相应的生活、工作、休闲娱乐环境,保障城市政治、经济、文化、社会等各项事业的发展,同时也将带来资金、劳动力、知识、技术等要素高度聚集创造新财富。现代城市的形态决定了城市运行的形态,多维度、多结构、多层次、多要素间关联是现代城市运行的常态。

城市运行曾呈现专业化分工的特点,专业的管理部门和专业的人员从事某一特定方面的工作,但随着城市的复杂化,单一从事某种专业已经不能满足城市运行的需要,城市运行需要复合型人才。

城市规划为城市发展确定了行动指南,城市建设是实现这一行动指南的具体实施举措,城市运行则是围绕着城市各利益相关者提供公共产品与服务的过程。

五、城市营销的环境风险控制

城市营销过程中必然要承受其所在环境所带来的各种不确定性,这种不确定性可能为城市带来正面或者负面的影响,这种影响可能导致城市在收益上的不确定性(也可能是成本或者代价上的不确定性)。这就是城市营销环境风险的基本概念。

(一)城市营销环境风险构成

城市营销环境风险与一般风险构成基本一致,由环境风险因素、环境风险事故和营销风险损益构成,风险构成决定了风险的性质和属性。

1. 环境风险因素

环境风险因素是指引起城市风险事故发生的潜在原因或者条件,它影响营销成本和收益。对于城市而言,环境风险因素包括政治风险、经济风险、自然状况风险、社会风险等。风险因素可以分为有形风险因素和无形风险因素两类。有形风险因素主要是各种存在的实质性要素,一般是可衡量、可比较的要素,如城市的地理位置、建筑物的材质等;无形风险因素是指风俗、习惯、道德、心理等看不见的因素,多为人的心理和行为所控制。

2. 环境风险事故

环境风险事故是指实际发生的事件,并导致城市出现损失。风险事故出现之前,出现损失是一种概率,也就是说可能出现事故,也可能不出现事故,是一种不确定的状态。风险事故出现之后,所有的猜测成为"实锤",最终导致损失。例如,城市交通拥堵导致旅游消费者数量减少,其中交通拥堵是风险因素,旅游消费者数量减少是风险事故。如果仅有交通拥堵而旅游消费者未减少,就不会对城市营销有影响。

3. 营销风险损益

营销风险损益是指非预期的、非故意的、非计划的经济价值的减少。营销风险损益既有短期的直接损失,也有中长期的损失。

综上所述,风险因素有一定概率引发风险事故,而事故则最终导致损益的发生。例如,城市因交通拥堵导致旅游消费者体验变差,交通拥堵是风险因素,旅游消费者体验变差是事故,旅游消费者减少来旅游的次数造成的旅游收入的损失就是结果。短期来看,旅游消费者减少来旅游的次数会直接导致旅游收入减少,中长期来看,这将会影响城市旅游投资和发展,进而影响城市的前景。

(二)城市营销环境风险衡量

城市营销环境的各要素都是具有一定风险的,凡是构成城市营销环境的因素,都有其不确定、不稳定的方面。城市营销环境风险是各要素风险交叉形成的,各要素的风险种类和程度会影响整体的风险种类和程度。

环境风险的衡量方法: $\mu = \sum_{1}^{n} x_i \cdot f_i$

其中 x_i 为环境要素风险估值,一般根据历史经验或者专家意见打分,一般设定为1~10分,分值越大风险越高,风险估值本身就是对风险的体验,不同的人对风险的偏好不同;f_i 是因素风险对城市整体影响大小的权重,$0 \leq f_i \leq 1$ 且 $F = \sum_{1}^{n} f_i = 1$,f_i 越大说明其对城市的影响越大。

(三)城市营销风险程度

通过对城市营销环境风险的分析和测量,可以对一座城市的营销环境风险进行判断和比较,把定性的风险感受变成可以衡量的数值。我们可以把风险程度分为四级(表4-1)。

表4–1　城市营销风险程度

等级	数值区间	特点	风险损益	风险应对举措
一	$u \leqslant 2$	风险度较小	一般不会对城市营销活动造成太显著的影响	影响营销活动的局部或细节，无须改变方案
二	$2 < u \leqslant 5$	风险度一般	对城市营销活动造成一定影响，但总体可控	在一定范围内制定防范对策
三	$5 < u \leqslant 8$	风险度较高	对城市营销活动影响很大，需要进行专门风险控制	需要制定专门的防范对策
四	$u > 8$	风险度很高	城市营销风险很高，甚至会影响决策	城市营销整体战略需要进行调整甚至取消

（四）城市营销环境风险对策

城市面临的机会和挑战越来越多，它所面临的不确定性也就越多，风险是不以人的意志为转移的，是一种现实的客观存在。但是营销风险并不是无法战胜的，可以通过恰当的风险管理机制，最大限度地降低风险带来的损害，规避或降低风险损失。针对城市营销风险，建议从以下方面着手拟定对策。

1. 树立营销风险意识

城市营销还算是新生事物，现在很多城市看中其能够带来的收益，而没有意识到营销风险的存在。随着城市竞争的日趋激烈，城市营销被视为新的城市发展"推进剂"，城市营销手段和策略运用日趋成熟，而城市面临的情势并没有因此而简单，反而更加复杂，很多营销投入的市场反应比较冷淡，这就迫切需要城市管理者树立营销风险意识。城市管理者团队需要建立较有凝聚力的核心架构，强化专业人才培养，加强营销风险教育和培训，使其掌握必备的营销风险管理理论知识和技术方法，从而提高其风险管理的能力和水平。

2. 及时掌握城市营销环境变化

城市营销存在的不确定性是无法回避的，但是城市管理者没有意识到风险正在逼近，没有意识到哪些因素将成为风险源，没有意识到风险向事故转化的时间和影响程度，没有做到"知己知彼"，从而失去了对风险的监测和控制，这种"信息不对称"影响着城市管理者及时且有针对性地采取措施。因此，掌握环境的变化、寻觅风险的痕迹将是大势所趋，要做到这一点，就要加强对城市营销环境的调查、分析、预测，从城市营销筹划开始，开展全过程环境风险调查评估。这可以依托第三方市场调查公司实施专业调查工作，也可以由内部战略规划机构自行分析判断，逐步建立及时反馈、自行运转的城市营销信息管理系统，从而掌握相关的城市营销活动周边信息情报。

3. 进行城市营销环境风险的信息化管理

信息对于城市营销决策来说是关键的依据，信息质量的好坏直接决定营销决策的结果。全面而有效的城市营销环境风险管理需要依托强有力的信息和技术支持。现在，通过对互联网及云计算技术的运用，搜集、整理、分析、挖掘信息成为一项重要的产业，对未来的发展趋势有了较可靠的预测。因此，风险信息化管理系统将是城市必备工具，对城市未来的发展决策提供有力的支撑。

4. 构建城市营销环境风险防范机制

城市营销环境变幻莫测，风险会随时出现、随时变化，要把握住城市营销时机、防止发生意外损失就要对环境风险进行持续的监测。统一的风险防范和管理机构具有较高的专业性，对历史数据掌握较为全面，可以实现实时监测并分析未来走势。风险防范机制要起到以下作用：一是建立城市环境风险预防机制，实行风险管理；二是加强市场研判，对历史、现实等资料全方位分析，探索规律；三是加强风险管理教育，提升城市管理者的风险意识，掌握风险应对相关预案；四是能够处理一定程度的风险事故，对较大事故有备选的处置队伍；五是形成自动处置风险的内部协调机制，对发生的风险事故及时处置；六是对环境风险以最终消除为目标进行管理，对短期内无法消除的风险，寻找转嫁途径，将风险点转移出城市。

第二节　后工业时代城市发展形态

一、后工业时代的特征和意义

为了便于分析，丹尼尔·贝尔把人类社会的发展历程分为三个阶段，即前工业社会、工业社会和后工业社会。

前工业社会（第一次科技革命前）：第一产业占主导地位，主要以亚洲、拉丁美洲、非洲的农耕文明为代表，主要的经济部门是农业、采掘业、牧渔业和木材采伐业，社会主要阶层是农民，他们要同自然界竞争，以人力对抗自然又依赖自然界所提供的原材料，生产依赖人的经验和常识。

工业社会（第一次科技革命至 20 世纪七八十年代）：第二产业占主导地位，主要以西欧、日本为主要代表，主要经济部门是加工业、制造业，社会主要阶层是产业工人，他们要同经过加工的自然界相竞争，生产主要依靠各种技术进步和资本投入。

后工业社会（20 世纪七八十年代以来）：以第三产业为主导，理论知识为中轴，主要以美国为代表，主要经济部门为商业、金融业、现代服务业，社会主要阶层是专业技术人员和科技人员，人与人之间知识的竞争将是社会发展的主题，人们更依赖信息和科技，科学和技术主导着社会的进步，是工业社会深度发展的产物。后工业社会强调了理论知识的中心地位，社会组织、经济增长、社会各阶层都围绕着它进行重新配置，社会将更加复杂但也更有秩序，社会中诸元素的综合作用将决定社会的形态。后工业时代的最重要标志是服务业占据经济发展的最重要地位，工业及农业占比下降，人与人之间的竞争由资源的竞争转为知识的竞争，生产方式发生根本性变革，科技人物掌握社会主导权，经济发展方式、社会运行机制发生转型。

按照丹尼尔·贝尔总结西方社会发展经验及对未来的设想，后工业时代将会体现以下几个特征。

一是经济由制造业经济转向服务性经济。国家经济将随着工业化进程发生重大变革,生产由依靠劳动力、资金和技术的大规模投入变为依靠科技和资源,因信息化水平提高,生产效率发生跃升,国民收入迅速增长,农业和制造业不再需要更多的劳动力,劳动力转移到服务业成为必然。金融、商业、交通运输、教育、卫生等关乎生活质量的服务业日益发达。

二是掌握知识的科技人员主导社会的话语权。社会组织更倾向于矩阵式、流动型、分权化,掌握技术的中小企业创造的价值比重在提高,社会进步和经济发展越来越依靠技术进步和科技成果的运用,社会关注的视线向教育、科研等方向转移。这些行业的发展决定了现在的社会发展形态,知识和技术含量高的高附加值产品受到了社会的青睐,科技人员的贡献成为社会和经济发展的主要增长点,其在社会中的地位不断提高。贝尔认为"职业划分成为社会阶级与阶层的最重要的决定因素"。

三是理论知识成为社会变革和制度发展的依据。工业社会的生产依靠的是半熟练程度的工人,这些工人能够在经过一定培训后使用机器设备进行加工,人与机器之间的协调是生产过程中的主要矛盾。而后工业时代的到来则要求围绕着理论知识进行社会生产组织,以理论知识指导社会的发展和变革,随着社会实践的发展又催生新的理论知识,通过这样的往复循环不断地推动社会的发展和进步。

四是建立一个可控的技术发展路线。在后工业时代,只有更加依靠理论知识的进步,才能维持更高的生产能力和生活水平,而新技术和新发明并不是"完全正面"的,可能存在不确定的损害,也就是技术的副作用,甚至造成社会的混乱和低效。例如,克隆技术将为人类攻克某些疾病带来福音,但不恰当地使用克隆技术会带来社会伦理问题。所以,为了避免技术的副作用,在进行技术研发和选择时,要明确技术的正反两面,既要了解技术的优势也要了解有害的不定因素,以"社会代价"较低的方法考虑技术进步路径。

五是新的智能技术兴起并逐渐成熟。随着科学技术的进步,各种适用于解决复杂性问题的新知识、新技术应用日益广泛,曾经很复杂的问题被简单、可重复、自动化的方式解决了,人从复杂的劳动中被解放出来。人只需要提出需求,智能技术将协助其判断和解决问题,智能化的决策方式代替了大量的人的劳动,效率和准确性更高,政府将更多地参与社会发展,与企业形成良好的合作关系,社会更加有序。近年来的研究前沿 AI 技术,就是最新的智能技术的代表之一。

哈佛商学院的首席管理教授罗莎贝斯·莫斯·坎特(Rosabeth Moss Kanter)在她的重要管理著作《变革大师》(*The Change Masters*)中分析了后工业社会的新经济特征(表4-2)。

表4-2 后工业社会新经济的特征

特征	旧经济特征	新经济特征
范围	国内	全球
驱动力	规模生产	技术、创新
资源	资本	知识、信息
工作机会	稳定、大公司	动态、中小企业
组织	集权的/等级制的	矩阵式、流动型、分权化
市场	稳定	流动
就业者	教育程度低、缺乏技能	教育程度高、技术型、具有适应能力
任务	简单、体力型	复杂、知识型、参与型
技术	机械性	电子的、生物的
强调	预见性	创新、创造性
信息流向	由上而下	自下而上、交互式
机会	有限的、固定的	流动的、交替的、变化的
商务/政府	最小干预	合作、合伙关系
标志物	烟囱	电脑

资料来源:科特勒. 地方营销[M]. 翁瑾,张惠俊,译. 上海:上海财经大学出版社,2008:10.

后工业时代这一概念的确定,对我国社会发展乃至人类社会的发展都具有重要的意义。"当今世界正在经历百年未有的大变局,世界多极化、经

第四章 后工业时代城市营销环境变革

济全球化、社会信息化、文化多样化深入发展,和平、发展、合作、共赢的时代潮流不可逆转。"[1] 后工业时代是人类社会发展的重要阶段。人类社会的发展不是直线前进的,而是在多次重大变革中曲折前行。后工业时代是在第三次科技革命以来众多成果的基础上,发生了深刻的生产方式的改变和社会变革。人类社会的发展是没有尽头的,后工业时代只是人类社会发展的一个阶段,将来会有更为先进、高效、有序的社会阶段出现。后工业时代是延续工业社会,并将各种要素提升、进步的变迁过程。工业社会的机械生产方式逐步被电子的、生物的技术替代,新技术的出现淘汰了旧有的生产方式,推动着社会向前发展,将来必将会出现更为高级的生产组织形式颠覆后工业时代所定下的生产规则。社会组织结构和权利分配将随着社会生产方式的变化而变化。

后工业时代社会仍存在各种矛盾和斗争,但社会变得更加包容和进取。社会是在动态中实现平衡的,在某一阶段某种生产方式占据主导地位,其背后必然有既得利益集团努力维系这种生产方式,当出现更为高效的生产方式后,既得利益集团会百般阻挠新的生产方式的应用。后工业时代中也广泛存在着这样的现象,新技术替代老技术、新理念替代老观念,都会有一段时间的争论,社会发展思路在竞争和激辩中逐渐清晰。后工业时代强调理性发展,在不断评价、选择、实践中发展,因此,对社会发展的各种选择和决定将更加客观,从多角度、多方面进行论证,历史记录得更加准确完整,经验和教训被正视,"踩在巨人的肩上前进"将是社会的共识,社会更加文明、富有进取精神。

近年来,大数据革命席卷全球,有人说进入大数据时代,将掀起一场新的科技革命,社会将进入新的发展阶段。但从大数据时代的核心思想和发展特征来看,其并没有跳出后工业时代以知识为核心资源的理念,其技术手段虽然有所提升,但没有突破后工业时代社会进步的方向和框架,因此,大数据时代只能说在解决社会复杂性问题方面提供了新的方法和技术,成

---

[1] 中华人民共和国国务院新闻办公室. 新时代的中国国防[R/OL]. (2019-07-24)[2021-01-04]. http://www.mod.gov.cn/regulatory/2019-07/24/content_4846424.htm.

为后工业时代确立的典型特征,并不能让社会突破现有的发展阶段。

二、后工业时代城市发展形态

工业时代围绕工厂建立的城市发展模式已开始凋敝,甚至阻碍着城市发展。从全球范围看,当工业化进程接近尾声时,工厂倒闭、人口流失、城市凋敝的现象经常发生,空城、乱城、破城现象屡见不鲜,在美国、日本、德国等西方主要发达国家也同样存在这样的现象。伴随着后工业时代的来临,经济、社会阶层发生的巨大变化引起了西方发达国家城市经济结构、空间布局和社会关系出现新特点,逐渐形成了新的城市形态。

(一)产业结构重新布局

高技术产业加速向城市集中。随着第二次世界大战后第三次科技革命以来的成果被不断应用,西方主要城市一些传统的、生产效率低下、附加值低的产业逐渐被淘汰或者向发展中国家转移,那些有雄厚工业基础的城市开始改善产业结构、提高生产率、加速进行产业升级,率先成为高技术产业聚集地。代表城市有美国的波士顿、休斯敦,英国的曼彻斯特,日本的大阪等。

服务业也加速向城市集中。高技术产业需要良好的专业性团队来运营,同时它也需要专业的保障性团队辅助运营,法律服务、金融、会计、物流、通信等行业越来越重要。城市的枢纽地位、聚集效应、规模效应以及良好的基础设施,也为这些服务业的发展提供了便利,从而也推动了城市的后工业化步伐,城市的职能发生了根本性的变化。随着全球经济一体化进程的加快,城市服务聚集更加明显,城市的服务专业化也成为趋势,比如金融业服务的三大城市纽约、伦敦、东京,它们的金融业中心城市地位从未被撼动,反而得到巩固。

(二)城市空间结构巨变

在工业时代,城市集中了大量的资源和人力,城市吸引着周边各种资源,最导致人财物在城市高度密集;而后工业时代来临后,城市一家独大的情况有所改变,随着通信、物流、交通等基础设施建设的快速发展,生产要素价格和生活成本较低的郊区、卫星城逐渐崛起,形成新的城市热点,城市向外辐射式发展。例如,硅谷(Silicon Valley)就是指地处美国加利福尼亚州旧金山经圣克拉拉至圣何塞的狭长地带,长度超过50公里,是世界著名的高科技产业云集的地区。

除了空间拓展,空间结构和功能更是伴随着城市功能的演变发生了巨大的变化。德国的鲁尔工业区,就是由围绕着多特蒙德、杜伊斯堡等大城市的近30个小城市所组成的,原来的炼钢等大城市传统产业产值不断下降,在中小城镇发展的电子计算机和信息产业技术成为该地区新的经济增长点。即便高炉、储气罐与提升井架这些工业遗产作为那个年代的象征巍然耸立,工业元素依然挥之不去,但这里已经不再运输煤炭,取而代之的是话剧、音乐、绘画、舞蹈、表演等文化活动。鲁尔艺术博物馆群构成了全球现代艺术博物馆最为密集的景观带,工业废弃地已蜕变为全新的北杜伊斯堡多功能公园(图4-1),以前的储气罐被改造成全欧洲最大的人工潜水中心,鲁尔三年展中心剧院、德国采矿博物馆等成为新鲁尔的标志。[①]

图4-1 德国北杜伊斯堡景观公园儿童滑梯

资料来源:北杜伊斯堡景观公园:让工业遗产绽放发展与自由之花[EB/OL].(2019-06-13)[2021-01-04].https://www.sohu.com/a/320163789_720180.

---

① 工业旅游新模式:国内外经典案例分享,济南工业旅游公众号,2020-03-19。

(三)社会阶层分化

在后工业时代的西方国家,全球化趋势难以阻挡,传统制造业没落得相当明显,生产性服务业则快速发展,城市中的机会被重新分配,创造价值的主体出现新的特点,即原有的产业工人占比越来越低,高技术人才、企业经营管理者大幅增加,这一过程加速了城市的阶层分层,也决定了城市内收入的分配,出现了所谓的"穷者越穷、富者越富"的局面。高技术人才、企业经营管理者在城市拥有越来越大的话语权,与城市底层人群的收入、工作机会等方面的差距也越拉越大,这决定着城市的政治、文化、社会的发展变革方向,深刻影响着城市的秩序,也许将来会出现令人担忧的局面。

近年来,城市发展又出现了新的特征,就是再城镇化现象出现。后工业时代社会分层过程中,高技术产业的聚集,推动城市内有限土地产业升级,将城市传统服务业及从业人口从城市挤出,比如家政服务、废品回收等行业从业人员。但这些传统服务业是城市不可缺少的,被过度挤出后必然导致城市内传统服务业价格上涨,从而吸引从业人员再回流城市开展传统服务业,这种回流也随着城市的发展需要出现时强时弱的波动。

第三节 后工业时代中国城市营销环境

一、后工业时代中国城市发展特征

从1949年以来的城市发展史来看,一大批曾经辉煌的工业城市在经历了50多年突飞猛进的发展后,各种矛盾开始显现,经济发展举步维艰,这就是工业时代发展的瓶颈。而以东南沿海城市为代表,改革开放政策惠及了广大对外开放城市,以国际市场需求为导向的外向型经济促进了这些城市的经济腾飞,实现了跨越式的发展。

（一）中国后工业时代城市发展历程与国外的比较

国内外城市发展既有共性，也有各自的特色，对它们进行比较分析，对于今后我国城市的发展与规划、建设与管理等方面具有十分重要的借鉴意义。

1. 后工业化起点不同

我国正式进入后工业时代，比较公认的说法是在2010年前后，当时城镇化率水平为49.90%[①]，可以说是低城镇化率基础上的后工业化。而在西方主要国家拉开后工业化时代大幕的1970年，城镇化水平一般都在60%以上，日本虽没有达到60%以上，但在1955—1975年后城镇化率有一个显著的跃升，城镇化率每五年增长速度在7%~12%[②]，出现了一个小高峰。

2. 城镇化进程速度不同

我国正式进入后工业时代以来，城镇化进程仍处于快速增长阶段，2018年时已接近6成，而同期西方主要国家城镇化进程处于缓慢增长的自我完善阶段，城镇化率增长空间有限。

3. 国家政策影响程度不同

近年来，我国仍大力推进城镇化政策，国家仍然坚持"控制大城市规模，合理发展中等城市，积极发展小城市"的城市发展总方针，同时加快了户籍管理、农村劳动力转移就业等方面的配套改革，为城镇化发展提供了政策支持。西方主要国家的城镇化进程则是在资本主义经济框架下的城镇化，与经济发展的需要息息相关。

4. 城市未来发展趋势不同

进入后工业时代，我国城镇化率仍没有减缓的趋势，农村人口进城仍未结束，可以预见，未来十年间我国城镇化率将继续加速上升，而西方城镇化率近年来处于较稳定的状态，甚至在某些国家出现了下滑。

---

① 国家统计局. 中国城市化率历年统计数据［R/OL］.［2020-05-20］. http://www.stats.gov.cn/.
② 宋启玲. 城市化进程中的扩内需与调结构［N］. 证券时报，2009-07-04.

5. 城市布局与空间形态规划理念不同

现阶段，中国城市空间布局仍是以大城市为核心、以做大做强中心城市为主，中心城市城区迅速扩大，中心城市在区域经济社会发展中的作用不断上升和巩固。而在西方主要国家，以发达的卫星城、小城镇、郊区化为发展方向，逐渐疏解中心城市功能和人口，强化"大城市区"的概念。

（二）2010年至今我国城市发展的趋势和特点

后工业时代的中国城市专业分工更细、专业化程度更高，积极参与国际化与专业化分工，逐渐成为中国经济发展和科技创新的重要支点。2010年以来，我国城市的发展有了新的趋势和特点。

1. 城市产业结构巨变

近年来，城市产业结构调整迅速，传统的工业企业关停或向外疏散，高新技术产业、现代服务业蓬勃发展，烟囱林立的现象已经一去不复返了。以著名的工业城市长春为例，2017年三次产业结构为 4.8：48.6：46.6[①]，而改革开放初期的 1979 年三次产业结构为 31.62：50.52：17.86[②]。

2. 城市规模高速扩张

随着国家经济发展和时代变迁，我国城镇化进程正在加速，大量人口不断涌入城市。从国家统计局发布的数字来看，2018 年末，城镇常住人口 83 137 万人，比上年末增加 1 790 万人；乡村常住人口 56 401 万人，比上年末减少 1 260 万人；城镇人口占总人口比重（城镇化率）为 59.58%，比上年末提高 1.06 个百分点。[③] 与城镇人口比重不断上升相对的，城市体量也进入高速发展阶段，如中原重镇郑州 40 年间中心城区建成区面积增长 6 倍多，东北工业城市沈阳 40 年间城市规模扩大 4 倍，四川泸州城市规模扩大 14

---

① 长春市统计局. 2017年长春市国民经济和社会发展统计公报［R/OL］.（2018-04-28）［2021-01-21］. http://www.jl.gov.cn/sj/sjcx/nbdg/gdzs/201805/t20180510_6605465.html.

② 刘艳军，李诚固，徐一伟. 城市产业结构升级与空间结构形态演变研究：以长春市为例［J］. 人文地理，2007（4）：41-45.

③ 2018年人口总量平稳增长 城镇化率持续提高［R/OL］.（2019-01-21）［2021-01-21］. http://www.gov.cn/xinwen/2019-01/21/content_5359775.htm.

倍,城市出现了跃进式发展的态势。

3. 城市群发展迅速

2018年11月18日,中共中央、国务院发布《中共中央、国务院关于建立更加有效的区域协调发展新机制的意见》,明确了京津冀城市群、长三角城市群、粤港澳大湾区、成渝城市群、长江中游城市群、中原城市群、关中平原城市群等在国家经济中的重要地位,这些城市群在中心城市的引领下,在城市协作、区域竞争与协作中发挥重要作用,形成城市群带动区域发展新模式,将推动区域间融合互动发展、提供经济发展的新增长点。

4. 城市日趋国际化

随着改革开放的不断深入,中国城市走向世界,积极参与国际分工,上海、北京、广州等一线城市已经成为令人瞩目的国际化大都市,而杭州、武汉、南京、天津等特大城市也越来越多地参与到国际化城市分工之中,我国城市已经成为世界生产体系中重要的一环。

5. 特色城市品牌突出

我国城市在打造特色品牌方面已经有了较大的进步,利用新媒体宣传、发掘城市历史、保护特色景观、弘扬城市文化等手段层出不穷,大家都意识到城市品牌对城市吸引力的重大作用。丽江、扬州等城市走出了国门,在纽约时代广场刊登了广告位;贵阳与蓝海云平台合作,开始了贵阳系列故事的国际传播项目;济南打造了以泉水为主题的城市品牌;等等。这些都为城市品牌宣传起到了正面作用。

6. 城市功能以人为本

城市的可持续发展已被写入城市发展的目标当中,城市的环境保护、合理管理城市资源已经成为各城市研究的课题,生态城市建设经费在大幅上涨,宜居城市理念深入人心。城市建设更具"匠心",城市空间设计更有人情味,步行街、街心公园越来越多,给人以舒心的生活感受。此外,社区作为城市的"细胞",更具亲和力,物质建设与精神建设并举,"幸福宜居"的新型社区不断涌现。

7. 城市规划更加科学

城市发展更注重采用集约化、效率化的发展方式，政府的城市建设理念发生了根本性转变：从粗放型开发转为集约型开发，从量的增长转为质的提升，从崇尚政绩转为注重实效。城市无限制的扩张之风被终止了，取而代之的是提高城市的综合效益；城市以中心城区为圆心的发展方式被摒弃了，取而代之的是有高效交通网络、各具功能的城市群，大力发展的卫星城为疏解中心城区功能提供可靠的保障。

（三）影响我国城市形象建设的主要问题

因体制、机制问题，我国城市发展存在着很多先天不足：城市建设的高速发展与低质运行并存，往往盲目追求城市人口的增加和地域面积的扩大，而相应的基础设施建设和城市服务保障能力仍较低，最为显著的就是交通拥堵、高房价、环境污染、市政设施缺乏、水资源短缺、人居环境不友好、教育资源不足且分布不均。这些先天缺陷带来了巨大的负面影响和经济损失，影响着我国城市形象的建设。

1. 城镇建设盲目扩张

近年来，我国城镇化进程加速，城镇规模越来越大，从省会城市到小县城都在制定和实施扩张计划，政府热衷于不断扩大城市面积，积极建设新区、开发区、工业园，盲目拉大城市框架，甚至出现了侵占基本农田的违法犯罪行为，但现实是人烟稀少的"鬼城"屡见报端。城镇扩张的幕后推手多是地方政府，"土地财政"成为地方政府财政收入的重要来源，一味地追求土地出让、增值的收益。

2. 人口城镇化率过快

随着我国进入后工业时代，社会生产力发展模式发生重大变革，大量农村人口转变为城镇人口、农业人口转变为非农业人口，他们进入城镇就业、置业、居住，城镇化率在40年间提高了43%左右，2015年以来，每年城镇人口增加数量都在2 000万左右。我国东部地区经济发展程度高，就业机会多，人口流入意愿强烈，现在的主要问题是如何解决流入人口市民化；而在

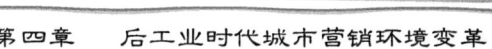

中西部地区，农民则就近实现城镇化。在城市人口增加的同时，房地产经济日益活跃，但与城市相配套的公共设施建设仍很缓慢，教育、医疗、交通资源紧张；很多刚转为市民的农村人口，生活方式仍难以与城市相适应，而城市服务又跟不上，这给城市带来很多隐患，一些城市"城中村"和"城市贫民区"问题比较突出。

3. 城市空间规划滞后

后工业时代的城市迅速发展与人的观念转变不同步，近年来我国城市发展的速度超出了人们的预期，很多城镇设施刚建成没多久就落后于时代。城市的发展定位朝令夕改，缺乏延续性，大拆大建的行为普遍存在。城市间分工布局不优化、产业结构不合理、发展水平不协调，城市功能过度集中于超大型城市，导致超大城市承载不了，中小城市"吃不饱"甚至"吃不着"的局面。城市规划不适应现代城市管理要求，市政设施普遍缺乏统一规划，功能单一、综合效能低下，城市重复投资情况普遍。

4. 民生保障仍有短板

城镇越做越大，使很多城镇周边的农业用地变成了城市用地，很多农民变为城市居民，在收到征地补偿金后，农民将自己原有的土地上交国家，但农转居后存在社会保障欠账不少，医疗、教育等领域资源不足、分配不均等问题；对进城农民的培训不够，进城农民工作技能不足，在城市里很难找到一份合适的工作，大多在低端产业就业，工作和生活质量远低于城市居民平均水平。由于农转居后其与城市居民生活仍有差距，导致这部分居民归属感不强，生活仍与城市格格不入。因此，我国的城镇化建设要加快"民生城镇化"，以此来推动真正的"人心城镇化"。

5. 城市管理困境难解

在城镇化进程中，政府仍然希望保持由小到大、由简单到复杂地不断发展，但在知识、资本、劳动力高度聚集，人流、资金流、物流、信息流高度汇集的现代化城镇里，政府改革往往与社会发展需要不相适应，城镇管理法律法规制定不到位，管理人员数量不足，政府各部门的职责不清、管理过宽过细或不到位、多头管理的情况时有发生，这些造成城镇运行的低效率。

我国的一线城市已进入全球城市规模前列，管理的不到位导致了非常严重的"大城市病"，正在挑战人类可承受的极限。城镇管理是否到位，关键还是要看能否转变政府职能和观念，设计合理的城镇管理体系和机制。大多数城市因其自然资源禀赋、区位、历史变迁、文化的差异，发展水平有很大不同。

产生上述问题的原因是多方面的，既有城镇资源禀赋的客观原因，又有管理滞后、运筹帷幄不足的主观原因，但没有问题是不可以解决的。我们需要进一步加强城镇建设，提高城镇管理能力，用发展的方法逐渐解决城镇发展中存在的问题。

二、后工业时代中国城市营销环境分析

（一）国民经济发生了历史性的转变

20世纪80年代以来，我国经济出现了高速增长。中国GDP已经较改革开放初期有了令人瞩目的增长，从1978年的3 678.70亿元，到2018年已达到900 309亿元①，增长了244倍。改革开放40年来，中国工业化发展经历了三个重要阶段：

工业化初级阶段（1978年至20世纪90年代初）：中国处于经济体制改革震荡期，开始高速经济发展期。

工业化阶段（20世纪90年代初至2008年）：典型工业化阶段，以固定资产投资迅猛增长带动经济高速发展。该阶段有一重大事件，即中国加入WTO组织，随着国内、国际两个市场的开拓，国内固定资产投资处于高速增长状态，固定资产投资远高于GDP增长。

后工业化启动阶段（2009年以来）：经济转型升级加速，依靠固定资产投资维持GDP增长的模式已经发生了变化，固定资产投资增速下降，强调

---

① 国家统计局. 中华人民共和国2018年国民经济和社会发展统计公报［R/OL］.（2019-02-28）［2021-01-04］. http://www.stats.gov.cn/tjsj/zxfb/201902/t20190228_1651265.html.

GDP 高质量发展，先进制造业和先进服务业成为经济增长的主力。中国后工业化时代已经来临，但发展仍不均衡。

我国用了 40 年的时间，迅速完成了从工业化初级阶段到后工业时代的转变，城市也随着经济的快速发展发生了巨大变化，大城市跃进式发展，规模不断扩大，人口不断增加，城市的功能多、市场大、机会多、聚集效益显著的特点越发明显，城市管理水平不断提高，空间组织不断优化，城市功能不断完善。

我国的一线城市上海、北京、广州、深圳已经成为国际化大都市，成为长三角、京津冀、珠三角区域发展的龙头。上海重新定义了"五个中心"的新定位，即国际经济中心、金融中心、贸易中心、航运中心、科技创新中心，中心城区进行了重新规划，为打造国际化综合性大都市腾出大规模的空间。北京正在推动全新的城市格局重塑，大力推动"四个中心"建设，即全国政治中心、文化中心、国际交往中心、科技创新中心，努力把北京建设成为国际一流的和谐宜居之都。《广州市城市总体规划（2017—2035 年）》草案中明确指出，广州是广东省省会、国家重要中心城市、历史文化名城、国际综合交通枢纽、商贸中心、交往中心、科技产业创新中心，未来将逐步建设成为中国特色社会主义引领型全球城市，其未来发展目标是"美丽宜居花城，活力全球城市"。深圳则定位为我国的经济特区、全国性经济中心城市和国际化城市。此外，大连、天津、杭州、武汉、重庆等特大城市也明确定位了自己的发展方向和特色。

（二）新技术的出现、发展和运用提供了技术基础

随着第六次科技革命成果的应用，交通、通信等新技术成为经济发展的新支撑，促进了生产要素和资源的快速流动。

世界很多先进城市已经开始从工业时代加速向全新的数字时代转型。后工业时代的出现得益于第五次科技革命以来的电子和信息化方面的突出成就，同时也为物质科学、生命科学等学科及其交叉领域开辟出新的空间。城市依靠新一轮科技革命，获得了强大的技术支撑，网络空间将重新定义

城市的生产方式和居民的生活方式，城市形态、运行也不同于以往，城市发展需要新的动能和活力。城市营销理念依托新技术，其手段和方法将更加简便，如依托互联网技术的大数据挖掘、信息筛选与过滤等技术，使城市营销的效果更加直接地显现，符合现今城市发展的要求。

（三）城市改革进一步释放了城市发展活力

城市也要参与竞争已是不争的事实。习近平总书记指出，做好城市工作，首先要认识、尊重、顺应城市发展规律，端正城市发展指导思想。城市治理首先要理顺的是城市治理体制和机制，现在城市管理者已经意识到这个问题的重要性。城市治理也需要简政放权，发挥城市内各方的作用，紧紧围绕规划建设、管理服务，鼓励创新、创造、创业，让市场主体迸发活力，让社会创造激情涌动。打破等级化的区域行政管理界限进一步增强了城市间的沟通，城市有了独立的行政权，可以以市场化的方式推进人口与资源在城市间的配置，使城市更加有活力。

（四）城市发展规则不断演进

国际规则不是一成不变的，而是不断发展、完善的。随着全球化的进一步深入，城市间共同遵循的规则也出现了新的变化。长期以来，西方一些国家的城市所主导的城市发展规则暴露出很多弊端，而作为正在崛起的广大发展中国家充分利用后发优势，在发展中避免走老路、弯路，提出了很多新举措，进一步完善并创新了城市治理理论，并逐渐形成新的城市发展规则。在新的规则下，进一步强调了城市间的公平竞争、在国际规则框架下的竞争，掠夺式、挤压式的城市竞争形式遭到唾弃。

（五）树立城市品牌和形象的要求日益强烈

全球化使城市面临的不仅仅是本国城市的内部竞争，还将面临全球城市的竞争，城市的发展道路必然是"内外兼修"。全球城市成千上万，某个城市要想给人留下深刻印象，就必须有自己鲜明的品牌和形象。良好的形

象和响亮的品牌是一种宝贵的资源和财富,也是城市的核心竞争力。城市形象是城市留给人的直观印象,是城市风貌的综合展现,是城市无形的生产力,它通过辐射效应吸引和凝聚周边资源。城市品牌承载着公众对其的认可,是城市与公众之间相互磨合衍生出的产物,城市品牌向公众传递着城市的形象。城市品牌的核心价值体现着城市存在的社会价值,也代表着城市能够为公众带来多大的效益,对城市的居民来说是自身可以获得多少利益和服务,对城市的投资建设者来说则是获得多少投资回报。

第五章　城市营销的新定位：消费城市

20世纪80年代末，随着后工业社会的来临，大批制造业从城市中心撤离，取而代之的是文化创意、休闲娱乐、高新技术和金融服务等新兴产业。在工业时代，城市通常被视作具有生产意义的地点，而在后工业时代，城市则更多地被定义为具有美学意义的地点，涉及消费、体验、符号、价值观与生活方式等内涵。①顺应这些趋势，城市的功能形态开始由生产型向消费型转变，城市的自我定位也转变为消费中心。

第一节　"生产城市"向"消费城市"的理论转向

一、"消费城市"概念的演进梳理

随着城市形态的转变，传统以生产为导向的社会理论已经不能完全解释城市的发展了，需要以消费为导向的一套新的学术语法体系来对后工业城市的发展进行诠释。

（一）国外学者对"消费城市"的界定

1. 韦伯的传统"消费城市"

"消费城市"的学术提法，可追溯到1920年德国政治经济学家、社会学家马克斯·韦伯的论著。韦伯在其论著《经济与社会》中详细论述了城市的类型。②他根据"大消费者"的构成将城市分为生产城市、消费城市和商人城市（表5-1），指出消费城市的特点是在城市中"各种大型消费者的存在，

---

① 西尔, 克拉克. 场景：空间品质如何塑造社会生活[M]. 北京：社会科学文献出版社, 2019:2.
② 韦伯. 经济与社会：下卷[M]. 林荣远, 译. 北京：商务印书馆, 1997：571. "统治社会学-不合法的统治"亦译作"支配社会学-非正当性支配"。

第五章 城市营销的新定位：消费城市

对当地工业生产者及商人的盈利机会具有举足轻重的地位"；而与此相对应的生产城市的特点则是"人口及其购买力的增加取决于建于当地的工厂、制造厂或家内工业"。①

表5-1　韦伯的城市类型学

定义	特征	大型消费者的构成、收益来源	代表性城市
消费城市	各种大型消费者的存在，对当地工业生产者及商人的盈利机会具有举足轻重的地位，亦称君侯城市（坐食者城市）	官员、庄园领主或掌握政治权力者，基于货币经济（如证券、专利权或股息收入）的坐食者	古老的北京（官僚城市）①；1861年前农奴制废除前的莫斯科（地租收入者城市）；阿纳姆（基于企业收入的消费城市）②；威斯巴登（养老城镇）③
生产城市	人口及其购买力的增加取决于建于当地的工厂、制造厂或家内工业	居住在当地的企业家；商人和地主；工人和匠人（大众消费者）	埃森或波鸿④
商人城市	购买力与税收像生产城市一样依赖当地的盈利经营，类似近代城市中金融家、大银行的所在地，或大股份公司与企业组合的所在地。企业绝大部分利润流向其他地方，将所得之中越来越大部分在郊区消费而非企业总部所在地。城市发展成"商业区"	转运外地产品至当地销售的经销者或资本家；转运当地产品至外地销售的经销者或资本家；转运外地产品至另一地区（中介商业城市）的经销者或资本家；以上活动通常混杂在一起，大型消费者由此获利	近代的伦敦、巴黎、柏林或杜塞尔多夫⑤

资料来源：根据韦伯.非正当性的支配：城市类型学[M].康乐，简惠美，译.桂林：广西师范大学出版社，2005：5-8 整理。
①此处指1911年前的北京。
②阿纳姆（Arnhem），荷兰东部城市，商业、服务性行业的集中地区。
③威斯巴登（Wiesbaden）是德国中西部城市，早在古罗马时代即以矿泉著称。周围林木葱郁，气候温和宜人，为著名疗养胜地。
④埃森和波鸿都是德国城市，位于曾经是德国工业区的鲁尔区（Ruhr），如今它们也已大胆地实现了从工业到文化的转变。
⑤杜塞尔多夫（Dusseldorf），是德国广告业、服装业、展览业和通信业的重要城市，欧洲物流中心城市。

---

① 韦伯.非正当性的支配：城市类型学[M].康乐，简惠美，译.桂林：广西师范大学出版社，2005：6-7.

从表 5-1 中可以看出，如果城市的工厂、制造业和家庭工厂比较发达，就是比较典型的生产城市。如果城市居民直接或者间接依赖宫廷及其附属机构的购买力维生，就属于官僚城市，韦伯认为古老的北京是这一类城市的典型。如果地主、乡绅和间接获得权力的人在城里消费垄断市区"黄金地段"的地租和各类政治财源，就属于地租收入者城市，比如 1861 年前农奴制废除前的莫斯科。除此之外，如果大型消费者（食利者）的消费能力主要是基于货币经济收入，例如证券、专利权、股息收入等，则称为基于企业收入的消费城市，如阿纳姆。

尽管从定义上，韦伯仅仅将第一种类型的城市冠以"消费城市"的称谓，但实际上针对每一种城市类型他都从消费的视角深入分析了其主要的购买力来源。消费城市直接依赖当地官僚、地租收入者、企业收入者的购买力，生产城市的消费能力取决于当地的工厂、制造厂或家内工业，而商人城市中消费者的购买力则主要来自从事贸易、以赚取中间差价为目的的经商者或资本家的所得。与此同时，韦伯也多次强调，由于现实生活中的城市几乎是各种类型城市的混合体，因此这个分类的依据是"个别城市中居于主导地位的经济要素"，这也和本书所说的"消费驱动"不谋而合。消费驱动是指消费成为经济总量增长和城市发展变革的主导性力量，将满足各类消费者的需求作为城市营销和城市更新的出发点，而不是绝对否定工业制造和生产在城市中的存在和作用。但需要指出的是，韦伯所理解的消费城市是前工业化时期的传统消费城市，存在阶级剥削和消极意义。①

2. 新城市主义经济学的"消费城市"

新城市主义亦称新都市主义（New Urbanism），是 20 世纪 90 年代初形成的一个新的城市规划及设计理论。该理论提倡创造和重建丰富多样的、适于步行的、紧凑的、混合使用的社区，对建筑环境进行重新整合，形成完善的都市、城镇、乡村和邻里单元。1993 年在美国亚历山德里亚召开的第一届新城市主义大会标志着新城市主义运动的正式确立和理论体系的成熟。②

---

① 汪婧. 国际消费中心城市：内涵和形成机制 [J]. 经济论坛, 2019（5）: 17-23.
② 泰伦. 新城市主义宪章 [M]. 2 版. 王学生, 谭学者, 译. 北京：电子工业出版社, 2016.

第五章 城市营销的新定位：消费城市

美国哈佛大学新城市主义经济学家爱德华·格莱泽（Edward Glaeser）从经济学角度阐释了新城市主义，认为大都市的增长会越来越依靠城市作为消费中心的功能与定位。[①]他提出的后工业时代城市发展新理论标志着"消费城市"概念的正式形成。

2001年，爱德华·格莱泽、杰德·科尔科（Jed Kolko）等美国城市经济学家发表的论文《消费城市》（"Consumer City"）首次明确定义了"消费城市"（consumer city）这一术语。[②]与大多数公认的城市和空间经济学研究相反，消费城市指的是：随着互联网时代的到来，移动办公越来越普及，城市的成功将越来越多地依赖于其作为"消费中心"的角色。格莱泽反对传统城市学家的"城市具有生产优势和非消费优势"的观点，并对城市对生产力的影响（即"城市生产力"，urban productivity）和城市对生活质量的影响（即"城市舒适度"，urban amenity）做出明确区分。表5-2对比了城市对生产的影响和城市对消费的影响。他认为城市是人、企业之间空间距离的消失，代表了接近性（proximity）、密度（density）和亲近性（closeness），而"城市密度"（urban density）对于消费的作用是极其重要但被严重低估的。

表5-2 城市对生产的影响VS城市对消费的影响

城市对生产的影响	城市对消费的影响
意味着城市生产力溢价，生产效率更高	意味着生活质量高，消费更具便利性
城市在提供商品或服务方面的运输成本更低	城市较低的交通成本使工作之余的生活更愉悦
服务业拥有更多的消费者，范围经济和规模经济效应明显	较低的交通成本也给家庭非制成品的消费带来好处
经济行为体的空间集聚增加了新思想的流动，企业获得更好的创意和技术，提高企业生产力	餐饮、零售、文化等行业的规模经济和专业化增加消费者的福利
城市密度也可以创造工人生产率溢价，使工人更容易跳槽，工人更有可能与雇主匹配	创造城市美学价值，如美学上令人愉快的建筑物

① 格莱泽. 城市的胜利[M]. 刘润泉，译. 上海：上海社会科学院出版社，2012.
② GLAESER E, KOLKO J, SAIZ A. Consumer city[J]. Journal of economic geography, 2001, 1(1)：27-50.

续表

城市对生产的影响	城市对消费的影响
员工之间的思想交流更快,可以通过观察、接触、交谈和模仿来学会更好地完成工作	大城市提供了获得理想人际关系的途径

资料来源:根据 GLAESER E,KOLKO J,SAIZ A.Consumer city[J].Journal of economic geography,2001,1(1):27-50 整理。

3. 新马克思主义城市政治学派的"集体消费单位"

新马克思主义城市学派是新马克思主义的一个分支,以城市为主要研究对象。英语世界新马克思主义城市理论的觉醒,在很大程度上受到了法国新马克思主义的影响。新马克思主义城市学派的先驱人物卡斯特认为,都市系统分析不能分离于整个社会系统分析,都市在整个资本主义体系中有着特定的功能,这个功能不是政治和意识形态,而是经济。而在经济的生产、交换、消费三个环节上,城市的主要功能不是生产和交换,而是消费。因为在发达的资本主义阶段,生产和交换不再集中在某一个城市,而是通过发达的交通与通信在不同的地区间组织起来的。但另一方面,人口越来越集中于城市,因而消费过程也渐趋集中化,劳动力再生产越来越依赖于城市中的消费供给,所以消费问题成为发达资本主义城市中的核心问题。

卡斯特认为,城市是一个"集体消费的单位"。他把消费品分为私人消费品和集体消费品。私人消费品(private individual consumption)指那些可以在市场上买到或自己提供的,被个人单独占有和消费的产品,比如供日常的吃、穿、用所需的商品。集体消费品(collective consumption)指不能被分割的产品和服务,比如交通、医疗、住房、闲暇设施等。集体消费品与私人消费品一样对于劳动力再生产而言是不可缺少的。例如,没有充足的医疗卫生设施,就难以保证劳动力的健康;没有必要的文化教育设施,就难以再生产出与生产力发展要求相适应的、具有一定知识和技术素质的劳动力。随着技术进步和城市管理水平的提高,集体消费品供给的重要性在当代资本主义社会日显重要。

第五章 城市营销的新定位：消费城市

4. 新芝加哥城市社会学派的"娱乐机器"

新芝加哥学派的城市社会学家特里·N.克拉克（Terry N. Clark）将城市作为娱乐消费机器来探讨，他没有直接使用"消费城市"一词，而是使用了"娱乐机器"（entertainment machine）这样的形象比拟。这样的比拟来源于他领衔的 FAUI 项目研究。项目全称为 The Fiscal Austerity and Urban Innovation Project（财政紧缩与都市更新），被认为是全世界最大型的地方政府研究项目。它的目标是描写与分析地方政府的城市革新：什么样的革新能够成功，在哪里成功，何以成功等。[1] 研究指出，影响未来城市增长的关键因素已由传统的工业向都市休闲娱乐产业转变[2]，城市恰恰是聚合这些休闲娱乐产业的最好容器，恰似一部消费娱乐机器。2004 年他出版了《作为娱乐机器的城市》（*The City as an Entertainment Machine*）一书，系统阐述此观点，认为城市发展应聚焦到都市休闲娱乐产业上来。2007 年，他在《让文化变魔术：它如何带来游客和居民？》（"Making Culture into Magic: How Can It Bring Tourists and Residents?"）一文中进一步详细对比了后工业社会观与新马克思主义城市观对城市核心要素的不同界定（表5-3），由此可见，以生产、工作和工人为核心要素的传统城市模式正在向以消费、休闲、消费者等作为核心要素的新城市治理和社会文化发展模式转变。[3]

表5-3 后工业社会观与新马克思主义城市观对城市核心要素的界定

后工业社会观	新马克思主义城市观
消费	生产
休闲	工作
消费者	工人
家庭	工作场所

---

[1] 克拉克, 霍夫曼. 新政治文化 [M]. 何道宽, 译. 北京：社会科学文献出版社, 2006：224.

[2] 吴军, 夏建中, 克拉克. 场景理论与城市发展：芝加哥学派城市研究新理论范式 [J]. 中国名城, 2013（12）：8-14.

[3] CLARK T N. Making culture into magic: how can it bring tourists and residents? [J]. International review of public administration, 2007（12）：1, 13-25.

续表

后工业社会观	新马克思主义城市观
女性和家庭	男子及其工作
个人影响、社会交往	社会结构特征（阶层等）
以公民为中心	制度，例如资本主义、贵族
购买消费品	投资资本
朋友交谈形成意见	组织阶层意识
非正式组织，意料之外后果	阶级冲突
组织/管理结构	生产资料的所有权
目标位移、合作、亚文化	从给自己上课到为自己上课
问题政治，问题专业化	连贯性政党项目
更多的社会自由主义，如新妇女的角色	财政/经济政策立场
志愿团体	先锋队聚焦
交叉压力，角色冲突	虚假意识
自主大众传媒	阶级控制的宣传
学生作为政治先锋队	无产阶级走向革命
新阶层	福特主义/管制理论
知识/研发，高科技	制造产品
不断上升的专业人士	不断上升的由国家监管的全球独占者
工会和政党薄弱，个人主义强	较强的工会和基于阶级的政党力量
以消费者为基础的个人美学	历史唯物主义
民主进程	阶级的回应
知识分子/文化创造	阶级统治，剩余价值

资料来源：根据 CLARK T N.Making culture into magic: how can it bring tourists and residents? ［J］. International review of public administration, 2007(12): 1, 13-25 翻译整理。

（二）国内学者对"消费城市"的界定

在国内，消费城市的概念经历了一个从"消费城市"向"生产城市"再

第五章 城市营销的新定位：消费城市

向"消费城市"的演变。但这个演变并非简单的循环关系，而是建立在适应城市经济功能转变的实践基础上的理论嬗变。

1. 从传统消费城市向生产城市的理论演变

中国并非没有传统意义上的消费城市，隋唐时的扬州、南宋时的杭州、明末清初的许多都会都是典型的消费城市。民国时期的上海、杭州、苏州也均为当时全球知名的消费城市。[①]1949年前，我国大城市的发展以贸易和消费驱动为主，但在当时的语境下，"消费城市"之称多有否定之义，1949年后的消费城市一度被视为资本主义性质的城市。1949年起，为了迅速恢复和发展城市生产，国家着力完善工业体系和城市工业化。1949年3月，党的七届二中全会提出工作重心由乡村转移到城市，并提出要把消费城市变成生产城市。为此，新华社于1949年3月17日发表题为《把消费城市变为生产城市》的社论。社论指出：必须把过去先乡村后城市的做法改变为先城市后乡村。把城市工作做好的中心环节是发展和恢复城市生产，把消费城市变为生产城市。[②]诸多学者对于这一阶段的城市功能变迁有过深入详细的回顾与评述。廖爱民回顾了成都从1949年前的一座封建色彩十分浓厚，手工业、商业和休闲娱乐业较为繁荣的传统消费型城市，转变成为我国西部地区重要的生产型工业城市的发展战略。到1957年，成都逐步完成了从消费型城市向以现代化工业为基础的经济中心城市的转型。[③]陈孟萍、景体华等研究了20世纪50年代初期北京的城市性质革命，指出主要是中央政府的大量投资才使北京形成了工业占主导的经济结构，将北京从传统的工农业生产水平都不发达的消费型城市转变成为一个主要依靠工业来支撑经济发展的城市。[④]黄金平研究了上海从"消费城市"向"生产城市"转型的历程。上海为实现以工业为主的城市发展方针，先后分三次进行了大规

[①] 赵宇，张京祥. 消费型城市的增长方式及其影响研究：以北京市为例[J]. 城市发展研究，2009，16（4）：83-89.

[②] 把消费城市变成生产城市[N]. 人民日报，1949-03-17.

[③] 廖爱民. 建国初期成都的城市经济功能转变：传统的消费型城市向生产型工业城市的转变[J]. 四川大学学报（哲学社会科学版），2004（S1）：120-122.

[④] 陈孟萍，景体华，等. 北京经济发展及其在京津冀区域的地位、作用[J]. 城市，2007（6）：5-10.

111

模的工业改组。在长期"变消费城市为生产城市""重生产、轻生活""高积累""低消费"的思想指导下，上海的工业得到了迅速发展，成为全国重要的综合性工业基地。①

2. 从生产城市向后工业时代消费城市的理论新生

改革开放以后，国内对城市功能进行了新的审视。陈允树以福州市为例，探讨了消费城市与生产城市的利弊，认为应当促使城市生产功能与消费功能相互结合。②卢卫指出，相较于其他功能，若城市的消费功能突出，构成城市主要的向心力，那么这类城市可称为消费城市。③黄金平回顾了上海在20世纪80年代初为解决城市基础设施老化、工业技术优势减弱、产业结构不合理等问题，开始探索向多功能经济中心城市转型。

随着我国步入工业化后期阶段，部分大中城市因城市发展要求、资源环境约束以及城市再规划需要而逐步将工业生产迁出，向消费中心转变，国内学者也对后工业时代"消费城市"的新含义做了有益探讨。赵宇、张京祥认为所谓的"消费型城市"是与"生产型城市"相对应的一个概念，在城市环境、经济和社会等方面均具有明显的特征，以提供丰富的消费产品、强大的消费需求支撑城市的经济，同时辐射周边，对于区域和国家的经济发展都有重要作用。④钟陆文提出"适宜消费城市"概念，他强调消费环境与消费状态的合宜性。⑤叶胥认为消费城市是指具有高消费水平、消费聚集力和消费推动力的城市，高消费水平表现为城市消费活动的丰富和多样性，同时具有较高的消费质量，给予消费者非同寻常的消费体验。他还分析了"消费城市"与"宜居城市"概念的联系和区别，认为所谓的宜居城市也就是适宜居住的城市，旨在通过解决现代城市问题，形成更加适宜居住的环境，从

---

① 黄金平. 上海的城市转型：从消费城市到迈向现代化国际大都市[J]. 上海党史与党建，2016（8）：19-21.
② 陈允树. 把福州建成生产消费结合型的城市[J]. 学术评论，1985（9）：55-57.
③ 卢卫. 试论消费城市[J]. 消费经济，1986（4）：32-36.
④ 赵宇，张京祥. 消费型城市的增长方式及其影响研究：以北京市为例[J]. 城市发展研究，2009，16（4）：83-89.
⑤ 钟陆文. 创建"适宜消费城市"探讨：以佛山市为例[J]. 消费经济，2013（5）：74-79.

第五章　城市营销的新定位：消费城市

而达到宜商和宜业的目的，认为宜居城市是消费城市的重要组成，是强调居住消费功能的城市。① 汪婧认为消费城市是对应于生产城市的，是基于城市主导功能的定义，并非将消费和生产完全地割裂化、分离化和对立化。② 此外，吴军较为全面地梳理和总结了特里·N.克拉克、爱德华·格莱泽、理查德·佛罗里达以及丹尼尔·西尔佛等人的现代消费城市理论发展的情况，对消费城市的形成机理和动力来源做了比较详实的论述。③

总体而言，国内研究还处于起步阶段，主要还是基于对国外消费城市理论的引入或基于理论进行应用。

二、"消费城市"的实证研究述评

（一）消费城市与城市增长

爱德华·格莱泽等人的《消费城市》一文进行了一系列的实证研究。文章主要采用美国的数据，此外，也对法国和英国的一些城市进行了分析。文章的数据来源众多，包括人口普查局、房地美、劳工统计局、城市研究所以及交通基金会。文章通过对1980年至2000年美国和法国城市的增长模式进行研究，得出新兴消费中心的主要特征，并声称"城市作为消费中心而不是生产中心的功能"才是增长的主要驱动力。文章使用了几种模型，其中包括比较不同通勤模式随时间的增长情况，分析城市人口增长与便利设施之间的相关性，分析人口和财富分布与城市中心商务区的距离。④

芝加哥学派的特里·N.克拉克深入探讨了消费和娱乐是如何改变城市的，分析了消费和娱乐如何推动城市发展。他领衔的"财政紧缩与都市更新"项目历时十几年，耗资1 500万美元，分别对纽约、伦敦、东京、巴黎、

---

① 叶胥. 消费城市研究：内涵、机制及测评 [D]. 成都：西南财经大学，2016.
② 汪婧. 国际消费中心城市：内涵和形成机制 [J]. 经济论坛，2019（5）：17-23.
③ 吴军. 大城市发展的新行动战略：消费城市 [J]. 学术界，2014（2）：82-90，307-308；吴军. 文化动力：一种解释城市发展与转型的新思维 [J]. 北京行政学院学报，2015（4）：10-17.
④ GLAESER E, KOLKO J, SAIZ A. Consumer city [J]. Journal of economic geography, 2001, 1（1）：27-50.

首尔、芝加哥等大城市进行研究，指出城市的舒适性和便利性越高，城市的增长也就越快；反之，城市的舒适性和便利性越差，城市增长就越缓慢，甚至可能出现衰退现象，比如美国的底特律。

国内学者也对消费城市与城市增长开展了研究。赵宇、张京祥以北京为例，分析了消费型城市的增长方式。① 陈乐、李郁通过回顾爱德华·格莱泽针对城市增长及其核心影响因素问题的研究，从运输成本、城市学习、城市生活质量和企业家精神等角度出发，探索这些要素是否以及是如何影响城市的增长的，结果发现服务业的精细化分工可以极大地促进生产力的提升，大学以上学历人口占比对城市人口和收入增长产生显著的正向影响，自然环境（1月气候）是城市消费环境中促进城市增长的核心外生变量，企业规模对城市增长具有显著的负向影响。② 叶胥解析了消费城市形成发展的内生动力、微观基础和外在条件，并据此推导了消费城市的三大作用机制与运行逻辑，归纳出影响消费城市发展的主要因素。③

此类实证研究表明，消费已成为驱动城市增长的首要和持久动能，城市规划、城市公共服务应以满足作为消费者的人类需求为出发点，这与企业增长需将消费者作为最关键的利益相关者的本质无异。

（二）消费城市与城市吸引力

爱德华·格莱泽等进行了一系列的实证研究，验证了城市租金的增长高于城市工资的增长，说明人们选择在城市中生活的理由并不单纯是工作机会和收入机会。其研究证据表明大城市作为消费地而不是生产地正在复兴。当调整生活成本时，在人口稠密的城市地区，真实的工资一直在下降，这意味着城市复兴并不是城市生产力提高的主要结果；相反，相对实际工资的下降更能被视为人们生活在城市地区的愿望增加的证据。他研究发现

---

① 赵宇，张京祥. 消费型城市的增长方式及其影响研究：以北京市为例［J］. 城市发展研究，2009，16（4）：83-89.
② 陈乐，李郁. 城市为什么增长：基于爱德华·格莱泽的研究回顾［C］//中国地理学会经济地理学专业委员会. 2016第六届海峡两岸经济地理学研讨会摘要集. 北京：中国地理学会，2016：101.
③ 叶胥. 消费城市研究：内涵、机制及测评［D］. 成都：西南财经大学，2016.

第五章 城市营销的新定位：消费城市

的"反向通勤率"增长也同样说明了消费城市的吸引力。过去认为一般的主流通勤率是早上由城外涌向城内上班，晚上由城内向城外下班。格莱泽利用美国1960—1990年的市郊通勤率数据和旧金山湾区的一组数据，验证在主流通勤率下降的同时，"反向通勤率"却大幅上升。1960年，只有12.1%的美国城市居民通勤者离开城市，1990年，24.3%的美国城市居民通勤者离开了城市，换句话说，在其他地方工作的城市居民的比例在这段时间翻了一番，达到近四分之一。旧金山湾区的数据则显示了该地区人口增长快于该地区就业人数的相对增长，反映了旧金山居民的增加可能是因为他们在城市之外工作，又因为消费原因而住在城市里。他认为，在这两组数据中，虽然可能存在一小部分是由于两个职业家庭（其中一个成员在中心城市工作）或路径依赖（即个人最初在中心城市工作，但后来改变了工作地点），但最自然的解释是对中心城市消费价值的需求，如美味可口的餐馆、酒吧、电影院、剧场和夜店等各种生活消费和娱乐设施，还有许多基于消费的社交活动。[①]

Sanghoon Lee用医护人员的数据对城市工资溢价进行了消费方面的解释。研究表明，部分城市工资溢价是由人们对消费便利设施的偏好驱动的。大城市的消费种类繁多，有博物馆、专业运动队和法国餐馆，而小城市没有。他的核心思想是消费多样化是一种奢侈品。如果消费品种是一种奢侈品，那么大城市的高平均工资可能是由于高技能工人选择居住在那里。[②]

武优勋等运用GMM模型、门槛模型证明了城市消费集聚对劳动力流入有显著正向影响，且这种作用具有显著的门槛效应，即当消费集聚大于门槛值时，消费集聚才会对劳动力流入有显著正向作用。他建议在城市化推进过程中要重视消费集聚功能的发挥，提高城市居民和流动人口的生活满意度以吸引充足的劳动力。[③]

此类研究表明，"消费城市"是一种城市营销的新思维。因为城市营销

[①] GLAESER E L, GOTTLIEB J D. Urban resurgence and the consumer city [J]. Urban studies, 2006, 43 (8): 1275-1299.

[②] LEE S. Ability sorting and consumer city [J]. Journal of urban Economics, 2010, 68 (1): 20-33.

[③] 武优勋, 毛中根, 朱雨可. 城市的消费集聚效应影响劳动力流入吗？: 基于35个大中城市面板数据的分析 [J]. 经济与管理研究, 2019, 40 (1): 76-86.

的受众的很重要的一部分人,就是愿意到某个城市定居的劳动者。而城市吸引这些劳动者的原因正在从其作为生产聚集地向消费聚集地的形象转变。同时,居民既可以选择迁入城市来长期消费城市的商品、服务和城市特征,也可以通过短期旅游来进行消费,从旅游消费者的需求出发探究如何增强城市对旅游者的吸引力也是十分必要和有意义的。

(三)消费城市与其他产业发展

黄璜、王俊程、战冬梅分析了消费城市兴起对城市旅游业的推动。城市旅游发展将不再仅依赖于景点等传统旅游资源,购物场所、文化场所、教育机构和医疗机构等非传统旅游资源将吸引越来越多的短期游客前来消费,最终促进了城市旅游业的发展。[①]

王佳等认为消费城市崛起将对城市旅游业的发展产生更大的拉动作用。从旅行消费者的视角调查消费者眼中的国际消费中心城市,以深圳为例对国内外旅游者进行了大量的问卷调查,从旅游时间和动机、消费决策行为和影响因素、信息来源和退税制度等方面进行了实证研究,探寻旅游者的行为规律。[②]

陈林华、王跃探讨了消费城市兴起背景下的上海体育产业发展策略。中大型体育场馆群、体育博物馆、体育广场、体育超级市场、自助商店、特色体育街、多功能体验区等可以发挥其规模经济效用,增强城市吸引力,吸引人们到城市居住和消费。他们分别以墨尔本、伦敦、迪拜等为例论证了体育基础设施及休闲消费空间要体现情景化或主题化,体育文化商品和服务要体现个性化和多样化,体育消费要促进愉悦的社会网络关系,体育空间风貌要体现符号化特征等。此外,他们还用大量数据论证上海发展呈现出典型的"消费城市"特征,提出建设消费引领的都市型体育特色功能区,打造

---

① 黄璜,王俊程,战冬梅."消费城市"兴起对城市旅游发展的影响[J].经济问题探索,2010(1):151-154.
② 王佳,葛姣菊,杜建成,等.基于旅游消费者视角的消费城市发展策略和建议[J].经济问题探索,2013(1):52-58.

亚洲国际体育商业中心的对策。①

刘士林从城市问题视角探讨当前炙手可热的"文旅"融合问题。他认为当今世界是城市世界，各种活动的城市化趋势进一步强化和突出，文化和旅游融合发展是一个产业问题，也是一个城市问题。对于具有多元跨界性质的文化旅游业，特别需要采取"城市的方式"去研究。而所谓从"城市的方式"出发，最需要关注的是后工业时代"从生产端转向消费端"和当今城市从"生产性城市转向消费性城市"的时空转换。从顶层设计上看，目前最需要做好文化旅游业与国家相关消费城市的政策、规划、战略的衔接，以便借力发展，形成强大合力。就当下而言，最需要关注的"消费城市"主要有两个，一是文化和旅游部、财政部实施两年多的"国家文化消费试点城市"，二是商务部正在启动创建的"国际消费中心城市"。②

此类研究多从应用实践角度探究消费城市及其背景下消费型行业的发展策略。在居民人均收入提高、时间机会成本增加和交通通信技术发展的宏观背景下，城市的消费功能变得越来越重要，城市的消费产业决定了城市发展的趋势。

三、本书对消费城市的界定

需要补充的是，按照马克思政治经济学基本原理，生产和消费是相辅相成的，消费不可能彻底脱离生产而存在，因此，应避免对"从生产端转向消费端"和"生产性城市转向消费性城市"做机械片面的理解。从国内外研究者对"消费城市"的概念剖析来看，并没有否定城市的生产功能和资源集聚功能。消费城市并不意味着没有生产，消费包括有形的物质消费和无形的精神消费；包括私人物品的消费，也包括公共物品的消费，而这些都依赖于生产。"消费城市"这一概念只是说，从人类社会从生存型、发展型向享乐型消费演化的历史规律和当前经济发展阶段居民消费需求升级的现实趋

---

① 陈林华，王跃. 消费城市兴起与上海体育的发展策略 [J]. 体育文化导刊，2013（3）：91-94.
② 刘士林. 以消费城市为中心促进文旅融合发展 [J]. 人民论坛·学术前沿，2019（11）：50-55.

势出发，人们会更加看重城市更新过程中为满足消费而创设的属性和价值，城市本身也更多地转向为消费服务的功能建设。

居民对城市的消费并不能狭义地理解为对城市商品和服务的购买和消费。事实上，消费城市理论的消费对象包括能够增进居民福利和愉悦程度的商品、服务和城市特征的总和。消费城市的特点主要包括如下四个方面：

（1）令人愉悦的社会交往。城市里大量的人聚集在相对较小的区域使居民形成愉悦的人际关系的概率提高。格莱泽等人的实证研究表明，在密度更大的城市和大楼居住的居民更有可能与邻居进行交往和联谊。

（2）种类繁多的商品和服务。城市是商品和服务交易的集散中心，能够提供的商品和服务的种类远多于其他地区，这有利于满足消费者的个性化需求，也能够为收入不断上涨的消费者提供更多的奢侈品。

（3）丰富的基础设施和文化设施。运动场、博物馆、歌剧院、火车站和机场等基础设施和文化设施具有不可分性，所以它们只可能建设在人口规模较大的城市以充分发挥其规模经济。随着居民收入的不断上涨，其将对基础设施和文化设施产生越来越大的需求。

（4）城市的整体风貌。许多大城市都具有文化底蕴深厚的城市风貌，拥有众多美观的历史和现代建筑，拥有独特的城市文化氛围，这能够提高居民在城市生活的愉悦程度，这些对于收入水平和文化品位不断提高的居民越来越重要。

第二节　国外典型消费城市

一、国外典型消费城市的特征比较

（一）巴黎

巴黎大区（英语：Paris Region，法语：Région Île-de-France）是法国本

第五章 城市营销的新定位:消费城市

土 13 个行政大区之一,包括巴黎市和周边 7 个省的首都圈。巴黎大区拥有高度多元化的经济格局和领先的产业,其中包括生物技术、纳米技术、电信、3D 动画、航空航天和汽车工业。1 210 万居民中有 55% 年龄在 40 岁以下,这些年轻人口不只是被经济机会吸引,也被它的生活品质吸引。它是全球排名第一的旅游目的地,每年吸引 5 000 万游客,可触及 5.1 亿的欧洲消费者。①

1. 购物天堂,打折文化

由巴黎市与巴黎大区旅游业委员会、巴黎大区商业观察中心和巴黎工商局工业服务信息处共同发布的最新报告显示,每年共计 2 600 万游客来巴黎和周边郊区游览,其中 60% 来自国外,他们会购买提包、衣服、香水和纪念品等长期消费的物件。2018 年以来黄衫社会运动并未显著影响巴黎旅游业,2018 年巴黎市和巴黎地区的游客人数创下新纪录,大区的旅馆总共接待了 3 500 万法国和外国游客,这表示游客(包括未入住旅馆)的总人数达到 5 000 万人。但是在 2019 年前六个月,巴黎市和巴黎地区旅馆的顾客人数停滞,与 2018 年上半年相比,减少了 0.1%。报告显示,2018 年游客在大区购买长期消费品产生的营业额高达 30 亿欧元,占游客在当地总消费的 15%。住宿、饮食、出行和交通所需花费占余下份额。国际游客购物消费高达 20 亿欧元,其中中国人和美国人花费最多,分别是 2.65 亿和 2.16 亿欧元,其次是西班牙人和日本人,分别花费 8 500 万欧元和 7 800 万欧元。② 游客购物的类型分为两种:一种是传统式的,比如到香榭丽舍大街购物中心购物;另一种则是体验式的,比如到码黑区(Marais district)和圣马丁运河等处边走边买东西。第一种购物人群,大多第一次来法国,且购买力强,他们的目标便是购买奢侈品;而第二种购物人群则是常来法国的那群人,他们希望购买设计师品牌和概念店里陈列的产品。

---

① 巴黎大区投资促进局. 巴黎大区2019年主要数据[R/OL]. [2021-01-04]. http://www.paris-region.com.cn/h-col-123.html.
② "血拼"大巴黎:中美游客贡献最多购物线路显示新客或老手[N/OL]. 春花,编译. 欧洲时报, 2019-10-22[2020-06-23]. http://www.oushinet.com/europe/france/20191022/333274.html.

巴黎为了将自己打造成购物天堂而特别推出减价销售周期,法国于2007年首次推出"巴黎购物"行动,自1月9日至1月20日举行,获得了2 000家商店和350名旅游职业人士(旅馆老板、餐馆老板、运输公司老板)的襄助。这个行动的共同组织单位巴黎市工商局指出,2007年只是牛刀小试,2008年才是正式登场。在巴黎商店开始削价销售的前夕,高档时装明星、奢侈品牌香奈儿的前明星模特依涅丝·德·拉·弗雷桑日,在位于奥斯曼大街的春天大百货公司为这个活动举行象征性的揭幕仪式。2008年巴黎商店的冬季大减价销售周期(Soldes)从1月9日早上8时开始,到2月16日截止。2008年的一大特点是,巴黎想模仿伦敦、纽约或者迪拜的做法,在商店大减价销售期间吸引中国和俄国等外国游客到巴黎购物,把巴黎打造成外国游客的购物天堂。巴黎市工商局认为,1月是巴黎旅游淡季,一些旅馆老板因此提出旅馆房间价格减价40%以吸引游客的构想。这个行动首先针对的是法国邻国譬如德国、比利时、西班牙和意大利的游客,但是巴西、俄罗斯、印度、中国等新兴国家的游客也是争取吸引的对象。①

2. 文化造街,文化消费

巴黎这座城市可谓"每个拐角处都有历史",它至今仍保留并延续了19世纪中期的建筑风貌,历史街区与文物建筑的肌理清晰如昨,处处散发出一座古老城市的人文魅力,吸引着人们前去观光和体味。咨询来巴黎旅游的外国人的出行目的时,排名最靠前的答案包括参观博物馆和名胜古迹、在城市和公园等地散步等。

巴黎的历史文化街区得以完好保存和传承的一个重要原因,是巴黎对建设项目的严苛管理制度。首先,从法律上,通过1913年颁布的《历史遗产保护法》、1962年颁布的《历史街区保护法》(通常称《马尔罗法》)等保护历史风貌保护区内的建筑,严格限制新的建设项目。其次,从行政管理与审批上,与世界上很多国家的城市规划主导部门不同,巴黎的城市规划与建设的主管部门是文化部而不是建设部。最后,在市民参与上,不仅设立了特

---

① 打造外国游客购物天堂,法国招徕大方的中国游客[EB/OL].(2008-01-08)[2020-08-04]. http://www.chinanews.com/hr/ozhrxw/news/2008/01-08/1126779.shtml.

第五章　城市营销的新定位：消费城市

有的"国家建筑师"制度以便专业人士而不是政府官员来主导项目建设，还在社会上广泛征求民意。例如，1961年，法国铁路公司想把建于1898年的巴黎奥赛火车站拆除，在原址上建豪华酒店，此计划遭到多数民众的反对，法国文化部便撤销了法国铁路公司的重建许可，根据民意把奥赛火车站列为历史建筑予以保护。现在，奥赛火车站被称为"欧洲最美的火车站"。[①]

在保护历史风貌之余，巴黎政府也注重合理地开发利用，这也使城市街区商业消费充满了人文的意味。巴黎市旅游局根据游客的消费剖面图，设计了几种不同的购物路线，分别为：豪华路线（到富人街区逛高档商店和世界著名的时装设计师的商店），时髦路线（到时髦的商店购物），或是为热衷购物的游客提供的"浪漫"购物旅游。[②] 巴黎围绕著名的香榭丽舍大街，形成了蒙田大道、奥斯曼大道、圣·奥诺雷街等多个著名商圈，包括十几条呈辐射状的特色商业街区。那里不仅聚集了全球最著名的国际品牌和成千上万家商铺，还汇聚了大量展览、演艺、娱乐活动，让人们能够近距离感受法国文化，领略全球消费时尚。其中，世界闻名的巴黎香榭丽舍大街位于城市西北部的巴黎八区，大街起始于协和广场，由东向西延伸1 915米。前半段较平坦，接着有一段上坡直到戴高乐广场，广场中心屹立着著名的凯旋门。香榭丽舍大街街道笔直、视野开阔，可以看到很远的地方，如艺术圣殿卢浮宫以及在西边更远处，巴黎城外的戴芳斯大拱门。除此以外，还有很多奢侈品商店和演出场所（电影院、Lido、香榭丽舍剧院），众多著名的咖啡馆和餐馆（Fouquet's）也聚集于此，重大节日、庆典也在这里举行。"流浪音乐家""街头艺人"也为这条大街增添了异样的情调。人们既可在其中消遣娱乐，又可采买购物。据统计，每天在香榭丽舍大街上往来者不下10万之众。香榭丽舍大道的成功就在于它是法国文化的浓缩，它不仅是一条商业街，更是法国的标志、巴黎的标志，它是法国人生活的一部分。另一条经过巴黎

[①] 王一. 历史风貌街区的保护，巴黎如何"视旧如命"[N/OL]. 上观新闻，2016-05-28［2020-03-10］. https://www.shobserver.com/staticsg/home.

[②] 唐鹏. 若干国家和地区推动旅游业发展政策举措[EB/OL]. (2010-01-11)［2020-03-28］. http://www.istis.sh.cn/list/list.aspx?id=6438.

五、六、七区的圣日耳曼大街，正是闻名遐迩的"巴黎左岸"拉丁区，它曾是萨特、巴尔扎克、罗丹、毕加索等文化名人喜爱的休闲街。

3. 地铁文化

巴黎1900年开始使用地铁，至今已有近百年的历史。16条地铁线路纵横交错，四通八达，可以将你送抵巴黎市区的任何一个角落。巴黎地铁分成两个系统：运行的范围在二环之内的叫作Metro，这个系统一共有16条线，即M1到M16；运行的范围超出二环的叫作RER，又称深层快线地铁，它将巴黎与周围的远郊连成一体，共有5条线，用字母表示，就是RER-A、B、C、D、E。目前，巴黎地铁已建成380个车站，全线总长211公里，将整个城市紧紧连在一起，每天运载乘客超过600万人次，全年达11.6亿人次，地铁每年运行里程高达4 000万公里。在此基础上，2016年开始启动环绕巴黎并连接巴黎各个郊区的大巴黎环城自动快线地铁网（Grand Paris Express）建造计划。① 同时，巴黎地铁也通过4G覆盖、数码服务、智能机器人、电子票等方式与时俱进，便利居民和游客。

巴黎地铁之发达堪称世界之最，百年来孕育了独特的地铁经济和地铁文化。它不仅有运输功能，还犹如一个地下超市。据资料显示，巴黎地铁站中设有"商业点"（人工销售）八百余家，饮食店、书店、服装店、照相馆以及免费报纸供应处应有尽有，还有数以千计的各类自动售货机。巴黎地铁的传统运营企业——巴黎公交公司（RATP）专门成立了一家地铁营销公司，负责地铁商业点管理。

巴黎地铁管理者认为，地铁里的商店非但不会成为安全隐患，反而对保障安全有帮助，因为店铺的营业员非常熟悉地形，关键时刻会协同治安员或消防员疏导民众。因此，重点是为经营活动选择合适场所并实施科学管理，而不是禁止。地铁管理者还认为，地铁公司虽然在"地铁经济"中获利，但其最终目的却是让深藏地下的地铁活跃起来，让人们喜欢坐地铁，从

---

① 大巴黎环城快线地铁网将动工 200公里环线68个新车站［N/OL］. 周文仪，编译. 欧洲时报，2016-05-11［2020-03-20］. http：//www.oushinet.com/news/europe/france/20160511/230123.html.

第五章　城市营销的新定位：消费城市

而达到缓解地面交通压力的目的。地底下的环境肯定比地面令人压抑，人们需要用商业气息和艺术氛围来改善这种压抑的感觉，很难想象没有便民商店和艺术家的地铁将变成什么样子。如今的巴黎轨道交通站还延续着历史的风格，同时又融合了现代元素。公共艺术正在继续建设与发展之中。在380个车站中，共有68个车站设立公共艺术，公共艺术车站占比17.8%。①

4. 商务旅游之都

据位于阿姆斯特丹的国际会展协会（International Congress and Convention Association, ICCA）数据显示，2018年巴黎共举办212场国际会展，维也纳举办了172场，排名第二，马德里举办165场，排名第三，此外巴塞罗那举办了163场，排名第四。2019年，巴黎大区工商会发布公告称，2018年巴黎因为接待能力提高，再次成为世界上举办国际会展数量第一的城市。②

商务旅游每年为巴黎酒店行业贡献了35%~45%的营业额，平均每天约有10个会展，创造出55亿欧元经济效益和9万个全工就业。这个著名的国际都会是如何成就并巩固其"商务旅游之都"的地位的？这个问题可能是所有城市管理者应该关注的。③

首先，政府带头发展商务旅游，还经常更新城市基建设施，确保交通便捷。巴黎大区完备的基础设施可确保人员、货物、资本、数据的无缝式流动。目前从戴高乐机场坐快轨RER到市中心约40分钟，"大巴黎计划"若成功实施，可将路上时间压缩到19分钟。

其次，巴黎展厅种类多样、设备齐全，且均衡地分布在城市的各个角落。巴黎凡尔赛门展览中心、巴黎北维勒班特展览中心、巴黎热布尔歇展览中心、巴黎会议中心、巴黎拉德芳斯会展中心，仅这五个场所就拥有54.5万平方米的展览面积，1.1万个会议座位；一些中等会场（如巴黎尚普雷展

---

① 冯小敏，姜苏洋. 世界地铁之旅：巴黎地铁［EB/OL］.（2020-05-11）［2020-12-11］. https://baijiahao.baidu.com/s? id=1666384659293659477&wfr=spider&for=pc.
② 每年创造55亿欧元经济效益 巴黎再成世界会展之都［N/OL］. 春花，编译. 欧洲时报，2019-05-16［2020-04-15］.http://www.oushinet.com/europe/france/20190516/321348.html.
③ 巴黎："商务旅游之都"经验分享［EB/OL］.（2016-05-17）［2020-12-13］. http://promote.caixin.com/2016-05-17/100944376.html.

览馆、巴黎勒维莱特科学城）也同样取得了不菲的成绩；其他专门的科技、文化甚至游戏场馆也颇受欢迎，如光谱测定中心、巴斯德学院、化学之家以及各博物馆和游艺中心。2017年底凡尔赛门新开的巴黎国际会展中心（Paris Convention Centre）成为位于巴黎展会中心的大会堂（Palais des Congrès）的补充，备受国际会议举办方的青睐。

最后，巴黎的独特魅力也是发展商务旅游的筹码。巴黎作为首都在文化遗产和客群接待上有优势。巴黎的另一个优势便是酒店多，参会者很容易在当地找到住处。

（二）伦敦

此处所讨论的伦敦是"大伦敦"（Greater London）概念，下辖伦敦市（City of London）与32个伦敦自治市，其中包括内伦敦（Inner London，12个市）和外伦敦（Outer London，20个自治市），这32个地方自治单位全都是协会组织"伦敦委员会"（London Councils）的成员。而伦敦市则位于大伦敦最中心，是英国乃至全世界重要的经济中心和金融中心。自1980年以来，伦敦的城市地位发生了变化，因为随着全球经济和政治气氛的变化，全球化的影响日益加剧，伦敦逐渐由工业时代的外向型的经济、政治、文化中心向世界性城市变化。伦敦居民的可支配收入明显高于平均水平，显示了伦敦在英国经济中的中心地位。

1. 英国传统文化和消费文化结合

伦敦是一个消费城市、购物天堂，从昂贵的奢侈品到经济实惠的大众化商品，无所不有。伦敦消费文化中渗透着英国传统文化的身影，去过英国伦敦的人，无不对那里的结合了传统和戏剧感的购物体验难以忘怀。伦敦的文化和遗产每年吸引着数以百万计的游客，其文化与民族的多样性是伦敦独一无二的活动、音乐、饮食与传统的源泉，也是伦敦作为国际大都市不断吸引游客的魅力所在。

例如，前往哈罗兹百货已是伦敦游客行程中必不可少的仪式，这个由小杂货店起家的大百货公司创建于1834年，1985年被埃及富商，英国已故王

妃戴安娜的男友多迪·法耶德的父亲穆罕默德·法耶德买下。2010年卡塔尔控股公司从法耶德手里收购了哈罗兹。它一共7层,购物面积11万平方米,有300多个部门、28家餐厅,是人们口中"在那里能买到任何东西,买大象都可以"的高档百货商店。全世界最顶尖的名牌在这里都能找到,件件商品价格不菲,但货品齐全程度令人难以想象。哈罗兹向顾客提供极尽周全的服务,店员把女顾客当伯爵夫人对待,甚至对只买一支棒棒糖的小孩也礼数周全,但哈罗兹同时也对顾客有严格的要求,是一家独特而罕见的给顾客定了不少规矩的商场:禁止吸烟、禁止留影、禁止带宠物入内、禁止携带旅行背包,甚至禁止穿牛仔裤入内。虽然规矩多,但哈罗兹永远顾客盈门。长久以来,哈罗兹打出的广告就是:哈罗兹专送,任何物件,任何人,任何地方。如今"任何事都可能"已成为哈罗兹的一个专门的部门。

近年来,哈罗兹百货公司致力于将自己塑造成为伦敦消费者带来新品牌、富有竞争力的商场,不仅一如既往经营高档时尚品牌,还在接纳设计人才新梯队和支持伦敦新兴时尚才俊方面起到了关键作用。[1] 利用发达的文化创意产业将本国特色文化元素和文化内涵进行提炼、开发与转化,不仅使哈罗兹形成符合当代人审美和消费需求的文化体验,而且也正在成为伦敦作为国际消费城市新的特色和发展方向。

2. 商业街特色差异化

伦敦的商业街在全球都享有极高的声誉,吸引了大量国内外游客。其中商品最多、种类最齐全、人气最旺的当属庞德街、牛津街和摄政街。这三条街均位于伦敦西区,且毗邻坐落。就这三条街的定位而言,已从过去一味地追求顶级层次,转向差异化发展。以高档货品闻名的庞德街和逐渐走上时尚路线的牛津街,都在发展中形成了自己的特色。

以牛津街为例,牛津街(Oxford Street)是伦敦著名的商业街,西起海德公园东北角的大理石拱门附近,自西向东长达3千米。牛津街是世界级名店的集中地,品牌旗舰店有马莎百货、HMV、Disney Store、Adidas运动用品

---

[1] 包罗万象的Harrods百货公司[EB/OL].(2011-03-31)[2021-01-04]. http://www.globalblue.cn/destinations/uk/london/all-things-for-all-people.

等。这条欧洲最繁忙的购物街不足两千米长,却云集了300多家商店,营业面积超过46万平方米,每年接待顾客2亿人次,销售收入约80亿美元。① 位于牛津街的商店大多是各地都有的连锁店,但是牛津街的店面货品是最齐全的,某些意大利顶级品牌的货品种类竟然比来源地的店铺还多。每年3000万观光客中,约有60%来自亚洲地区,他们在这里的消费占牛津街全部收入的20%。② 除此之外,这条街也是很多人的工作场所。在圣诞节的高峰时期,这里有大约6万人。牛津街还为伦敦中心提供了一条重要的交通干线,每小时有50辆公共汽车在运行,4个地铁站与5条线路相连,从而确保了公共运输网的核心地理位置。

3. 全球文化创意中心

伦敦是全球文化之都和顶级时尚之都,也是世界上最重要的设计与创意中心之一。创意经济对伦敦至关重要。2011—2017年,伦敦创意产业的就业人数增加了近1/3。③ 政府通过资金扶持保障一些文化创意活动能够在伦敦城内扎根、集聚和生存,保护相关产业从业者的生存空间,通过一系列活动和资金支持创意产业出口,包括资助创意产业的制作及输出计划,为创意企业提供一系列面对面的业务支持试点等。政府还致力于通过文化活动促进创意产业发展,吸引国际艺术设计类创新人才,加强伦敦与全球其他文化之都的联系。目前,伦敦已成为全世界博物馆、图书馆和体育馆数量最多的城市;世界十大博物馆和画廊中,有三家在伦敦;伦敦共有857家艺术画廊。

伦敦市长关于文化的核心理念是"面向全民的文化"(Culture for All Londoners),伦敦《文化发展战略》提出了四个核心愿景:热爱伦敦、文化和物质增长、具有创造力的伦敦人、全球城市。该战略勾画了一个让伦敦保

---

① 陈晖. 全球性国际城市的服务业及其发展历程(2):伦敦[EB/OL].(2009-07-14)[2021-01-05]. http://www.istis.sh.cn/list/list.aspx?id=6438.

② 英国一商街云集300家大型商场,每年1500万+亚洲游客观光消费[EB/OL].(2018-03-16)[2021-01-10]. http://k.sina.com.cn/article_6461392541_18121069d001005vzl.html?cre=tianyi&mod=pcpager_focus&loc=39&r=9&doct=0&rfunc=100&tj=none&tr=9.

③ 陈晨. 伦敦建设"面向全民"的文化之都策略[M]//陶希东,等. 国际城市发展报告(2020). 北京:社会科学文献出版社,2020:224-232.

第五章　城市营销的新定位：消费城市

持全球文化之都地位，并且让文化资源在城市各个角落触手可及的蓝图，具体体现在：伦敦应当是一个充满机遇的地方，每个伦敦儿童、青年人、成年人都应该有机会通过文化丰富自己的生活；每个伦敦人都是首都艺术财富和多样化遗产的主人；文化不应该超出任何人力所能及的范围，应当重视非正式的文化活动与场所；伦敦必须一如既往地保持全球文化之都的地位，同时也要努力成为人才能够扎根的城市。① 伦敦市不断改善的公共空间以及标志性场馆、艺术与表演体系，已经成为城市吸引人才的重要资源，这种资源被归纳为伦敦的活力环境（Stimulating Environment）。

4. 独特的金融中心

伦敦市在大伦敦的心脏地带，是大伦敦历史最悠久的区域，也是唯一拥有自己独特行政体系的区域。经过近两千年的历史演变，现在已经成为世界最负盛名的国际金融中心之一，被称为伦敦金融城。早在公元50年左右，罗马军队在进入英国后就在如今伦敦金融城的区域内开始建设伦敦。如今，在这块被称为"平方英里"（Square Mile）的区域内，在现代的摩天大楼间，仍然保留着古罗马的城墙、神庙和剧场等各种遗迹。伦敦金融城位于泰晤士河北岸，便利的地理位置使其很快变成了繁忙的港口，贸易蒸蒸日上，伦敦铸币局也在此成立。伦敦金融城内的许多街道名称，如牛奶街、面包街、铁器巷、家禽街和梅森大道等，都得名于这些公司。到2018年，伦敦金融城贡献了整个英国金融服务行业GDP附加值（GVA）的48%。在这块不到3平方公里寸土寸金的区域内，有跨国企业、银行和律师事务所的总部，还有超过500家银行设在伦敦金融城的办事处。到2019年，区域内的企业已经有23 890家，其中雇用人数超过250人的大企业有280家，其余99%为中小企业。每天有超过50万人通勤来区域内工作，每年要接待超过1 000万人次的游客。②

---

① 基于大伦敦政府于2018年12月发布的"Culture for All Londoners: Mayor of London's Culture Strategy"。
② 伦敦金融城：近两千年历史的金融传奇［EB/OL］.（2020-02-24）［2020-12-22］. https://www.sohu.com/a/375373941_100212090.

鉴于其区域的独特性和悠久的历史传统，伦敦金融城保持了一套独特的管理体系与之适应，并成立了伦敦金融城公司保持这一体系的运转。但不同于普通的公司，伦敦金融城是伦敦33个具有地方政府职责的区域之一，其拥有自己的市长、行政体系和独立的警察部队等以满足公共需求。从1215年开始，每一位新任伦敦金融城市长必须离开伦敦城，经由泰晤士河，到达威斯敏斯特官邸向英国君主宣誓效忠，这段路程被称为"伦敦金融城市长巡游"（Lord Mayor's Show）。从16世纪开始，这项活动已经演变成伦敦市民的年度狂欢盛会。伦敦同业公会、慈善机构、英国军队、当地学校等各种机构组成连绵约5千米的各色花车和方队，为市民带来精彩纷呈的表演。

（三）纽约

纽约位于纽约大都市圈的中心，纽约大都市地区地处美国东北部大西洋沿岸，是一个综合社会经济区域，为美国最大的金融、商业与文化中心。纽约是目前举世公认的国际城市，也是全球总部经济的成功典范。第二次世界大战后，美国的经济结构在地理布局上出现两个明显的变化：其一是东北部、中西部城市的衰弱，城市中心区减少、地位下降与"阳光带"城市的崛起；其二是郊区化的长足发展，成为城市发展的主导趋向。然而，同样位于东北部的纽约市却独领风骚。尽管整个城市也曾出现过由盛及衰的趋势，但其市中心区一直在努力扭转当时的颓势，经过一系列及时的经济结构变革和调整，纽约市原有地位再度复兴，并且日渐巩固。[①]

1. 总部基地与生活配套设施并重

"总部经济"是纽约作为国际性大都市最为显著的标签之一。尽管目前世界上打出"总部经济"标签的城市不在少数，但纽约的"总部环境"凸显了其投资环境和生活质量的优势。以洛克菲勒中心为主的中城CBD，是纽约著名的大公司总部所在地。白天这里游人如织，晚上依然热闹非凡。中城CBD除了发挥其"总部基地"的商业办公功能之外，还发挥了其作为国际化大都市的消费、娱乐等生活配套功能。这里有著名的"第五大道"，云集

---

① 赵弘. 纽约经济结构变迁与总部经济形成［J］. 发展规划与结构调整，2008（1）：60-62.

第五章 城市营销的新定位：消费城市

着世界一流品牌的名店和商场，为大公司总部的职员及来自世界各地的游客提供了全面的生活服务。

总部经济发展重视城市功能多样性的好处不仅仅体现在可以为总部员工提供完善的生活环境，其重要意义还可以从以下几方面来反映：一是生活环境的完备是吸引更多人才向总部所在区域流动的物质基础条件，有利于该区域发展总部经济的比较优势；二是城市功能多样化直接关系到该区域关联产业链条的完整性，是总部经济产业乘数效应发挥更大作用的机制条件，由此为该区域带来更多的 GDP、税收及就业增长；三是城市功能多样化及其结构的合理性是城市形象和总部基地（CBD）形象的重要体现，能够维持总部经济的可持续发展。

纽约市政府规定，在 CBD 里的建筑必须为行人提供足够的绿地和空间，而且这个空间的大小应与楼高成正比。无论公司实力如何，在纽约市这一法规面前一律平等。如麦迪逊大道上的 IBM 总部，便将一楼的大厅设计成四季如春的中厅花园供游人参观。位于莱克星顿大街的花旗银行总部，将临街的一楼大厅辟为音乐厅，常年为行人提供免费的管弦乐、爵士乐音乐会。

2. 商业和艺术并重

纽约 SOHO 区的成功是全世界城市更新的先驱和典范，也是纽约城市空间的新定义。其商业与艺术并重的特质甚至被总结为 SOHO 效应。

SOHO 原本是纽约的老工业区，制造业衰退后闲置下来的许多厂房和仓库被一批艺术家改建成为他们的工作室和画廊，后来便有越来越多的文化创意产业聚集于此。SOHO 是英语单词 South of Houston 的缩写，指的是纽约下城 Houston 街南，位于小意大利（Little Italy）以西，毗邻休斯敦街（Houston Street）、西百老汇（West Broadway）和拉斐特街（Lafayette Street），北邻格林威治村，南邻翠贝卡，以百老汇大道为中心，以古老的铸铁建筑和鹅卵石铺就的街道为特色。在纽约市城市规划局规划的 59 个社区中，SOHO 并不是一个独立的社区，而是和西村、格林威治村以及小意大利合在一起成为曼哈顿岛的第二区。全区人口 9 万余人，占整个纽约人口的 1%，住户中近一半为 25 至 44 岁的年轻人。该区的白人人口、亚裔人口、受教育程度、人均收入均高于纽约整体水平。①

　　历史上的SOHO地区曾是碧波荡漾的池塘和青草葱葱的牧场，是早期移民休息疗养的佳地。1971年，纽约市政府重新将这个地区划为居住区，并规定只有在纽约市文化局注册的艺术家才可以在此居住。两年后，由于"铸铁建筑之友"协会的努力，SOHO中的26个街区被定为历史保护区，使这个地区成为世界最集中也是最大的帕拉第奥式和意大利风格仓库、厂房区，也是世界最大的铸铁建筑保护区。SOHO作为艺术区闻名于世，但使它闻名的大部分艺术家并未享受到这一胜利果实，却成为"其成功的牺牲品"。由于旅游者增加、房租上涨，大部分自由的、穷困的艺术家不得不搬离这个他们自己创造的区域，能够留在SOHO的只有那些成名的商业艺术家。有经济能力的画廊、大的商家也开始抢占这个日益繁荣、日益值钱，也日益昂贵的地区，SOHO发展成集居住、商业和艺术为一体的一个完善的社区，被誉为"艺术家的天堂"。今日的SOHO，特色酒吧和高档时装店为邻，艺术画廊和个性化的家居装饰品店并肩，是雅客、时尚青年和游客都不愿放过的重要时尚商业区和旅游景点。以画廊业为代表的艺术繁荣为这里的商业发展刻上了深刻的艺术烙印，也为这里的经济发展打下了深厚的文化基础，在商业化的今天更创造着时尚艺术，使商业与艺术水乳交融。SOHO有近600家各具特色的百货服装、饰品店。以SOHO中心区的百老汇大道为例，特色店有50余家，经营范围包括珠宝、服饰、化妆品、家居用品、文具及百货等；各式餐馆逾100家，囊括了世界各地的风味美食和高级主题餐厅。

　　SOHO的独特之处在于，它既不像纽约第五大道那样高楼耸立、名店云集，以高品质、高价位闻名于世，也不像以音乐剧著称的百老汇和时报广场区；既不是左右世界金融命脉的金融区，也不是那些大把赞助在握的高高在上的博物馆。它不是艺术区，但艺术却无处不在。它是商业和艺术充分融合的区域，富有个性，有着深刻的文化内涵，是时尚的代名词。SOHO从破败的工业区成为艺术园区的文化基础，这是由其与城市中心疏而不离

---

① 见纽约城市规划局网站http://communityprofiles.planning.nyc.gov

的关系决定的。艺术和艺术家的流动像流水一样,有其自然的规律。对于大部分贫穷、孤单、自由的艺术家而言,他们驻足的地方需要宽松的文化氛围、自由流动而又方便相互交流的环境、廉价而又宽敞的空间。SOHO 从艺术园区转为商业区的经济基础,在于其艺术品牌的商业价值。资本对利益的追逐是永恒的,它的价值恰恰是艺术所赋予的。20 世纪 70 年代初,纽约作为集世界金融、商业、旅游、娱乐于一体的"世界之都"所具有的吸引力,使 SOHO 本身发展成为艺术的圣坛,是所有艺术家向往的地方,是所有崇尚艺术的时尚人士追逐的地方,在艺术领域它已经具有了全球知名度。这种由艺术凝成的品牌所具有的巨大商业潜力,像磁铁一样吸引着全球的商业资本。SOHO 成为独特的时尚园区的条件,还在于它被高度发达的商业文明占领的同时,坚守和发展了独特的艺术特性。对于 SOHO 区艺术和商业的成功结合,政府、民间团体、社区民众和商家都起着无法替代的作用。①

3. 观光政策与观光消费

纽约的旅游观光业十分发达,每年从国内和世界各国来此观光的游客多达 3 000 万人以上。纽约市在 2017 年共接待 6 280 万名游客,连续第八年打破纪录,其中国内游客 4 970 万,国际游客 1 310 万。在国际游客访问量、游客消费和经济影响方面,纽约市仍是第一位的美国目的地。②

纽约市虽然并无观光综合规划,但政府和市民都认识到观光的作用,把各种城市建设政策与旅游观光相结合,开展各种各样大众的、私人的投资合作工程,使整个街区成为有生活价值的街区,使纽约对观光者来说更具魅力,有力地促进了旅游观光业的发展。官方目的地推广机构——纽约市旅游会展局,作为纽约市五个区的官方目的地营销组织(Destination Marketing Organization,DMO)和会议与游客局(Convention and Visitors Bureau,CVB),最大限度地利用整个城市的旅游和旅游机会,在全世界传播纽约市的动态形象,同时还采取了直接或间接有利于观光事业发展的诸多措施。

---

① 孙施. 纽约的广告和都市文化 [J]. 现代广告, 2010(9):42-43.
② 纽约市旅游会展局聚焦"里程碑式的2019年"[EB/OL]. (2018-06-28) [2020-12-22].
https://www.sohu.com/a/238286768_594364.

第一，在纽约市文化局各项事业的预算中，尤为重视对市美术馆、博物馆等的机构经营支出，以及各种相关的艺术项目，余下的用于各种团体的补助，这项支出是作为支援观光基础的各种机构、团体的重要财源。再就是"提取一定比率用于艺术项目的费用计划"，即从各种公共建筑物的建设费中提取1%用于建设雕塑等艺术项目，该计划虽然与观光没有直接关系，但有利于创造出城市景观。① 此外，2017年纽约发布 Creat NYC 计划，通过更公平的视角来支持文化，旨在增加低收入邻里区的艺术和文化机构。

第二，支持观光的剧场、演奏家组织。在政府的努力下，纽约还有支持观光和承担观光责任的剧场、演奏家的组织，这些组织的努力对振兴观光事业直接或间接地发挥了很大的作用。例如，纽约剧团集会观光代办处是1935年以宾馆业为中心设置的机构，目前进行着各种与观光新闻、会议招揽相关的工作。此外，在州的支援下设立的对艺术家和有关艺术团体、教育机关等进行财政、人力、技术支援的纽约艺术基金，特别是拥有很多对儿童进行教育的艺术联盟戏院发展基金、支援公共空间公共场所艺术作品的西哈莱姆艺术基金，向艺术家提供支援活动的艺术舞蹈剧院创作中心等的剧场、演奏家组织都在相继开展活动。

第三，创造出新的娱乐据点。经典的案例有1993年沃尔多-迪斯尼公司宣布修复位于42号街区的阿姆斯特丹剧场用于迪斯尼歌剧，并开设迪斯尼商店，这激发了该地区内的餐厅和娱乐业，并带动了地区内的建设活动。42号街地区现已成为纽约最有实力的开发地区，作为新纽约的娱乐观光据点。时至今日，纽约依然在进行着各种融合了新酒店、景点、餐饮、零售、文化等业态的大型开发项目。例如，翻新和扩建现代艺术博物馆（Museum of Modern Art），有史以来全美最大的私人地产开发项目——位于曼哈顿远西区（Far West Side）的哈德逊园区（Hudson Yards），专用于视觉艺术、设计、媒体全球展览的多艺术中心 The Shed，由英国设计师托马斯·赫斯威克（Thomas Heatherwick）设计的一座可攀登的城市地标 Vessel 等，所有这

---

① 绳雄. 纽约的城市观光政策 [J]. 上海城市规划，2002（2）：39-40.

第五章 城市营销的新定位：消费城市

些都是曼哈顿下城不断复兴的实证。

第四，改善商业地区。最初获得巨大成功的是纽约中央火车站周围，1985年时，车站周围充满着无家可归者和沿街叫卖者、犯罪、乱写乱涂、垃圾等，道路清扫也很差，从该地区迁走的企业和店铺很多，变成空房的店铺听凭荒废，整个街区的环境逐渐恶化。为改变这一状况，纽约着手改善商业环境，雇用清扫员，负责地区内的清扫工作；并采取一面和警察合作，一面配备防犯的手段，防止地区内犯罪；同时，保证步行者空间，布置草地、花木、街灯等，并配置垃圾箱、统一的报纸杂志出售机等。由于这些措施取得了成功，改善商业地区的主要观光据点扩大到5号街、麦迪逊街、纽约时报广场、34号街等大部分地区。这些活动大大改善了旅游观光者的印象和对纽约市的评价。[①]

4. 麦迪逊广告与消费文化

《纽约简史》（*New York City*: *A Short History*）一书这样形容纽约："没有别的城市对形成美国人民的集体意识贡献更大。埃利斯岛不禁使人联想起我们都是移民的后裔。华尔街意味着金融业，如同第七大道以时尚为其特色一般。麦迪逊大道即与广告业同义，第五大道则表示优雅的购物。"[②] 麦迪逊大道坐落在纽约市曼哈顿区，是唯一一条以总统命名的大街，因为美国许多广告公司的总部都集中在这条街上，所以其逐渐成为美国广告业的代名词。

广告是一种带有明确销售目的的传播方式。广告创意的内在动力就是用文化的力量引导消费。所以广告不但是在宣传一种商品，同时也是在兜售一种思想、一种生活方式、一种文化。关于广告和消费文化的关系，从麦迪逊大道的发展中可以概括为：第一，麦迪逊大道的广告影响着纽约消费文化的变迁。可以这么说，如果没有广告，纽约的消费潮流也就不会那么明显了。麦迪逊大道的广告与纽约的消费文化有着一致的目标，即争取更多的受众成为它们的追随者。向每一个人宣传消费需求和消费回报是广告的使命，只有当消费潮流日趋明显并形成主流文化的时候，才能唤醒众多潜

[①] 绳雄. 纽约的城市观光政策［J］. 上海城市规划，2002（2）：40.

[②] 兰克维奇. 纽约简史［M］. 辛亨复，译. 上海：上海人民出版社，2004：4.

在消费者，并控制他们的消费行为，从而使他们对整个社会认识的方式、思维模式以及信仰都发生变化。麦迪逊大道的发展历史证明，广告文化可以改变消费者的心理需求，一旦广告文化被消费者接受，他们就会按照广告主的意愿来理解社会，广告在很大程度上影响着人们的审美观、价值观、生活观和信仰。例如，伯恩巴克的甲壳虫广告成功转变了纽约人的汽车消费观念，掀起了一场朴实无华的汽车消费风潮。第二，纽约都市的消费文化是麦迪逊大道广告赖以生存的土壤，消费文化既是社会成员的行动标杆，同时也是广告宣传的文化载体。只有在主张"观念消费"和"符号消费"的都市文化语境中，广告宣扬的概念才能被视作一种文化，并被大众当作参照系来指导消费行为。一旦广告宣传的观念或符号被大众认可，观念和符号本身将产生不可估量的溢价，例如品牌消费就是品牌标志成为文化代表所产生的聚众效应。因此，麦迪逊大道的广告和纽约消费文化是一种相互依存的关系，两者相互交融、共同发展。

（四）东京

东京，是位于日本关东平原（日本最大平原，面积 16 172 平方公里）中部面向东京湾的国际大都市。随着日本经济的崛起，东京也成为世界性的大都市。普通意义上的东京 = 东京都区部 = "东京 23 区"，面积 623 平方公里；2017 年人口约 946 万。而东京都市圈人口总数占日本全国人口的三分之一以上，约 3 700 万；总面积 13 557 平方公里，占全国面积的 3.5%。东京是传统上的全球四大世界级城市之一（另外三个是纽约、巴黎、伦敦），2018 年被 GaWC[①] 评为 Alpha+ 级世界一线城市；2016 年 GDP 达 9 472.7 亿美元，超越纽约（9 006.8 亿）成为全球第一，在全球城市指数排名中排名第三。[②]

[①] 全球化与世界城市研究网络（Globalization and World Cities Study Group and Network，GaWC），是由英国拉夫堡大学地理系创建，专注于研究世界地理的对外关系。虽然全球化贸易是世界城市必不可少的主要因素之一，但大部分的相关研究工作仅在个别城市内部进行，忽视了城市之间的关联性，GaWC的成立就是为了纠正这种情况。

[②] 世界城市志：日本第一大城市东京［EB/OL］.（2019-05-01）［2020-12-23］. https://www.sohu.com/a/311359536_100098218.

1. 文化教育中心

东京是日本的文化教育中心。坐落在东京的大学占日本全国大学总数的三分之一，在这些大学就读的学生则占全国大学生总数的一半以上。作为一座可与纽约、伦敦、巴黎比肩的亚洲城市，东京不仅是日本高等教育优质资源聚集的枢纽，更是高等教育国际化进程的前沿。在 2019 年《QS 亚洲大学排名》中，进入前 200 名的日本大学中有 10 所位于东京。在日本文部科学省选定进入"全球顶尖大学计划"（Top Global University Project）重点支持的 37 所大学中，分别有 5 所 A 类"顶尖型"大学和 10 所 B 类"全球牵引型"大学位于东京。[①]

各种文化机构密集，其中有全国 80% 的出版社和规模大、设备先进的国立博物馆、西洋美术馆、国立图书馆等。艺术馆已不再像人们印象中那样古典和高不可攀，近年不断有新的美术馆开幕，并引进新的艺术管理概念，展览的主题形形色色，展示全新的、走在时代最尖端的文化空间。[②] 例如，在东京六本木地区有两座享誉世界的艺术博物馆，即由安藤忠雄和黑川纪章两位国际级建筑大师设计的 21-21 艺术博物馆（21-21 Design Sight）和国立新美术馆。这两座博物馆经常主办国内外各种优秀展览，在向人们展示 21 世纪的艺术发展潮流的同时，也吸引了一大批文化机构和企业向这里集中。每年圣诞节，这里都要展出从欧洲引入的各种艺术灯火造型，这吸引了大批国内外的参观者，使其成为东京市民和旅游者的文化活动中心。

2. 独特商业文化

随着文化旅游概念的逐渐兴起，游览东京不再只是逛街购物了。象征日本自然、历史、现代的三大景点（富士山、京都、银座）之一的银座，与香榭丽舍大街、第五大道齐名，是世界三大繁华中心之一。银座是东京最繁华的商业区，许多百年老铺与日本本土品牌都发祥于此。银座大道全长一公里半，北起京桥，南至新桥，大道两旁的百货公司和各类商店鳞次栉比，专门

[①] 王俊. 东京高等教育国际化进程：趋势与反思[J]. 世界教育信息，2019，32（4）：46-50.
[②] 陈晖. 全球性国际城市的服务业及其发展历程（3）：东京[EB/OL]. （2009-07-14）[2020-12-23]. http://www.istis.sh.cn/list/list.aspx?id=6438.

销售高级商品。从1970年8月起，银座大道禁止一切车辆通行，成为步行商业街，街上有许多茶座，游客可以坐在街心饮茶谈天。入夜后，路边大厦上的霓虹灯变幻多端，构成了迷人的银座夜景。自20世纪20年代后期，银座开始成为东京最繁华且格调高雅的新潮商业中心，不仅是东京商业中心的代表，而且已发展成为日本现代化的标志和橱窗，尤其是它除了代表消费文化，还具有独特的"标新"和"逆反"文化特征。"银座"一词本身也不再仅仅作为地名而存在，而是更具有一种深层的、非日本人难以理解的文化内涵，它是名牌、流行、品味、信用、货真价实、憧憬、时尚的代名词。

3. 动漫之都

动漫和游戏等文化产业在日本被称作"内容产业"。随着数码技术的发展，"内容产业"渗透到日本的各个领域，它像串烧一样，把新闻、出版、音乐、广告甚至手机、汽车等多种产业结合起来，衍生出与传统概念中的文化产业完全不同的"新文化产业"。2003年，日本政府成立了"知识财富战略本部"，正式把"新文化产业"确定为国家发展战略的一项重要内容，对这一产业放宽限制，增加预算，完善相关法律。同时，日本民间也开始积极兴办动漫学校，通过举办动漫和游戏大赛等各种方式壮大动漫和游戏的创作队伍。

东京是日本动画制作业最集中的地区，仅在东京就有几千家动漫和游戏软件公司。据中小企业基础整备机构的《动画片制作公司的现状和课题》资料，目前日本动画制作公司有近800家，其中80%集中在东京，大多聚集在练马区、杉并区、新宿区、涩谷区等东京都的西北部。如今，这些公司的职员每天一般都要工作12个小时，他们所制作的新产品被源源不断地输往国外。[①]

4. 基于文化的城市更新

基于文化的城市更新是东京的一大特色。东京六本木在人们原本的记忆中是一处混乱的地区，连治安都无法保证，更谈不上艺术与文化了。但正是东京政府的一纸都市更新案，"六本木之丘"随之落成，六本木的形象也随之被彻底翻新了，成为东京的艺术中心。六本木之丘，又称六本木新城，

---

① 张暄. 魅力与活力：东京的文化发展战略[J]. 环球市场信息导报, 2017（27）：77-78.

第五章 城市营销的新定位：消费城市

位于东京闹区内的六本木，是日本目前规模最大的都市再开发计划之一。六本木新城再开发计划以打造"城市中的城市"为目的，并以展现其艺术、景观、生活独特的一面为发展重点，建造了包括朝日电视台总部、54层楼高的森大厦、凯悦大酒店、维珍（Virgin）影城、精品店、主题餐厅、日式庭园、办公大楼、美术馆、户外剧场、集合住宅、开放空间、街道、公共设施，几乎可以满足都市生活的各种需求。六本木新城是一个集居住、办公、娱乐、学习、休憩等多种功能及设施为一体的超大型复合性都会地区，约有两万人在此工作，平均每天出入的人数达10万人。六本木将大体量的高层建筑与宽阔的人行道、大量的露天空间交织在一起，在建筑之间与屋顶设计了大面积的园林景观，是拥挤的东京难得的绿化空间。

另外一个日本都市再开发的经典案例是建成于2007年3月底的东京中城Midtown。它是一座包括地下5层、地上54层的摩天大楼，汇集了各种各样的商店、餐馆、写字间、饭店、绿地、美术馆等设施，为东京中城提供着高品质的生活。东京中城的重要课题是"艺术＆设计"，在此可接触到艺术的各个领域，购物美学与人文艺术完美地结合，这也是东京中城的最大魅力。

东京Midtown与六本木之丘遥遥相对，串起一条时尚、商业与文化产业的闪亮生态链，大大提升了东京的文化水准。

二、消费城市的一般规律

（一）消费规模大，服务消费发达

消费城市作为著名的国际性购物消费之都，首先它的市场交易，即社会零售商品的规模很大。国际公认的消费中心城市的标准是社会消费品零售总额达到250亿美元。[1]

消费城市服务消费比重较高。进入后工业社会，以人本需求为出发点的

---

[1] 从国际各大商业城市的统计来看，社会消费品零售总额每年的基本规模至少要达到250亿美元左右。沈衍琪．本市商业流通总量已达国际商贸中心城市标准［N］．北京日报，2010-02-23．

多元服务再度上升为城市主导功能。劳动分工更为全球化、精细化。互联网等技术的发展,品牌贴牌、加盟等商业模式的革命,能够使产业链各个环节在时空分离的同时做到价值传递的协同,创意开发、科研功能、品牌管理、生产运营和市场营销等环节散落分布在全球城市体系,与同类型企业形成某个城市的产业集聚区,凭借强大而高效的信息流动形成生产与消费的联结。同时,生产性服务业、文化创意产业等人力资本密集型产业也试图走向资本化、集约化、标准化,在全球形成服务质量和行业标准的角逐。发达的服务业、信息和交通网络,也增加了人们对工作地点、生活方式和居住环境的选择自由度。后工业社会的城市给人们创造了更加多姿多彩的生活,人们不仅可以享受高水平多样化的服务,而且可以享受个性化的服务。

反映到产业结构上,服务业在三大产业中所占比重最高,商业发达,批发和零售业是城市发展的重要支柱产业,旅游、餐饮服务业发展迅猛,包括金融、保险、法律、计算机软硬件、大众传播乃至体育、演艺等休闲娱乐业在产业格局中的重要性和贡献比重越来越大。表5-4比较了典型消费城市的服务业类型。表5-5、表5-6、表5-7、表5-8则具体比较了各大消费城市的服务业发展现状。

表5-4 典型消费城市的服务业类型

城市	服务业类型
纽约	根据美国劳工统计局(Bureau of Labor Statistics)的分类,当前纽约市的服务业大类大致可分为:贸易运输和公共事业(Trade, Transportation, and Utilities);信息服务业(Information);金融活动(Financial Activities);专业和商务服务(Professional and Business Services);教育和健康服务(Education and Health Services);休闲与住宿(Leisure and Hospitality)等
巴黎	汽车、物流和运输,商业服务,商贸和零售,旅游、酒店与餐饮业,创意产业,影视、时尚、设计、奢侈品,金融服务、保险业
伦敦	金融保险业、法律、会计、咨询、广告、设计、教育、卫生等
东京	商业、金融保险业、信息产业、工商业设计、经营管理咨询等

资料来源:汪逸丰.纽约专业服务业的发展现状及特点(一)[EB/OL].(2020-05-27)[2020-12-24].http://www.istis.sh.cn/rist/list.aspx?id=12584;邬晓霞,祝尔娟.人均GDP10000美元后经济社会发展特征的国际经验借鉴及对北京的启示[J].开发研究,2011(1):19-22.

第五章 城市营销的新定位：消费城市

表5-5显示，巴黎630万个工作岗位中，服务业所提供岗位的比例占到了87.9%，说明服务业是其最发达的产业部门。

表5-5 巴黎地区各产业就业人口占比

部门	比重（%）
工业	7.1
建筑业	4.8
服务业	87.9
农业	0.2

资料来源：根据法国统计局2019年1月发布的2015年数据整理，参见巴黎大区投资促进局发布的《巴黎大区2019年主要数据》，http://www.paris-region.com.cn/h-col-123.html。

从表5-6可以看出，以2016年为基期价格，服务业整体、批发零售、运输、食宿、健康、文创与娱乐等都保持了持续的增长，体现了消费城市服务消费发达的特征。

表5-6 伦敦地区服务部门分行业GDP年度增长情况

行业	2012年	2013年	2014年	2015年	2016年	2017年	2018年
批发和零售业，汽车和摩托车修理	84.3	88.2	96	97.7	100	97.8	103.1
运输和储存	92.3	94.3	101.9	100.2	100	101.1	107.6
食宿服务	95	92.3	96	98	100	104.1	107.6
信息与通信	79.7	83.6	85.9	91.2	100	108.5	113.8
金融与保险	98.8	96.8	98.3	90.6	100	101.7	94.7
房地产	84.6	91.3	95.3	100.5	100	94.6	96
专业、科技	78.4	84	87.9	94.3	100	102.8	107.7
行政和政府支持服务	82.5	89.9	95.8	99.5	100	104.4	106.3
公共行政和国防，强制性社会保障	96.7	97.1	96.3	96.3	100	101.3	103.8
教育	98.8	98.7	103.2	105.4	100	102.3	107.5
人类健康和社会活动	87.6	92.2	93	95.1	100	100.6	101.2
艺术、休闲和创意	89.4	88.5	93.3	99	100	102.7	106.4

续表

行业	2012年	2013年	2014年	2015年	2016年	2017年	2018年
其他服务业	91.9	93	101.3	101.3	100	101.1	99.4
家庭作为雇主的活动，家庭自用的无差别商品和服务生产活动	67.7	70.2	75.8	84.5	100	103.3	103.3
服务部门总体	87.4	90.5	94.3	96.2	100	101.4	103.1

资料来源：英国国家统计局 Annual GDP for England, Wales and the English regions.https://www.ons.gov.uk/datasets/regional-gdp-by-year/editions/time-series/versions/4。

注：以2016年为基期价格计算年度指数。

表5-7显示了纽约从1990年到2018年服务业从业人数的增长和变化。服务业扩大了纽约市的国际影响力，提高了城市竞争力。其中专业服务业与商业服务业目前已经成为纽约市提供就业岗位占比最大的行业，是纽约汇聚全球精英的"招牌产业"。根据美国劳工统计局的数据，2018年就业人员数量达到76.21万人，占纽约市总就业岗位的16.7%，比2000年提高了1个百分点，比1990年提高了3.6个百分点。而截至2019年9月，纽约市的专业与商业服务业就业人员已达到77.97万人，较前一年同期增长了2.2%。[①]

表5-7 纽约市不同阶段各行业就业人员结构变化

1990年			2000年			2018年		
行业	就业（千人）	占比（%）	行业	就业（千人）	占比（%）	行业	就业（千人）	占比（%）
政府服务	607.1	17	专业和商业服务	587.4	15.7	专业和商业服务	762.1	16.7
专业和商业服务	468.4	13.1	政府服务	572.8	15.3	卫生保健	751.1	16.5
金融保险	412	11.5	卫生保健	486.4	13	政府服务	588.3	12.9

---

① 汪逸丰. 纽约专业服务业的发展现状及特点（一）[EB/OL].（2020-05-27）[2020-12-24]. http://www.istis.sh.cn/list/list.aspx?id=12584.

续表

1990年			2000年			2018年		
行业	就业（千人）	占比（%）	行业	就业（千人）	占比（%）	行业	就业（千人）	占比（%）
卫生保健	375.2	10.5	金融保险	369.8	9.9	住宿和餐饮服务	369	8.1
制造业	265.3	7.4	零售业	281.8	7.5	零售业	350.1	7.7
零售业	263.6	7.4	住宿和餐饮服务	200.4	5.4	金融保险	340.9	7.5
批发贸易	179.5	5	信息服务业	188	5	教育服务	255.1	5.6
住宿和餐饮服务	175.3	4.9	制造业	176.8	4.7	信息服务业	204.4	4.5
信息服务业	170.5	4.8	批发贸易	153.5	4.1	其他服务	193.1	4.2
运输、仓储和公用事业	154.6	4.3	其他服务	147.4	3.9	采掘及建筑业	157.8	3.5
其他服务	124.8	3.5	教育服务	142.3	3.8	运输、仓储和公用事业	141.1	3.1
采掘及建筑业	114.5	3.2	运输、仓储和公用事业	133.9	3.6	批发贸易	139.9	3.1
教育服务	111.7	3.1	采掘及建筑业	120.5	3.2	房地产及租赁	133.8	2.9
房地产及租赁	109.2	3.1	房地产及租赁	118	3.2	艺术、娱乐和休闲	94	2.1
艺术、娱乐和休闲	43.1	1.2	艺术、娱乐和休闲	57.3	1.5	制造业	70.6	1.6

续表

1990 年			2000 年			2018 年		
行业	就业（千人）	占比（%）	行业	就业（千人）	占比（%）	行业	就业（千人）	占比（%）
合计	3 574.8	100	合计	3 736.3	100	合计	4 551.3	100

资料来源：美国劳工统计局官网。

东京的服务业规模巨大，体系完备。表5-8是东京按经济活动划分的制造业和服务业分别贡献的生产总值比重。从表中可看出近年来东京制造业贡献的GDP不超过9%。其中，批发业和零售贸易超过20%，信息和通信、专业科技活动以及房地产超过10%，反映出商品消费活动发达、居住需求旺盛的特点。

表5-8　东京都服务业结构状况　　　　　　　　　　（单位：%）

行业	2014 年	2015 年	2016 年	2017 年
制造业	8.9	8.8	8.7	8.6
批发和零售贸易	20.0	21.0	20.6	20.3
运输和邮政服务	4.7	4.7	4.6	4.7
食宿服务业	2.4	2.3	2.3	2.2
信息和通信	10.5	10.4	10.4	10.2
金融与保险	8.3	8.2	7.9	8.0
房地产	11.3	11.2	11.5	11.6
专业、科技活动	11.3	11.1	11.3	11.2
公共行政	3.9	3.9	4.0	3.9
教育类	3.0	2.9	2.9	2.9
人类健康和社会工作	4.3	4.3	4.4	4.4
其他服务	4.6	4.4	4.2	4.2

资料来源：東京都総務局統計部．都民経済計算年報［R/OL］.（2019-12-24）[2020-12-25].https://www.toukei.metro.tokyo.lg.jp/keizaik/kk-houkoku.htm.

（二）消费结构轻型化

英国经济学家 G.G. 克拉克验证经济增长与结构变动关系时曾说，"随着人均收入的增加，很明显，对农产品的相对需求一直在下降，而对制造品的相对需求首先上升然后下降，而让位于服务业"。这个变化的过程反映了消费水平的提高。在消费水平发展的不同阶段，城市居民消费结构呈现出相对应的消费特点。

1. 人均 GDP 达 1 000 美元时居民的消费结构特点

根据消费经济学理论和国际经验，当人均 GDP 达 1 000 美元时，居民消费结构将从生存型向享受、发展型转变，而消费结构的升级将促进经济结构和社会结构的转变。

根据联合国《国民经济核算统计年鉴》和各国统计年鉴，以美国、英国、法国、西德、日本、波兰、捷克斯洛伐克、匈牙利、保加利亚等九国为样本，分析其人均 GDP 首次突破 1 000 美元时的居民消费结构发现，各国平均食品消费约占 42.91%，衣着消费约占 12.97%，日用品消费约占 9.81%，住房消费约占 9.18%，劳务消费约占 21.18%；其中，各项目标准差分别为 5.17%、1.52%、2.95%、4.35%、5.00%，这表明除住房消费外，各国消费结构相似度较大。住房消费的差异主要是由于东欧国家当时实行社会主义制度，提供住房福利。如果仅以美国、英国、法国、西德和日本为例，那么住房消费支出比例最大为英国（13.8%），最小为法国（8.3%），可见住房消费支出比例仍然具有较高相似度。[①]

人均 GDP 突破 1 000 美元后的大约 10 年时间是居民消费结构急剧变化的时期，在这之后，居民消费结构将相对稳定。根据美国居民消费结构演变规律，在人均 GDP 达 1 000 美元后，汽车及零部件、家具及家用电器、燃料及动力等消费项目的支出将在之后五六年内急剧增长；食品、服装及鞋类、住宅、医疗等消费项目的支出增长速度将在之后十年内出现较大幅度波动，基本上先下降后回升，然后稳定在一个均值上下呈周期性波动。其

---

① 黄良浩. 人均GDP突破1000美元之后［N］. 经济参考报，2004-09-01.

中，住房消费支出增长速度在经过十年左右的较大幅度波动后，呈缓慢而稳定的下降趋势。1942年美国人均GDP首次突破1 000美元后，其居民消费结构呈现如下的动态变化：

第一种形态，以耐用消费品、汽车及零部件、家具及家用电器、燃料及动力为代表。1942年至1946年的五年内消费支出急剧增长，在人均GDP中所占比重亦快速上升；1946年后开始回调，之后增长速度便出现较有规律的变化，即以某一均值为中心呈周期性波动。

第二种形态，以食品、服装及鞋类为代表，其消费支出增长速度在1942年后的六七年内基本呈现下降趋势，之后五六年增长速度有所回升，然后以某一均值为中心呈周期性波动，其消费支出增长速度的下降、上升波动幅度相对都较小。

第三种形态，以服务、住房、医疗、娱乐为代表，其消费支出增长速度在1942年后十年内呈急剧波动趋势，先下降后上升，继而回调；之后，增长速度呈缓慢的下降趋势，其中娱乐消费的增速呈缓慢的上升趋势。

2. 人均GDP达3 000美元时居民消费结构特点

国际经验表明，人均GDP达1 000美元、3 000美元为居民消费结构发生转变的临界点。以世界银行《1999年世界发展指标》和《2000年世界发展指标》为依据，选取其中人均GDP处于1 000美元到3 000美元之间的32个样本数据，对之进行统计分析显示，食品、服装和鞋类、燃料和动力、卫生和保健、教育、交通和通信、其他消费的消费所占比例分别为31.72%、6.84%、10.90%、6.88%、12.09%、7.94%、23.66%，各个项目的标准差分别为9.51%、2.20%、6.95%、3.80%、6.12%、4.17%、11.00%。由此可见，随着人均收入的提高，居民用于吃、穿的费用占总消费支出的比例明显下降，各国大体相似；相应地，居民用于住、行和文化娱乐等的消费支出比例总体显著上升。

从美国、日本、英国等发达国家以及韩国、中国香港、中国台湾等新兴工业化国家和地区人均GDP3 000美元消费结构统计资料看，人均GDP达到3 000美元后，消费结构的变化突出表现为如下特点：第一，基本生活消费的比重降到35%左右，并继续下行。第二，住房消费与小康阶段相比已有较大幅度的提高，但继续上行的速度放慢，直到高度富裕阶段才有明显的上升。从世界水平和各国情况看，富裕阶段的住房消费均占有一定的比重，普遍在15%左右。第三，交通、通信支出持续快速上升，到高度富裕阶段后开始下行。

3. 人均GDP达6 000美元时居民消费结构特点

人均GDP超过6 000美元的国家和地区，向高收入国家和地区行列迈进时，社会发展有许多共性。

第一，产业、就业、城乡结构的现代转型。国际经验表明，在人均GDP 6 000美元的发展阶段，许多国家和地区的产业结构都得到了明显的优化和升级，服务业的比重持续上升，现代服务业将发展成为主导产业。服务业比重逐年扩大，日益成为带动经济成长的支柱产业。

第二，人均GDP超过6 000美元后，人们对公共产品和服务的需求进入高速增长期。相关国家与地区都非常重视社会公共产品与公共服务制度建设。

第三，重视社会公平，缩小收入差距。经济持续快速发展需要一个稳定的政治社会环境。一个国家或地区人均GDP达到6 000美元之后，仍会面临着社会"发展之坎"，制度安排、战略选择、政策制定、公平实现等方面的问题依然会引发社会矛盾与冲突，社会经济持续快速发展需要一个相对公平合理的分配格局。

第四，居民需求结构升级趋势。人们对于商贸服务业、社区服务业、文化体育产业、旅游休闲业等改善生活服务性产品供给的数量和质量要求不断提升，因而产生大量多样化、个性化的服务需求。

4. 人均GDP达8 000~10 000美元时居民消费结构特点

按照国际公认的标准，人均GDP达到8 000~10 000美元为现代化国家。居民收入的不断提高，消费结构和产业结构的加速转变，将对服务业、旅游业等形成越来越大的需求空间。居民的消费和生活会更追求质量的提高，对住房、交通、电子通信、高等教育、旅游等方面需求的增加，成为社会新的经济增长点。这一时期高端消费群体人数将迅速上升，居民消费结构将全面升级,向以发展型和享受型消费为主的阶段转变,对文化、艺术、精神、娱乐产品的消费需求将日益增长,文化创意产品消费持续繁荣。例如,目前日本动漫产值高达 230 万亿日元,是日本支柱产业之一,GDP 的 10% 以上由动漫产业贡献,广义动漫产业收入甚至占日本国民经济的 18%,仅销往美国的动漫产品总收入就曾四倍于日本对美国的钢铁出口额。①

(三)消费群体集聚化、全球化

1. 集聚化

作为一个消费城市,其吸引力更多地表现在满足人们居住的生活需求而非仅仅是工作需求方面。一个强有力的证据是,在消费城市,往往住房租金增长要高于工资增长,或者房屋价值增长高于收入增长。这可以说明,消费城市集聚了对于生活质量和生活配套设施有着较高要求的群体,他们愿意支付高额的租金来享受城市生活,房价或租金也会因他们的聚集而被进一步推动。表 5-9 比较了伦敦和英格兰其他地区、巴黎和法国其他地区的租金增长情况。在巴黎,住房租金的上涨速度超过了工资增长;在法国其他地区,情况恰恰相反。英国也是类似的情况。再如,在纽约,商业中心是华尔街,消费中心大概在 57 街和第五大道,靠近 CBD 和靠近城市消费中心的地区的工资收入和房屋价格都在上升。

表5-9　消费城市的收入增长与租金增长对比　　　　（单位：%）

城市	收入增长	租金增长
伦敦	4.90	8.60
英格兰其他地区	4.70	7.50
巴黎	3.60	4.20
法国其他地区	4.00	3.50

资料来源:根据 GLAESER E L, KOLKO J, SAIZ A. Consumer city[J]. Journal of economic geography, 2001 (1):27-50 的研究成果整理。

---

① 日本经济支柱产业介绍[EB/OL].(2020-02-26)[2020-12-25]. https://www.sohu.com/a/375863691_505902.

第五章　城市营销的新定位：消费城市

2. 全球化

从消费的角度来讲，城市的消费群体大概可以分为三个层次，一是本地消费者，二是区域消费者，三是全球的消费者。从世界典型消费城市的实际发展情况来看，但凡是消费城市，其居住、就业人口中有很大比例来自本国其他地区以及国外；其消费群体中，有大量旅游人群、商务人群，商旅消费占相当比例。

以巴黎大区为例，据《巴黎大区2019年主要数据》显示，在1 210万居民中有13.7%的人口属于非法国籍，是名副其实的全球化大区。巴黎是众多跨国公司的总部所在地，拥有数量排名全欧洲第一的《财富》世界500强企业总部，跨国公司总部比伦敦和纽约分别多7个和8个。法国36%的高级管理人员居住在此。在巴黎地区多所学校中，有111 678名外国学生。此外，全年约540万人造访巴黎大区的主要会议和展览中心。这些前来生活、学习、工作或造访巴黎的人，形成了强劲的消费能力，使巴黎大区成为欧盟国家中GDP最高的地区。[①]

伦敦也是世界上最多样化的城市之一，50个非本土群体的人口超过1万人。超过三分之一的伦敦人（近300万人）出生在英国境外，三分之一的移民是在16~24岁抵达伦敦的。伦敦学校使用300多种语言，是欧洲使用社区语言最多的城市。[②] 近10万伦敦学生来自英国境外，国际学生占伦敦所有学生的24%，而国际生在整个英国的占比平均为16%。在伦敦金融城，41%的就业者来自海外。[③] 伦敦以其特有的文化与生活方式吸引了众多国际人才。

（四）消费品类完全化、时尚化

消费城市打造的是世界级购物天堂，从而成为具有综合竞争优势的世

[①] 巴黎大区投资促进局. 巴黎大区2019年主要数据［R/OL］.［2021-01-04］. http://www.paris-region.com.cn/h-col-123.html.

[②] https://www.londoncouncils.gov.uk/who-runs-london/london-facts-and-statistics#searchlist.

[③] 苏宁. 伦敦"人的尺度"的创新与商业空间融合新趋势［M］//陶希东，等. 国际城市发展报告（2020）. 北京：社会科学文献出版社，2020：199.

界城市。作为著名的购物消费之都,除了市场交易规模很大外,消费城市往往有众多世界知名品牌,有巨大消费吸引力,使入境的各国人口大规模聚集;同时,还能引导世界消费潮流。

大型的时尚之都如纽约、伦敦、巴黎、米兰等,都有专门的精品街。伦敦有邦德街,纽约有第五大道,巴黎有万多姆广场。这些街道都长达数百米,名牌店鳞次栉比。店面都因挣脱了商场、酒店的束缚而变得十分宽敞,通常是两三层高的楼房,使商品的摆放和店面的装潢都达到最佳效果,并且有足够的面积做橱窗,品牌形象能得到最直接简练的表达。特别是这些街道往往都有上百年的悠久历史,是传统的富人消费区,因而有很深的历史文化积累。这类精品店虽未依豪华酒店之势,仍自有贯虹之气。

除了专门的精品街,还有许多高级百货公司也是品牌云集地。以伦敦为例,三家大型百货公司,分别是 SELFRIDGE、HARVEYNICOLES 和哈罗德。虽然这几家商场面积极大,装潢极美,但商品太多,根本不可能建店中店,再有名气的牌子,都肩并肩地挤在一起。

即便是位于贫民区的百货公司,也有专门的柜台出售各种各样的饰品。仅在英国,专销饰品的大型连锁店就有 CLAIRE、ACCESSORY、TIERACK 等几家,其密集程度不亚于北京的麦当劳、肯德基,里面饰品的适用范围从两三岁的小孩到老年人,应有尽有。正是这种精致优雅的生活方式,使当地居民在日常起居的方方面面,都受到精致的呵护。这既是经济水平和文化素养较高的体现,也是奢侈品产生和发展的土壤。①

(五)消费行为休闲化、娱乐化、精神化

1. 消费的休闲化、娱乐化

随着经济社会发展进入新的阶段,人们的消费水平、消费结构、消费行为、消费偏好等开始发生巨大变化。消费诉求已经从单纯的商品消费,迈向购物、休闲、文化、娱乐的综合体验式消费;同时,随着城市商业发展格局的变化,人口导入区的大卖场、社区购物中心已经能基本满足人们的商品

---

① 李亚妮. 奢侈品消费:中外差异[J]. 百科知识,2010(18):48-49.

第五章　城市营销的新定位：消费城市

需求。休闲娱乐化正在成为零售业另外一个重要趋势。购物中心这个零售业态的发展壮大，很大一个原因就是顾客在购物中希望享受到放松愉快的感觉，这也是很多专家认为"体验经济时代"将成为全球经济发展潮流的主要原因。

2. 消费的精神化

人们的消费理念发生了很大的变化，过去以实物消费为主，如今已上升到既有实物消费又有文化消费。而未来的消费将会是情趣消费、文化消费、心情消费、感情消费的融合。

（六）消费文化多元化，传统与创意融合化

从国际经验来看，文化创意产业发达的地区往往集中在那些经济发达、文化积淀深厚的历史文化名城，英国的伦敦，美国的纽约、洛杉矶，法国的巴黎，日本的东京等均在此列。消费城市都有自己浓厚的历史文化传统，都有自己的都市文化特色。传统是由城市区域的保护建筑、地方音乐、历史典故等各种文化属性构成的，是能牵引出城市特色的重要因素。这些传统和特色影响着消费文化的形成，也成为当地消费文化中不可分割的组成部分。这些传统和特色被很好地和现代化的文化创意产业相融合，更好地满足了当地消费居民的需求，吸引众多的外地、外国消费者前往观光、体验，并进一步地把当地的都市文化宣扬到世界各地。

在伦敦，节日庆典活动是城市营销沟通的重要手段之一，伦敦在举办城市活动方面是不遗余力的，几乎每个月都会有一次大型的庆典活动。其中一些经典活动，如 Regent Street 的点灯仪式、每年 8 月的狂欢节、皇家庆典等已成为这座城市的标志性活动，极大提升了伦敦城市的知名度、美誉度和辨识度，不仅每年吸引大量游客前往，也随着各种媒体平台的传播扩大了伦敦品牌的影响力。伦敦每年还会举办 32 000 多场音乐表演，每周 621 场，其中 17% 是免费的。[①]

巴黎每年有数百个节日和文化活动，吸引着成千上万的游客，有 3 500

---

① https://www.londoncouncils.gov.uk/who-runs-london/london-facts-and-statistics#searchlist.

个文体协会。整个城市充满了多样化的文化。

东京经常会举办各种国际文化交流活动,如东京音乐节、东京国际电影节、东京短片电影节等,并将各种活动整合在东京旅游官方网站(Go Tokyo)的"东京活动日历"板块,供旅游者了解详细信息。

(七)消费环境和消费政策优越性

消费城市能提供给消费者优质、便捷、安全的消费环境。法国通过"旅游质量品牌"计划,敦促旅游业及相关服务行业经营者(分别涉及居住、餐饮、旅游目的地的宣传、商务旅游等)从长远角度出发,关注质量,打造鲜明特色。这一计划对信息和通信,工作人员的态度、能力,相关地点的环境状况和舒适程度,相关地点和设备的装置、洁净和维护,安全信息,食品,当地旅游资源的增值状况等进行详尽的规定。同时,消费者在购物渠道、支付方式等方面能够享受到多样、便利的服务,能十分方便地获取商品资讯、语言等服务。目前,法国国内大约有 1.5 万家旅游企业已经获得"旅游质量品牌"。

欧洲各国的免税商店,在比较明显的地方都设有专门办理"购物退税"的柜台,具体规则是:当买妥商品并付款后,即可在此开具一张免税支票,上面除写清所购物品名称、数量等明细外,还要注明应退金额等。外国消费者在离境时,直接把免税支票与所购相应物品一并交给边境海关检验、确认加盖出口章后,方可在机场指定的地方领取增值税退款。此外,为方便旅游签证,消费城市对旅客的进出力求低门槛和手续简便。

第六章 消费城市的价值营销：城市利便性

在消费城市的理论和逻辑下，城市营销主体应向目标客户提供的核心价值和利益是什么？城市利便性理论认为，存在于各种地理尺度上的城市利便性深刻影响着人们的生活质量和社会福利，影响着人们的居住区位选择。它也因此影响了企业的生产决策以及经济主体在当地的决策：一方面企业要更好地满足城市里的居民消费，另一方面，企业需要借助良好的区位吸引人才，而人才总是对城市的利便性价值更加青睐。城市便利设施也已成为美国和北欧许多城市新的公众关注点。

第一节 城市利便性视角下的城市价值与消费

一、城市利便性的涵界

（一）城市利便性的提出

城市利便性，urban amenities，也有学者译作"城市便利性"或"城市舒适性"[1]。城市利便性成为后工业社会和新经济形态下解释城市吸引力和城市发展的新视角。

20世纪40年代，随着西方发达国家逐渐步入后工业社会，人们生活质量逐渐提高，开始关注生活品质。与此同时，大城市的环境污染、交通拥堵、犯罪率高等问题使人们开始远离城市，向自然环境较好的舒适性地区

---

[1] 温婷，蔡建明，杨振山，等. 国外城市舒适性研究综述与启示[J]. 地理科学进展，2014，33（2）：249-258.

迁移，从而催生了西方发达国家20世纪50年代开始利便性（amenity）研究。

这一概念最早的提出者乌尔曼（Ullman）将利便性定义为"令人愉悦的生活条件"[①]。地理学家史密斯（Smith）则认为城市利便性指城市中某地特有的能够让人感到舒适、愉悦而吸引人们在其周围居住和工作的各种设施、环境条件等，例如城市绿地、各种文艺活动、街头酒吧和餐厅、历史建筑等。[②] 戈特利布（Gottlieb）从产业经济学的视角出发，认为利便性是地方特有的、不能出口的、能使就业者作为居民或者通勤者从中受益的产品或服务。[③] 卢格尔（Luger）在总结相关研究时，将城市利便性概括为城市将公共基础设施和公共部门工作人员作为资本和劳动力投入生产的复合"产品"。[④] 城市利便性当初被认为是自然存在的，但如今，人造的城市利便性越来越依赖于各种公共政策。

与此相反，城市反利便性（disamenities）则是导致有些地区没有吸引力的各种条件[⑤]，例如与制造业相关的负面便利设施[⑥]。

（二）城市利便性的分类

从上述定义可见，城市利便性并没有一个公认的定义，因而在具体研究中，对于城市利便性的分类度量就存在很大不同。布吕克纳（Brueckner）等把便利分为三种：自然性便利，即由某地的地形特点形成的自然景观如河流、山地、海岸等；历史性便利，即历史上遗留下来的各种纪念碑、建筑等

---

① ULLMAN E L. Amenities as a factor in regional growth [J]. Geographical review, 1954, 44 (1): 119-132.

② 吴文钰. 城市便利性、生活质量与城市发展：综述及启示 [J]. 城市规划学刊, 2010 (4): 72.

③ GOTTLIEB P D. Amenities as an economic development tool: is there enough evidence? [J]. Economic development quarterly, 1994, 8 (3): 270-285; GOTTLIEB P D. Residential amenities, firm location and economic development [J]. Urban studies, 1995, 32 (9): 1413-1436.

④ LUGER M I. Quality-of-life differences and urban and regional outcomes: a review [J]. Housing policy debate, 1996, 7 (4): 749-771.

⑤ 吴文钰. 城市便利性、生活质量与城市发展：综述及启示 [J]. 城市规划学刊, 2010 (4): 72.

⑥ KAHN M E. Particulate pollution trends in the United States [J]. Regional science & urban economics, 1997, 27 (1): 87-107.

第六章 消费城市的价值营销：城市利便性

城市设施，这些便利能给城市的居民带来文化艺术享受；现代性便利，包括饭店、剧院以及现代公共设施如游泳池、网球场等。[①] 自然性和历史性的便利是外生的，而现代性便利是内生的，现代性便利在不同的地区可能随着当地的经济条件而不同。

格莱泽等主要强调四种城市利便性。他指出，城市作为消费的聚集中心，需要四类关键性便利设施。首先而最显而易见的是丰富的服务和消费品，他还特别比较了这其中所谓的全国性产品和地区性产品，指出工业制成品已经在互联网经济的加持下成为可以自由流通的全国性产品（national goods），但餐厅、剧院以及吸引人的社会氛围等始终是不可移动的地区性产品（local goods），是城市利便性更重要的组成部分；其次是优美的建筑和城市规划布局，能使生活更愉快的社区物质属性似乎越来越受到消费者的重视；再次是良好的公共服务，尤其是低犯罪率和良好的学校；最后是交通基础设施，从某种意义上说，大都市地区提供的服务（和工作）范围也形成了一种能使个体四处走动、转换工作和生活的便利功能。[②]

克拉克给予城市利便性一个相对宽泛的界定，饭店、附近的商店、文化设施、学校，甚至清洁的空气和低犯罪率都是他定义中的内容。与此同时他仔细地区分了自然和社会、人造城市配套设施。他把利便性分为：

（1）自然物质性便利，包括气候、温度、湿度、亲水性，以及总体自然吸引力；

（2）人造的便利，包括大型的文化设施如图书馆、博物馆、剧院，也包括小型的文化场所如二手或稀有书店，以及果汁吧、食品店、星巴克店等；

（3）社会经济多样性便利，包括居民的收入和教育、国外出生的居民、西班牙裔居民、非裔美国人以及同性恋尤其是自我承认的男同性恋家庭；

（4）居民的价值观和态度，包括友好还是敌意、容忍度、冒险性、个人

[①] BRUECKNER J K, THISSE J F, ZENOU Y. Why is central Paris rich and downtown Detroit poor?: an amenity-based theory [J]. European economic review, 1999, 43（1）: 91-107.

[②] GLAESER E L, KOLKO J, SAIZ A. Consumer city [J]. Journal of economic geography, 2001（1）: 27-50.

主义等,这将对潜在的新居民形成便利或歧视。①

(三)本书对城市利便性与城市价值的界定

城市利便性的实质是以生活质量为导向的公共产品(public goods)的集合,是可持续的城市发展动力。这一点也可以从查尔斯·蒂布特(Charles Tiebout)提出的地方性公共产品理论得到印证。1956年,蒂布特提出了地方公共产品供给模型,将公共产品与不同的地区差异、人口的流动性和居民的偏好结合起来进行解释,这也是现在被广泛使用的"用脚投票"机制的来源。如果城市想要持续地发展和繁荣,就需要吸引人口居住并集聚。而随着人们变得越来越富裕,特定区域的生活质量将变成其是否具有吸引力的关键性因素。科斯塔(Costa)的研究表明,人们用于交通的支出日益增长,在某种程度上反映的也是其对更宜居之地的向往。人们在城市生活和工作,势必就要选择住在哪里,在哪里工作。在这其中,便利设施本身是吸引新居民或游客进入城市的主要诱因。城市正在利用文化、娱乐和生活便利设施来加强它们的地理优势,以增强现在和未来的居民、游客、会议员和购物者选择这座城市的获得感。在过去的20年里,政府作风的改变、执法技术的提高和公共服务的增加,令消费者在这些城市居住的愿望大大增加。与此同时,在传统的以薪酬、声望、就业前景作为核心的人才吸引手段之外,企业正在通过区位、建筑设计风格、生活便利设施等特点来吸引与留住人才。空间(place)成为企业的资产而并非只是一个地点(location)属性。这并不是说人们工作更少,而是用一种新的创造力、一种游戏性、一种创业精神来定义理想的工作场所,比如微软或谷歌这样的理想组织就被描述为拥有"校园般的创意环境",它们是《财富》和《商业周刊》等商业杂志的新模特。工作和休闲不再彼此孤立,休闲因素渗透到工作场所。

基于此,本书认为,城市利便性即为消费城市的核心价值所在,人们在

---

① CLARK T N. Urban amenities: lakes, opera, and juice bars: do they drive development? [M] // CLARK T N. The city as an entertainment machine: Vol. 9. Bingley: Emerald Group Publishing Limited, 2003: 103-140.

第六章 消费城市的价值营销：城市利便性

城市中消费的商品就是各种各样的"利便性"。根据城市可以提供的核心价值和利益，本书将城市利便性梳理为以下几类，如表6-1所示。

表6-1 城市利便性的分类、内容与示例

分类	内容	示例
自然禀赋	主要指由于城市地理位置、气候条件、自然资源蕴藏等方面的不同所导致的差异	气候与空气质量； 水源、地质； 自然资源与风光
基础设施与公共服务	主要指交通、互联网等现代化基础设施，以及教育、医疗、城市治理等政府主导的公共服务	机场、高铁、城市轨道交通； 消费互联网； 学校
生活与商业设施	主要指满足物质消费需求的各种城市生活与商业设施	超市、便利店等各种零售商业业态； 餐饮、物流服务等
文化与休闲服务	主要指满足精神消费的各种文化场所与休闲活动、历史遗产与传统沿革	博物馆、图书馆、体育馆； 酒吧、主题公园； 非物质文化遗产
城市（社区）精神	主要指城市市民或社区居民认同的精神价值与共同追求，也体现了城市的包容性和多样性，是城市和社区的灵魂	北京市：首善精神； 上海市：海纳百川、追求卓越； 苏州市：崇文、融和、创新、致远； 杭州市：精致和谐、大气开放

本书之所以更倾向于使用"城市利便性"作为 urban amenities 的中文翻译，而不是"便利性"或"舒适性"，是因为笔者认为"利便"比"便利"或"舒适"在中文语境中要宽泛一些，更能全面表达 amenities 的含义。例如，生活设施能够给人们带来诸多日常吃穿住行的便利，而文化设施能够提升人们的精神享受，多种产品和服务加上自然禀赋、历史传统等因素共同形成了令人愉悦的生活条件。从营销学的角度，它代表城市可以给予其消费者或潜在消费者的一种核心价值和利益。因而，在消费城市的理论和逻辑下，城市营销主体应向目标客户提供的核心价值和利益就是城市利便性，衡量、比较与评价一个城市是否值得定居、就业、旅游或商务探访甚至投资

的标准，可以由上述表 6-1 中的一项或多项利便性构成。

二、城市利便性与消费的理论关系

（一）早期相关研究

早在 20 世纪 50 年代初，乌尔曼就发现"令人愉悦的生活条件"是美国各地区增长率不同的原因之一。他认为，随着人们的财富的增长和高度的流动性，诸如气候和景观等因素在社会生活中的影响力越来越大。他指出，在 40 年代和 50 年代，美国人口变化最大的是郊区以及南部和西南部地区的人口增长，这种变化背后的机制就是人们对城市利便性的追逐。

1960 年，沃尔特·罗斯托出版了轰动西方的《经济成长的阶段》[1]。罗斯托按照设想的经济成长阶段，将人类社会发展划分为六个阶段。其中，第五阶段进入"高额群众消费阶段"，经济的主导部门转向耐用消费品的生产，社会对高额耐用消费品的使用普遍化。越来越多的资源用来生产耐用消费品，技术工人和城市人口的比重都比前阶段有一定提高，用来供社会福利和保障之用的一部分资源逐渐增多，人们的生活方式发生了较大变化。而最后第六阶段则进入"追求生活质量阶段"，在此阶段，与提高居民生活质量有关的服务业（包括教育、卫生保健、文化娱乐、市政建设、环境保护等）成为主导部门。居民追求时尚与个性，消费呈现出多样性和多变性，人类社会将不再只以物质产量的多少来衡量社会的成就，还包括通过劳务形式、环境状况、自我实现的程度反映的生活质量的高低。在某种意义上，罗斯托的经济发展阶段论也衍生出城市利便性、城市生活质量推动经济增长的重要推论。

鉴于当时新经济对城市发展还比较有限，影响城市发展的主要因素仍然是资本、劳动力等，故这些理论并没有在学术界引起太大的反响。

---

[1] 罗斯托. 经济成长的阶段 [M]. 北京：商务印书馆，1962.

（二）知识经济背景下的相关研究

人力资本理论提出高质量的人力资本可以驱动区域经济增长。根据这个理论，经济增长会在人力资本集聚的地区发生。但问题是人力资本为什么会集聚在某个地方而不是其他地方，是什么导致了人力资本的流动？近年来兴起的城市利便性和生活质量论认为，城市发展和增长的根源是城市丰富多彩的生活利便性以及由此而形成的高生活质量吸引了各种人才尤其是创新人才的集聚，这种城市和区域创造了人们互相交流创新的环境从而实现了知识溢出。

在知识经济背景下，以佛罗里达（Florida）、克拉克、格莱泽和拉帕波特（Rappaport）等为代表的学者认为，城市利便性能够吸引人才，特别是具有创新能力的人才，也能吸引公司入驻，因而对城市经济发展具有重要的推动作用。由此，城市利便性研究引起了经济学、社会学、管理学和地理学等多个学科的广泛关注，为这些学科增添了新的见解，成为继以马歇尔等为代表的集聚理论、产业集群理论和以雅各布斯、卢卡斯等为代表的人力资本学学派之外新兴的城市研究视角。与人力资本论相比，这个理论在肯定了人力资本因素可以推动城市和区域发展的前提下，更深地提出了吸引人力资本集聚的机制所在。

佛罗里达的注意力和重点放在创意阶层身上，主要研究城市的利便性是如何吸引创意阶层的。利便性高的城市为满足创意阶层的多种生活方式的需要提供了良好的居住环境。创意阶层喜欢频繁的音乐、艺术、体育活动，希望能够拥有自行车专用路线和大片的城市绿地，以及随处可见的咖啡店和各色风味餐馆。[①] 佛罗里达还把城市的多样性（diversity）视为利便性的要素之一，形形色色的人们的存在是一个城市具有对外来者的宽容性与开放性的标志之一。有魅力的城市并不一定必须是大城市，但必须具有宽容性和多样性等都市风格。[②]

---

① 佛罗里达. 创意阶层的崛起［M］. 北京：中信出版社，2010.
② 任雪飞. 创造阶级的崛起与城市发展的便利性：评理查德·佛罗里达的《创造阶级的兴起》［J］. 城市规划学刊，2005（1）：99–102.

克拉克比较了传统的生产要素驱动、人力资本驱动和城市利便性驱动三种城市经济增长模式，认为人力资本的形成并非是由传统生产驱动的经济发展的结果，相反，人力资本是一个驱动力。他认为城市生活便利设施是在传统的资本、土地、劳动力乃至高级人力资本之外的、推动区域经济社会发展的新动力，正是城市利便性吸引了人力资本。图6-1显示了生产要素驱动、人力资本驱动和城市利便性驱动三者之间的演进和逻辑关系。

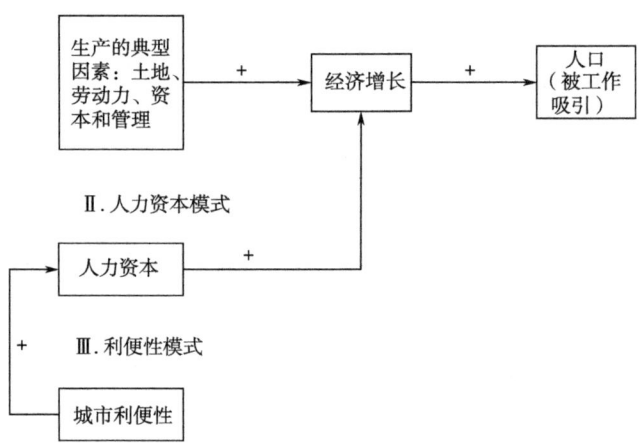

图6-1　生产要素驱动、人力资本驱动和城市利便性驱动经济增长模式比较

资料来源：CLARK T N. Making culture into magic: how can it bring tourists and residents？［J］. International review of public administration，2007（12）：1，13-25.

克拉克在《作为娱乐机器的城市》一书中讨论了城市配套设施与城市发展之间的关系，详细说明了歌剧、二手书店、酿酒酒吧、自行车活动、星巴克咖啡店，以及其他因素对工作、人口、发明等的影响。他认为，消费和娱乐推动了城市发展而不是相反，利便设施是城市动态的新驱动力，但是这个共识需要更多的证据。因此，他在书中第一次基于全国性的城市（和县）样本，收集和分析这些利便设施，从经验上分析了不同城市利便性是如何吸引不同消费者群体。大量证据表明，消费、利便设施和文化通过鼓励人们迁入或迁出不同的城市和地区来推动城市政策。例如，老年人转向自然设施，

大学毕业生转向建筑设施,但有创造力的人(那些获得专利的人)转向两者。①

格莱泽等也具体针对不同类型的城市利便性进行了一系列的实证研究,验证了高利便性的城市比低利便性的城市发展要快。在过去的20年里,美国和法国拥有更多人均餐厅和现场演出剧院的城市增长得更快;拥有更多高教育水平人群的城市的租金增长也比工资增长快,因为高质量人口在推动城市生产率上升的同时,也提高了对生活质量的要求。虽然他没能找到证据直接表明建筑美学和物理环境对于城市吸引力的作用,但他利用美国1月的温度或降水数据来代表天气状况,验证了天气也是决定美国县级人口或房价增长的重要因素。好学校和低犯罪率也与城市发展有关,格莱泽引用了卡伦、莱维特(Cullen & Levitt)等的研究②证明犯罪率的外生增长与人口增长率的降低有关;同时使用1970年至1990年的数据验证青少年辍学率(在控制成人教育水平和贫困率的条件下)与人口增长率呈极显著的负相关。好学校和低犯罪率显示出了对吸引高学历劳动力的重要性。如果教育创造了进一步的增长,那么这些利便设施将产生倍增效应。最后,他还利用美国城市中心商务区(CBD)的相关数据,验证了大城市交通优势带来的速度便利。随着时间越来越宝贵、时间价值越来越高,无论城市商务中心与消费中心是否靠近,城市消费中心的价值都在上升,消费的利便性对于时间机会成本较高的消费者来说变得尤其重要。

第二节　城市利便性吸引消费的实证研究

一、研究假设的提出

根据第一节中对于城市利便性和消费的理论关系阐述,我们提出研究

---

① CLARK T N. Urban amenities: lakes, opera, and juice bars: do they drive development? [M] // CLARK T N. The city as an entertainment machine: Vol. 9. Bingley: Emerald Group Publishing Limited, 2003: 103-140.

② CULLEN J B, LEVITT S D. Crime, urban flight, and the consequences for cities [J]. The review of economics and statistics, 1999, 81(2): 159-169.

假设：城市消费与城市商业利便性正相关。

在这里，我们希望用国内相关地区和城市的数据，检验并测度城市利便性对城市消费和城市人口增长的影响效果。

二、城市利便性对消费的影响测度

（一）面板数据模型

面板数据模型（panel data model）的变量取值带有时间序列和横截面的两重性。一般的线性模型不能同时分析和对比横截面数据和时间序列数据，只能单独处理它们。相对于一般的线性回归模型，面板数据模型的优点是既能照顾到截面数据共性，又能分析截面因素的特殊个体效应。有时候在时间序列数据不够充足的情况下，也可以简单地堆积截面数据，直接用回归模型来处理。当不考虑滞后变量时，我们称之为静态面板数据。

假设：

（1）因变量y_{it}——因变量在横截面i和时间t上的数值；有K个解释变量，即$j=1, 2, \cdots, K$；

（2）自变量X_{it}^{j}——第j个解释变量在横截面i和时间t上的数值；有N个横截面，即$i=1, 2, \cdots, N$；

（3）时间指标$t=1, 2, \cdots, T$。

记第i个横截面的数据为：

$$y_i = \begin{pmatrix} y_{i1} \\ y_{i2} \\ \vdots \\ y_{iT} \end{pmatrix} \quad X_i = \begin{pmatrix} X_{i1}^1 & X_{i1}^2 & \cdots & X_{i1}^K \\ X_{i2}^1 & X_{i2}^2 & \cdots & X_{i2}^K \\ \vdots & \vdots & & \vdots \\ X_{iT}^1 & X_{iT}^2 & \cdots & X_{iT}^K \end{pmatrix} \quad \mu_i = \begin{pmatrix} \mu_{i1} \\ \mu_{i2} \\ \vdots \\ \mu_{iT} \end{pmatrix}$$

其中对应的μ_i是横截面i和时间t的随机误差项。

再记：

第六章　消费城市的价值营销：城市利便性

$$y = \begin{pmatrix} y_1 \\ y_2 \\ \vdots \\ y_N \end{pmatrix} \quad X = \begin{pmatrix} X_1 \\ X_2 \\ \vdots \\ X_N \end{pmatrix} \quad \mu = \begin{pmatrix} \mu_1 \\ \mu_2 \\ \vdots \\ \mu_N \end{pmatrix} \quad \beta = \begin{pmatrix} \beta_1 \\ \beta_2 \\ \vdots \\ \beta_K \end{pmatrix}$$

由此得到，y 是一个 $N \cdot T \times 1$ 的向量，X 是一个 $N \cdot T \times K$ 的矩阵，而 μ 是一个 $N \cdot T \times 1$ 的向量。由此可以得到以矩阵形式表达的模型：

$$y = C + X\beta + \mu \tag{6-1}$$

方程（6-1）即最基本的静态面板数据模型，其中 C 为截距，μ 为随机误差。一般为了分析个体的特殊效应，对随机误差项 μ_{it} 的设定是：

$$\mu_{it} = \alpha_i + \varepsilon_{it} \tag{6-2}$$

基于对系数 β、随机误差项 μ 的不同假设，该基本模型可衍生出三种不同的面板数据模型。第一种是混合模型，作为最简单的静态数据模型，混合模型忽略了数据中每个横截面个体可能有的特殊效应，如假设 $\mu \sim iid(0, \sigma^2)$，简单地将其视同为横截面数据堆积的模型。另外还有两种常见的静态面板数据模型，因建立在对方程 6-2 中 α_i 的不同假设基础之上而相区别：固定效应模型（fixed effect model）假定 α_i 是固定的常数，此时个体截面有不同的截距项，即其分布式与 X_{it} 有关联性，反映了该个体的固定效应，因此固定效应模型又被称为相关效应模型；随机效应模型（random effect model）假定 α_i 是随机的，此时其分布式与 X_{it} 之间无关联性，因此随机效应模型又称为非相关效应模型。

本研究使用 Eviews8.0 软件，利用我国 9 个计划单列市和直辖市近 10 年来的数据，针对商业服务业的公共性投入对社会消费品零售总额的关联效应建立静态面板模型，试图挖掘并证明城市消费与城市利便性是否存在显著因果关系。为了横向比较不同城市之间的利便性与消费的关系，本研究将使用 balanced panel 建立数据结构。

（二）指标选取与数据来源

1. 以财政支出衡量城市利便性投入

根据本书对城市利便性的界定，城市利便性的实质是以生活质量为导向的公共产品（public goods）的集合。在市场经济条件下，政府是公共产品和公共服务的主要供给者、组织者，为了实现国家利益和满足公民共同需要，其会通过政府购买、转移支付等方式完成经济活动。财政支出也称公共财政支出，是国家将通过各种形式筹集上来的财政收入进行分配和使用的过程，它是整个财政分配活动的第二阶段。根据中国财政年鉴历年统计数据中的分行业财政支出数据，选取"商业服务业"这一财政支出项目，整理得到 9 个计划单列市和直辖市 10 年的数据作为解释变量 X，用于衡量城市商业利便性（表6-2）。

表6-2　9个计划单列市和直辖市财政支出——商业服务业　（单位：亿元）

城市	2010年	2011年	2012年	2013年	2014年	2015年	2016年	2017年	2018年
北京	26.65	41.06	38.29	41.81	39.90	58.85	56.15	53.73	51.75
上海	46.85	51.13	60.51	66.51	79.10	86.85	129.25	141.27	178.32
天津	17.77	20.55	29.21	29.40	26.24	50.38	40.91	53.44	51.23
重庆	30.66	40.22	45.38	34.93	34.79	41.92	48.13	60.66	47.68
大连	9.31	10.75	9.18	12.81	7.17	10.15	8.79	6.94	4.82
宁波	24.58	31.30	27.11	30.34	37.46	62.47	53.92	59.73	70.35
厦门	10.26	14.83	17.41	22.16	25.57	33.33	34.74	19.95	25.92
青岛	13.19	17.27	15.24	15.07	13.95	13.91	17.69	18.90	34.73
深圳	20.48	19.24	14.71	21.26	27.61	52.22	138.56	43.73	19.65

注：1. 国家计划单列市有5个，分别是大连、青岛、宁波、厦门、深圳，均享省一级的经济权限，虽然国家计划单列市同其他10个副省级城市同属一个级别，但概念上已有所区别，5个国家计划单列市的经济政治地位略微更高。

2. 从计量研究角度考虑数据的可获取性和一致性，此处将国家财政对商业服务业的投入视作衡量生活与商业设施的利便性指标。

2.以社会零售消费品总额衡量消费

在国民经济统计中,通常用社会零售消费品总额反映各行业通过多种商品流通渠道向居民和社会集团供应的生活消费品总量。本书以社会零售消费品总额作为城市消费总量指标,设为本模型中的被解释变量Y(表6-3)。

表6-3　9个计划单列市和直辖市社会零售消费品总额　　　（单位：亿元）

城市	2010年	2011年	2012年	2013年	2014年	2015年	2016年	2017年	2018年
北京	6 340.3	7 222.2	8 123.5	8 872.1	9 638.0	10 338.0	11 005.1	11 575.4	11 747.7
上海	6 186.6	7 185.8	7 840.4	8 557.0	9 303.5	10 131.5	10 946.6	11 830.3	12 668.7
天津	2 860.2	3 395.1	3 921.4	4 470.4	4 738.7	5 257.3	5 635.8	5 729.7	5 533.0
重庆	3 051.1	3 782.3	4 403.0	5 055.8	5 710.7	6 424.0	7 271.4	8 067.7	7 977.0
大连	1 639.8	1 924.8	2 224.0	2 526.5	2 828.4	3 087.5	3 410.1	3 722.5	3 880.1
宁波	1 704.5	2 018.9	2 329.3	2 635.7	2 992.0	3 349.6	3 667.6	4 047.8	4 154.9
厦门	685.0	800.3	881.9	974.5	1 072.3	1 168.4	1 283.5	1 446.7	1 542.4
青岛	1 961.1	2 302.4	2 635.6	2 986.8	3 361.7	3 713.7	4 104.9	4 541.0	4 842.5
深圳	3 000.8	3 520.9	4 008.8	4 433.6	4 844.0	5 017.8	5 512.8	6 016.2	6 168.9

(三)数据检验

1.单位根检验及变量转换

无论是普通OLS回归还是静态面板回归,都有可能因数据本身的不平稳性而造成伪回归。很多面板数据模型忽略了检验数据稳定性的unit root test,即单位根检验,这样的实证结论是不严谨的。因此,此处首先对表6-2和表6-3中的两组数据进行单位根检验。

Eviews软件提供了强大的单位根检验功能,包括LLC、Breitung、ADF等,检验的原假设都是有单位根。根据表6-4两个变量的平稳性检验可以得到:两个序列均存在单位根,X为一阶单整,Y为二阶单整。对两个变量同时取对数。对CZ变量和SL变量同时取对数,得到新序列$\ln X$和$\ln Y$再度进行单位根检验,$\ln X$和$\ln Y$均为平稳序列。

2. 变量的协整检验和长期均衡分析

$\ln X$ 和 $\ln Y$ 同阶单整,因此可以进行面板数据的协整检验。Eviews 提供了两种类型的协整检验方法:一种建立在 Engle and Granger 二步法检验基础上,具体是运用 Pedroni 检验和 Kao 检验方法进行面板协整检验;另一种是建立在 Johansen 协整检验基础上进行面板协整检验。因统计年鉴提供的数据有限,本书建立的模型时间序列跨度较小,经软件试检验,宜采用第一种方法进行。表 6-4 列明了 Kao 检验结果和 Pedroni 检验结果。

表6-4 Kao检验结果和Pedroni检验结果

检验方法	检验假设	统计量名	P 值
Kao 检验	$H_0: \rho = 1$	ADF	0.048 8
Pedroni 检验	$H_0: \rho = 1$ $H_1: (\rho_i = \rho) < 1$	Panel v-Statistic	0.664 2
		Panel rho-Statistic	0.496 0
		Panel PP-Statistic	0.000 1
		Panel ADF-Statistic	0.000 0
	$H_0: \rho = 1$ $H_1: (\rho_i = \rho) < 1$	Group-rho-Statistic	0.948 9
		Group PP-Statistic	0.005 5
		Group ADF-Statistic	0.000 2

Pedroni 检验和 Kao 检验的原假设是"不存在协整",因此,检验结果表明,在 5% 的置信水平下,有 5 次拒绝原假设,有 3 次接受原假设。根据少数服从多数原则,支持模型存在协整关系,即城市商业利便性的公共性投入与城市消费总量之间存在长期均衡。

(四)回归模型的选择和确立

根据表 6-5,OLS 估计结果为:

$$\hat{Y}_t = 6.290\,582 + 0.587\,707 X_t \qquad (6-3)$$
$$R^2 = 0.385\,970, \bar{R}^2 = 0.378\,098$$

第六章 消费城市的价值营销：城市利便性

表6-5 混合模型估计结果

变量	相关系数	标准差	T统计量	伴随概率
LNX	0.587 707	0.083 933	7.002 120	0.000 0
C	6.290 582	0.292 719	21.490 21	0.000 0
R-squared	0.385 970	Mean dependent var		8.295 180
Adjusted R-squared	0.378 098	S.D. dependent var		0.692 257
S.E. of regression	0.545 920	Akaike info criterion		1.651 992
Sum squared resid	23.246 19	Schwarz criterion		1.7115 42
Log likelihood	−64.079 67	Hannan-Quinn criter.		1.675 867
F-statistic	49.029 68	Durbin-Watson stat		0.130 486
Prob(F-statistic)	0.000 000			

表6-5显示了混合模型回归效果不佳，且由于面板数据中含有横截面数据，需要考虑不同地区可能存在的特殊效应及对模型估计方法的影响，简单的OLS混合模型往往无法解释个体特殊效应的存在。模型估计结果中只显示解释变量的参数估计值，截距项的估计结果要在View\Fixed/Random Effects中显示。Eviews软件提供了两种检验方法，一种是Hausman检验（Hausman test），另一种是似然比检验。两种方法都可以用来检验说明是应当选择设定固定效应面板数据模型，还是应当选择设立随机效应面板数据模型。Hausman检验的原假设是个体效应与回归变量无关，应建立随机效应面板数据模型；当Hausman值较大，其对应的P值远小于0.05时，拒绝原假设，则应建立个体固定效应面板数据模型。

建立随机效应模型并进行Hausman检验，根据Eviews软件操作得到表6-6，P值大于0.05，所以接受原假设：应建立随机效应面板数据模型。

表6-6　随机效应面板数据模型估计结果

变量	相关系数	标准差	T统计量	伴随概率
C	6.929 111	0.229 833	30.148 41	0.000 0
LNX	0.400 504	0.066 961	5.981 157	0.000 0
Effects Specification				
Cross-section fixed (dummy variables)				
R-squared	0.902 532	Mean dependent var		8.295 180
Adjusted R-squared	0.890 000	S.D. dependent var		0.692 257
S.E. of regression	0.229 596	Akaike info criterion		0.011 473
Sum squared resid	3.689 987	Schwarz criterion		0.309 227
Log likelihood	9.541 064	Hannan-Quinn criter.		0.130 851
F-statistic	72.020 42	Durbin-Watson stat		0.461 364
Prob (F-statistic)	0.000 000			

上述分析表明，式6-4即为最佳拟合模拟。

$$\hat{Y}_t = 6.929\ 4 + 0.400\ 5 X_t \qquad (6-4)$$
$$R^2 = 0.902\ 5, \bar{R}^2 = 0.890$$

上述结果表明，模型的总体拟合度比较好，模型总体显著，1单位商业服务业公共性投入对消费总量的拉动作用约为0.4个单位。

第三节　城市利便性价值营销的竞争性策略

一、城市营销对城市价值的培育作用

城市价值已经成为评价城市综合实力的重要标志，在资源配置效率、辐

第六章 消费城市的价值营销：城市利便性

射和聚集效应以及可持续发展方面充分展现城市价值的高低。城市价值与城市竞争力、城市 GDP 直接正相关。城市价值的外在表现常常用城市 GDP 的构成、规模、增长率、可持续性等衡量。城市竞争力指数也以城市价值理论为重要假设，从多角度、按照不同权重的指标来计算城市竞争力综合指数，最后形成竞争力排名。城市价值既要考虑城市现状，又要考虑城市可持续发展的潜力和需求，更重要的是贯彻以人为本的发展理念，提升人对城市的认可，这样一来，城市价值的估值会有质的提升。城市价值藏在城市各利益相关者之间，藏在城市的过去、现在和未来的各个时刻，藏在城市或地域之间的沟通、协作和竞争之中。所以，城市价值是符合城市存在和发展需要的，能够为城市带来现实和潜在的收益，能够让城市利益相关者向优于其他城市的目标努力。

城市的吸引力就是"顾客"对城市价值的认同。城市营销就是建立在满足"顾客"期望的城市价值的基础上的。价值把营销活动中的各个主体所关注的核心问题一致起来，把抽象、复杂的营销过程统一起来，使营销过程有一致的衡量标准，更符合城市营销的实际需要。城市营销能够有效地促进和提升城市价值，包括城市的经济价值、文化价值、社会价值等综合价值，从而促进城市竞争力的提升。城市价值越高，其资源配置效率、集聚与辐射效应以及可持续发展能力越好，对"顾客"的心理预期的满足程度越高。营销能力是在获得、挖掘、组合、维护城市资源过程中所形成并长期拥有的能力，是将外部资源内化于自身能力的过程。城市将其占有的营销资源转化为最终的城市价值，需要营销能力的催化，营销能力一头连着资源，一头连着城市，在这个过程中起着中介作用。

城市营销所倡导的主动作为的管理理念，促使城市及其利益相关者在挖掘、分析、运用城市资源的过程中，提高工作的精准度、方向性和切入点，让资源流动起来、活跃起来，让资源助力城市管理。一方面，城市营销为城市发展提供人才、智力、资金、政策等方面的支持：城市营销能够为城市聚集更多的人才，为城市发展提供人才储备；城市营销能够为城市提供更高质量的智力资源，为制定科学的城市发展规划和战略提供指导；城市

167

营销能够为城市汇聚更多的投资支持,为城市产业发展提供启动资金;城市营销能够为城市争取更加良好的政策支持和区位条件,成为政策倾斜的受益者,在承担政策先行先试的时候,获得先发优势。城市营销能力是获得更优越的人居和产业发展环境的重要手段。但另一方面,城市营销要量力而行,不能以大量的广告投入或者大规模举办展会来追求轰动效应,要衡量好投入与产出、近期与远期收益比。无论是政府还是企业,过大的营销投入都会造成债务包袱,在没有取得预期收益时,反而会消耗其实力。

二、后工业时代的城市竞争力

竞争力,顾名思义,就是竞争的能力,是在相互比较的过程中所体现出来的综合能力。城市竞争力是指一座城市在合作与竞争过程中,与其他城市相比较,具有高效地吸引和控制生产要素及市场,能够更高效地创造财富和价值,使城市居民获得更优厚的福利的能力。城市竞争随着城市工业化、市场化的发展,各城市发展主体的竞争和多元价值观的冲突,逐渐成为城市发展的瓶颈。城市营销概念诞生的初衷就是为了赢得竞争,是以城市发展需要为核心的概念,着眼于城市未来的发展和建设。

城市竞争力的研究是对国家和区域竞争力研究的延伸。比较公认的开创性的研究者是迈克尔·E. 波特(Michael E. Porter)、彼得·卡尔·克雷斯尔(Peter Karl Kresl)和道格拉斯·韦伯斯特(Douglas Webster)。波特在《国家竞争优势》(*The Competitive Advantage of Nations*)一书中提道:"虽然本书定位于国家层次,但它的分析框架完全适用于对地区、州和城市等级别的分析。"[1] 克雷斯尔认为,城市竞争力是指城市创造财富、提高收入的能力。[2] 韦伯斯特认为,城市竞争力是指一座城市能够生产和销售比其他城市更好的产品的能力,提高城市竞争力的主要目的是提高城市居民的生活水

---

① 波特. 国家竞争优势[M]. 李明轩,邱如美,译. 北京:中信出版社,2007:序xx.
② KRESL P K, SINGH B. Competitiveness and urban economy: twenty-four large US metropolitan areas [J]. Urban study, 1999, 36(5/6): 1017-1027.

平。评价竞争力的4个因素是经济结构(产业构成、生产力水平、国内外投资等)、区域享赋(区位、基础设施、适宜性、生活商务成本等)、人力资源(价值链移动的活度和范围)和制度环境。[①]当然,国内一些学者也对城市竞争力提出了很多见解。

本书认为,城市竞争力是城市在搜集、争夺、吸引、控制资源,以及抢占市场、促进经济增长、创造社会财富方面的独特能力和优势。一般认为,城市竞争力强,则其可持续发展能力和吸引力就会较为卓越,城市竞争力将带来更大的发展平台和空间,具有在一定区域的集聚和辐射效应,从而吸引更多的人、财、物、知识等资源要素的到来。

后工业时代的城市竞争力具有鲜明的特征:

一是竞争力构成的复杂性。城市中的各种利益集团可以直接影响城市的发展方向,城市竞争力不再单一地看城市经济指标,而是要关注社会、经济结构、价值观、文化、制度、政策等各层面,政府、企业、居民等都成为影响城市竞争力的重要因素,在复杂的环境中维持一座城市较为高效的资源配置能力。

二是竞争力构成的动态性。构成竞争力的各要素总是处于不断的发展变化之中,导致城市竞争力的内涵也不断发生变化,因此,城市竞争力是动态的,城市竞争力的对比在时刻发生着。

三是竞争力构成是相对的。有比较才有竞争,不同的城市在竞争中发现差距,并形成你追我赶的态势,这是城市发展的重要动力。城市通过吸收外来资源,也能在短期带来较大的竞争优势,改变竞争格局。

四是竞争力构成的差异性。不同城市的竞争力表现有很大差异,有的具有较强的引资能力,有的有较好的人居环境,有的有良好的创业环境,有的有人才集聚的优势,这些都为城市带来竞争优势,城市竞争力不是一成不变的。

五是竞争力构成的关联性。影响竞争力的要素将存在于各个城市中,一

---

① WEBSTER D, MULLER L. Urban competitiveness assessment in developing country urban regions: the road forward [R]. Paper Prepared for Urban Group, INFUD, 2000.

种要素出现危机,将会影响一片城市。此外,城市之间对要素的争夺,也会影响竞争力水平,如国家间的经贸摩擦持续发酵,就会影响各国城市的竞争力,甚至削弱全球城市竞争力。

在全球化竞争的背景下,以城市价值的增值促进城市竞争力才是稳定而可持续的发展方式。城市营销就是要提升城市对于潜在消费者和现有消费者的核心价值,从而形成城市的综合竞争力。城市营销不仅仅是一种推广手段,城市营销对城市利便性的各个指标都可以施加或多或少的影响,促进城市整体价值的提升,从而提升城市的知名度和美誉度,吸引更多的关注和资源的流入,推动城市竞争力的增长。

三、基于利便性价值提升城市竞争力的对策

国内城市发展过程中的竞争日趋激烈,城市发展的路径也逐渐分化,城市都会在某一方面争取保持自己的特色优势,那么城市就要分清哪些优势需要保持。后工业时代城市的竞争力优势,可围绕城市利便性价值做好文章。例如,生活设施能够给人们带来诸多日常吃穿住行方面的便利,而文化设施能够提升人们的精神享受,多种公共产品和服务加上自然禀赋、历史传统等因素共同形成"令人愉悦的生活条件"。从营销学的角度,它代表城市可以给予其消费者或潜在消费者的一种核心价值和利益。因而,在消费城市的理论和逻辑下,城市营销主体应向目标客户提供的核心价值和利益就是城市利便性。城市管理者应逐一在自然禀赋、基础设施与公共服务、生活与商业设施、文化与休闲服务、城市(社区)精神包容性五个层级上进行国际、国内同类城市的横向比较,制定纵向提升的任务表,尤其是要充分了解不同细分消费群体对城市利便性的诉求和评价。

(一)最大化发挥城市先天利便性优势

城市先天利便性是其与生俱来的优势,一般来源于城市自然地理环境和长期历史的积淀。区位与历史是一座城市独特的资源和标志。城市先天

利便性包括以下三个方面。

1. 区位优势

城市所处的地理位置、政治地位、经济地位等状况，为城市带来的吸引力和聚集力，可以影响城市的资源交易成本和数量，比如，九省通衢武汉、中原交通枢纽郑州、东北最大的综合性中心城市沈阳等，在国内外都有相当大的影响力。

2. 历史优势

城市的过往是无法改变的，历史上城市所留下的气质，是城市靓丽的名片，在社会上广为流传。比如，六朝古都南京、丝绸之路起点西安，这些响当当的名号增强了城市的美感、铭记了深刻的历史烙印。

3. 自然资源优势

城市的自然地理状况决定着城市资源、产业的发展选择。我国很多城市曾经就是依靠资源起家，并逐渐走向繁荣的，如依靠丰满水电站成长起来的工业城市吉林市，依靠丰富的自然资源，如铁矿、石油、旅游等发展起来的攀枝花、大庆、桂林，在这些城市的产业结构中，资源相关产业占相当大的比重。

（二）重点建设城市服务能力优势

城市服务能力优势是指一座城市通过后天努力，能够为居民、游客、投资者等潜在受众提供良好服务的优势和竞争能力，是城市有意识所取得的成果。能力优势可为城市带来竞争上的先发优势，能够为城市在资源集聚、转换、利用方面提供便利，是一座城市内在的潜力，在城市发展过程中起主要作用，是内因。城市服务能力主要包括如下几个方面。

1. 生活设施

已有的实证研究充分表明，诸如商业、教育、健康、文化等建造性生活设施的完备性成为吸引人力资本，尤其是年轻人和高技能人才的重要因素。

2. 产业结构

城市的产业发展状况、构成、产值等信息是城市经济实力的外在反映，即城市为企业获得资源、发掘市场，促进产业的专业化、规模化生产，带动周边服务产业发展的能力。城市的优势产业发展状况和前景直接影响城市的竞争力,城市的兴衰受到优势产业兴衰的影响。比如美国的"汽车之城"底特律,就因受到汽车革命的冲击而逐渐衰落。

3. 城市治理能力

城市治理的好坏主要看政府的管理能力和水平,涉及政府对城市的宏观调控、政策影响、社会福利、政策扶持等各方面。政府在城市治理过程中的特殊地位,对城市内各种资源的流转、人才作用的发挥有着深刻影响,一个高效的政府,能够促进各方资源的协调,促进资源的合理配置,决定着人民福祉、城市发展的前景。城市治理要依靠政府采取政治、法律、经济等手段,直接影响城市内环境。

(三)加快提升城市核心竞争优势

城市竞争力涉及的方面较多,每种因素对城市的影响力有较大差别,因此就出现了核心竞争力的概念,也就是对城市价值提升有较大贡献的因素。城市核心竞争力强调将这一城市与其他城市做比较,发现这一城市在某些方面具有突出的竞争优势,或者对于城市有一个较为明显的价值提升。

城市核心竞争优势可以来自先天利便性优势资源,也可以来自后天建设的城市服务能力,但最为关键的是重视"城市(社区)精神包容性"这一最高层级的建设,掌握常住人口、潜在迁入人口、游客对城市利便性的感知和评价,提高城市对弱势群体的生活友好度、对外来人口的文化包容度,例如自由、法制、开放、公平、便捷是基本的文化包容要求。这种精神包容性建立在城市内部的政治要素、经济要素、社会要素、文化要素和法律要素等基础上,决定了城市经济社会改革和对外开放格局等,直接影响一座城市的营商环境,铸就城市特有的价值观念、社会心理、文化素质,能够为城市实体经济提供精神支持和环境氛围。

(四)注重发展城市信息利便性优势

我们以北京、东京两个城市政府机构的官方门户网站(图6-2、图6-3)

第六章 消费城市的价值营销：城市利便性

为例进行比较研究。

图6-2 北京市政府门户网站
资料来源：http://www.beijing.gov.cn/。

图6-3 东京都政府门户网站

资料来源:https://www.metro.tokyo.lg.jp/chinese/。

第六章 消费城市的价值营销：城市利便性

城市管理者应致力于破解城市中的"数字鸿沟"问题，消除数字鸿沟对于创建真正的智慧城市至关重要。虽然城市互联网普及速度比农村更快，但要确保所有受众共享数字技术带来的社会治理、城市供给等方面的发展，还有赖于政府的角色定位、规划与建设、评估与监管。

从表面看，两座城市政府的门户网站都提供了广泛而丰富的信息，但从内容细节比较，可以看出两座城市受众和功能定位的差异。东京都政府网站在其上方列出了三个导航菜单："生活指南""商务投资""旅游信息"，这三个菜单分别明确地指向了三类信息的受众：城市常住居民或拟常住居民、城市投资者、短期旅游者。在主页中间部分的图文混排专题内容中，我们也可以明显地感知到其精心突出了受众群体在日常生活、工作、旅行、商务活动中所需要和关注的官方信息，如"为什么选择东京""生活在东京""观光咨询"以及专门的"东京都外国人新冠生活咨询中心"。而北京市政府官方网站一个突出的特点是政府信息公开和政民互动，侧重对公众的信息透明和对在京企业的办事便利，对于以短期旅行或商务出行目的为主的人群的服务功能偏弱，主要由其他专门机构的网站来提供服务。两个城市的网站都建立了便于城市利便性设施间相互提供信息的网络系统。

我们认为，城市在提供大量利便性设施的同时，要能够让潜在的消费人群及时获知相关信息，例如指导他们如何获取与求职、求学、投资、旅行等相关的基础设施与公共服务，告知他们有哪些可信赖的生活与商业设施，以及帮助他们及时获知各种公共性和商业性的文化与休闲服务信息，以便有效参与到城市文化活动中去。与此同时，应把信息利便性本身当作一种新型基础设施，在城市营销活动战略计划和执行中摆到一个更重要的位置。例如，目前在杭州、苏州、上海、衢州、澳门、马来西亚等落地的人工智能公共系统，被形象地称为"城市大脑"，就是致力于通过互联网和人工智能打通城市数据管道、发掘数据价值的创新型城市基础设施平台之一。而随着"城市大脑"覆盖交通、安全、市政建设、城市规划等领域，这些原有的利便性基础设施也将发挥出更大的效能，为城市发展效率和消费者福利水平的提升而服务。

城市营销：迈向消费驱动时代

第七章　消费城市的差异营销：文化场景

后工业时代的消费城市，必然是文化消费中心，是精神文化产品的集散地。一个城市特有的文化和生活不是由它所包含的艺术组织或利便性设施的总数来定义的，我们必须进一步解决的是如何将它们聚集到富有城市品牌与文化个性的场景中。便利性的城市生活设施不应被割裂为单个独立存在的设施，应将其视作不同都市娱乐休闲设施和各种市民组织的组合，以蕴含特定文化价值取向的形态存在，从而形成城市独特的文化个性，影响、吸引有认同感的居民和观光者到某个场景区位进行消费实践活动。

第一节　场景理论视角下的城市文化与消费

一、场景：消费城市、城市利便性的理论升华

"场景"一词被广泛应用于传播学、社会学、营销学等多个学科领域，使用范围非常宽泛。因为界定不清晰，出现了英文 situation、context、scenes 都被翻译成"场景"的情况。事实上，"场景"最初是指电影、戏剧中的情景场面。后来在传播学领域，梅罗维茨（Merowitz）在戈夫曼（Goffman）的"拟剧理论"的基础上提出了"媒介场景"概念，用以强调一种由媒介信息所营造的行为与心理环境氛围，其英文原文是 situation，也有诸多学者将其译作"情境"而非"场景"。通常认为，是罗伯特·斯考伯（Robert Scoble）和谢尔·伊斯雷尔（Shel Israel）首次将场景与互联网关联到一起的，两人合著的 *Age of Context: Mobile, Sensors, Data and the Future of Privacy* 在中文中被译为《即将到来的场景时代》[①]。

本书所讨论的场景理论（the theory of scenes）则是由芝加哥大学特

---

① 梁旭艳. 场景：一个传播学概念的界定：兼论与情境的比较[J]. 新闻界，2018（9）：55-62.

第七章　消费城市的差异营销：文化场景

里·N.克拉克为首的研究团队提出的。作为城市利便论的支持者,特里·N.克拉克在爱德华·格莱泽、理查德·佛罗里达等人的研究基础上创造性地提出"场景"(scenes)。

特里·N.克拉克认为尽管格莱泽、马库森(Markusen)[①]以及他本人所参与的已有研究在经济社会发展与艺术、消费、城市利便性的联系方面做出了很多前沿性的工作,但都没有把它们放置于此类人类活动所共同追求和培育的品味、价值系统中考量。例如,这三项研究都没有研究消费者对他们购买和欣赏的艺术和利便性质量的判断是如何影响他们的决定的,也没有研究艺术和利便性的嵌入环境,更没有研究在不同程度的差异和密度下,艺术和其他利便性是如何将一个社区或城市塑造成一个生机勃勃、欣欣向荣的环境的——这样的环境就是"场景"。比起用售出的艺术活动门票或画作数量、工资额来衡量,文化质量和环境对城市社会和经济的整体影响更深远,是文化政策研究的更关键的部分。

克拉克极富洞见地指出了前人和自己前期研究中的最大不足:孤立地对待不同的利便设施。他评论道,对经济学家来说,孤立地对待这一切很正常,甚至许多文学或文化评论家也都会把关注点放在某一幅个人画作、某一部莎士比亚戏剧作品,或某部小说的文本上,但是如果询问人们为什么要去博物馆或剧院,以及是什么让这种体验变得重要,得到的答案往往不是一个孤立的吸引物。人们想去的目的地本身和当地生活方式应尽可能地融合在一起,通过一组更完整的元素来丰富已有的美学理论,共同构成所谓的"场景"(图7-1)。

场景理论提供了一个新的城市发展动力研究范式,该理论把对城市空间的研究从自然与社会属性层面拓展到基于区位文化、生活方式和城市设施的消费实践层面,认为未来城市的成功将取决于城市作为消费中心的角色,而城市的生产功能将随着企业选址灵活性的增加而有所淡化,这也将

[①] MARKUSEN A, DAVID K. The artistic dividend: the arts' hidden contributions to regional development [M]. Minneapolis: Humphrey Institute of Public Affairs, University of Minnesota, 2003: 42.

成为后工业化城市发展的典型特点。该理论为资源型城市、生产型城市的转型，促进产业结构升级和城市居民消费升级，完善消费政策和环境，提供了一个新的视角。

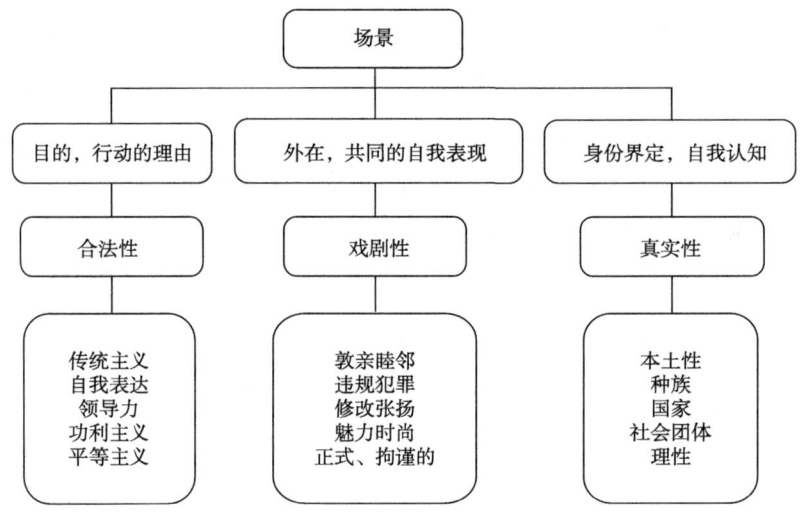

图7-1 场景分析的维度

资料来源：CLARK T N. Making culture into magic： how can it bring tourists and residents？ [J] .International review of public administration，2007（12）：1，13-25.

二、城市场景文化与消费

在市场营销研究领域，文化被视作影响消费者欲望和行为的基础决定性因素。早在1938年，城市文化研究的先驱刘易斯·芒福德就在其享誉世界且影响延续至今的《城市文化》(The Culture of Cities)一书中强调了文化对于城市规划和发展的重要性。① 进入后工业时代，文化活动更成为城市发展的一个重要贡献者，是使以消费为基础驱动的城市取得成功的因素之一。② 特里·克拉克领衔的"财政紧缩与都市革新"项目组对美国、加拿大、

---

① 芒福德. 城市文化 [M]. 宋俊岭，等译. 北京：中国建筑工业出版社，2009.
② 黄赛婵，林欣. 国外城市娱乐休闲研究综述 [J]. 湖南财经高等专科学校学报，2009，25（5）：55-58.

法国、意大利、日本等发达国家 700 多个城市设施与文化实践做了深入而细致的调查,结果发现,公民在教育、艺术、音乐、电影、餐饮以及其他娱乐休闲方面的文化消费不断增长,尤其是年轻人和低收入群体积极参与文化活动。放眼国内,通过城市文化营销实现城市知名度的跃迁从而促进城市增长的例子也有很多。南京的河西青奥新城通过城市大事件的营销,不仅实现了区域空间的整合,提升了当地经济与文化效益,也提升了南京整个城市在区域空间中的能级。江苏盱眙通过其特有的龙虾文化资源的挖掘,耦合当地的社会文化特征,实现了盱眙这座城市的龙虾品牌效应。当然城市营销的背后暗含的是巨大的土地效益的增值,是城市空间资源与经济杠杆、社会文化共同作用下的成果,既反映了城市土地资源对社会文化的承载作用,也是当地特有的社会文化风貌在土地空间上的投射。[①]

第二节 文化场景影响城市消费的机理与实证——以城市商业文化为例

一、城市商业文化场景影响消费效用的机理分析

商业是联结居民消费与城市经济供给侧的最前沿,商业与城市的发展紧密相连。国外关于城市起源的学说中,以戈登·柴尔德(V. Gordon Childe)、简·雅各布斯(Jane Jacobs)等为代表的"经济模式说"的学者认为,城市是围绕剩余产品、交换关系、商品交易市场等商贸领域的发展而产生、发展起来的。马克思更是直接指出:"商业依赖于城市的发展,而城市的发展要以商业为条件。"[②] 这充分说明了商业对城市发展的重要性、不可或

[①] 高杨昕. 论城市的增长:读《作为增长机器的城市》有感[C]//中国城市规划学会,杭州市人民政府. 共享与品质:2018中国城市规划年会论文集(12城乡治理与政策研究). 北京:中国城市规划学会,2018:739-744.

[②] 马克思. 资本论:第3卷[M]. 北京:人民出版社,1995:370.

缺性。城市是商品和服务交易和消费的集散中心，现代城市能够提供各种个性化产品，为收入不断上涨的消费者提供更多可供选择的奢侈品，在消费城市的语境下，城市消费环境的营造变得尤其重要，商业成为其中的灵魂。[①]在全球消费文化的影响下，对商业空间体验的渴望正在成为城市大众释放重要消费渴望的渠道之一。城市购物广场和商业步行街也乐于通过情景化或主题化的设计与装饰激发消费欲望。

狭义商业一般特指批发、零售行业，这里所指的商业文化，不单单是从狭义的商业角度而言。事实上，城市居民的各种消费实践，无论实物还是服务，无论线上还是线下，均受到交换环境、交换规则、交换主体及客体的影响，上述环境、规则、主体、客体所承载和反映的价值取向、契约精神便是商业文化的内涵。

城市商业文化是城市文化在商业领域的体现，也是城市文化不可分割的一部分。我国商业文化研究先驱胡平曾指出，商业文化学是商品流通和商业行为过程中的文化，他阐述了商业文化和城市文化的融合关系：一是从古代历史的观点来看，城与市是互不分离、相辅相成的；二是引用马克思的观点——在文明状态中，人人是商人，而社会是商业社会。[②]岳亮指出，城市商业文化是在城市经济贸易往来和城市商品流通中表现出来的、具有商业特质的文化现象，将其细化为商业物质文化、商业组织制度文化和商业精神文化三个层次。[③]彭瑛、张白平以贵州省安顺城为例，从市场、商品、店铺、商号、商人等角度，系统梳理了其历史上的商业文化。[④]许峰等构建了城市商业文化定量研究模型，也测量了城市商业文化对科技创新的影响，但依然是从文化影响生产的角度而非文化影响消费的角度进行研究。[⑤]针对上述不足，本章应用场景理论，将城市商业文化这一概念具体化、可操作

---

① 陈林华，王跃. 消费城市兴起与上海体育的发展策略［J］. 体育文化导刊，2013（3）：91-94.
② 胡平. 商业文化与城市文化［J］. 武汉商业服务学院学报，2008（3）：6-8.
③ 岳亮. 近代长沙城市商业文化研究［D］. 长沙：湖南师范大学，2008.
④ 彭瑛，张白平. 贵州安顺城市商业文化发展历史探析［J］. 边疆经济与文化，2017（1）：9-14.
⑤ 许峰，漆睿，吕秋琳. 城市商业文化竞争力［M］//陈小龙，等. 中国城市竞争力报告. 北京：社会科学文献出版社，2012：278-290.

第七章 消费城市的差异营销：文化场景

化，测度城镇居民对城市商业文化的感知和评价，寻找、建立、测量其与城镇居民消费意愿之间的逻辑关系，并就如何从场景角度展现各个城市特有的商业文化魅力，将情感、价值、利益融入人们从事消费实践活动的商业时空，提出对策建议。

经典的消费效用理论只讨论在收入既定的情况下，如何进行消费决策可以使消费效用最大化。而随着城镇居民收入水平、教育水平的普遍提升，工作、生活、消费场所的文化性将成为影响个人、组织消费决策的重要因素。根据消费者效用最大化条件，参考闫新华和杭斌、吴学品和李骏阳等人的做法[①]，将城市商业文化作为内生变量，建立城市商业文化影响消费的模型为：

$$\text{Min} \sum_{i=1}^{n} P_{it} x_{it} = C_t \quad (i=1,2,\cdots,n) \quad (7-1)$$
$$\text{s.t.} U(x_{1t}, x_{2t}, \cdots, x_{nt}; LT_t) = U_0$$

其中，P 表示价格，x 表示商品消费量，C 表示总消费支出，LT 表示增加的变量——城市商业文化，i 表示第 i 类商品，t 表示时期。公式（7-1）拟解决的问题是：为了获得既定消费者效用，如何分配在不同商品之间的消费支出比例，能够实现总支出最小化。将城市商业文化变量纳入消费效用函数，表示消费者效用与城市商业文化这一外部环境有关。构造相应的拉格朗日函数为：

$$L = \sum_{i=1}^{n} P_{it} x_{it} + \lambda \left(U(x_{1t}, x_{2t}, \cdots, x_{nt}; LT_t) - U_0 \right) \quad (7-2)$$

其最优化的一阶条件：

$$\frac{\partial L}{\partial x_{it}} = P_{it} - \lambda \frac{\partial U}{\partial x_{it}} = 0 \quad (i=1,2,\cdots,n)$$

[①] 闫新华，杭斌. 内、外部习惯形成及居民消费结构：基于中国农村居民的实证研究 [J]. 统计研究，2010（5）：32-40；吴学品，李骏阳. 农村消费的流通环境效应：基于海南、江苏等四个省市的农村调查数据 [J]. 海南师范大学学报（社会科学版），2015（2）：110-116.

$$\frac{\partial L}{\partial \lambda} = U(x_{1t}, x_{2t}, \cdots, x_{nt}; LT_t) - U_0 = 0 \qquad (7-3)$$

求得：

$$x_{it} = \varphi^i(P_{1t}, P_{2t}, \cdots, P_{it}; LT_t; U_0) \quad (i=1,2,\cdots,n) \qquad (7-4)$$

把式（7-4）代入式（7-1）得到消费支出最小化函数：

$$\begin{aligned} C_t &= g(P_{1t}, P_{2t}, \cdots, P_{it}; LT_t; U_0) = \sum_{i=1}^{n} P_{it} x_{it} \\ &= \sum_{i=1}^{n} P_{it} \varphi^t(P_{1t}, P_{2t}, \cdots, P_{it}; LT_t; U_0) \end{aligned} \qquad (7-5)$$

则其反函数为：

$$U_0 = g^{-1}(P_{1t}, P_{2t}, \cdots, P_{it}; LT_t; C_t) \qquad (7-6)$$

式（7-6）表明，在原来抽象和理想状态的消费者效用函数基础上，引入了城市商业文化对人们的消费行为和消费效用的影响，消费者效用函数成为商品价格、城市商业文化和最小消费支出成本的函数。

二、城市商业文化场景影响消费的 Probit 模型实证

（一）研究假设

爱德华·格莱泽等在其《消费城市》一文中强调，互联网使实物形态的工业制造品大多变成了全国性流通商品，消费者可以通过在线购物，跨越城市距离轻易获得不同产地的工业制造品，但类似餐厅、剧院等体验性、休闲性的消费场所，以及由商业服务业从业人员、政府等角色组合而成的社

会伙伴关系却是无法移动的。

尽管互联网早已打破传统的流通界限,人们可以足不出户坐享来自同城、异地甚至跨境的消费品,但由特定场景造就的体验性、不可移动性根植于特定城市所特有的商业文化中,难以被其他城市复制。在城市居民收入水平普遍提升、电子商务打破消费品时空限制的现实下,消费能力普遍提升而消费意愿变得更为复杂、多变、个性化,打造基于不同场景的商业文化,强调文化和价值对消费体验的重要性,将成为影响、吸引本地区消费增长的直接、重要因素之一。

基于上述分析提出研究假设:城市商业文化对居民消费意愿有显著的正向影响。

(二)变量与模型

1. 城市商业文化的测度

在文化测度研究中,最为常见的方法是通过设计文化量表进行问卷调查和数据收集。荷兰心理学家霍夫斯泰德(Hofstede)曾分别设计了测量国家文化和组织文化的量表,通过大规模跨国问卷调查得到不同的文化层次结构。[①] 由于未有文献专门从消费视角针对城市商业文化进行测量,本章借鉴国家文化和组织文化量表设计思路,结合场景理论思想,设计"城市商业文化感知量表",将其作为解释变量。

按照场景理论的基本观点,场景须包括五个要素:一是地理学概念上的社区及建立在此基础上的邻里关系;二是显著的实体建筑,如购物中心;三是由种族、阶层、性别、教育程度等各不相同的人所组成的消费者;四是上述要素的特定组合和连接他们的活动,如参加一场音乐会;五是在此场景中人们所共同追求的价值观,这也是最重要的一点。[②] 本章设计了能反映上述要素的城市商业文化感知量表,如表 7-1 所示,综合形成代表城市商业

---

① 包晶冰,李亚明. 文化测量模型运用类型分析[J]. 现代商贸工业,2009,21(2):42-43.
② 克拉克,李鹭. 场景理论的概念与分析:多国研究对中国的启示[J]. 东岳论丛,2017,38(1):16-24.

文化的解释变量。

表7-1 代表城市商业文化的解释变量及取值

变量代码	变量名称	取值区间	取值说明
Y	城镇居民平均年消费支出	1~5	$Y \leq 15\,000$ 元 = 1 $15\,000 < Y \leq 25\,000$ 元 = 2 $25\,000 < Y \leq 35\,000$ 元 = 3 $35\,000 < Y \leq 45\,000$ 元 = 4 $Y > 45\,000$ 元 = 5
X1	您所在社区周边的商业配套是否齐备	0~2	0 很不完善 1 一般 2 很完备
X2	您认为所在城市的商业建筑和设施是否有地方特色	0~2	0 毫无地方特色 1 部分有地方特色 2 很有地方特色
X3	您所在城市景观与商业场所风格是否匹配	0~1	0 否 1 是
X4	您所在城市的商业服务人员总体素质如何	0~2	0 较低 1 一般 2 较高
X5	您所在城市的商业环境和商业秩序如何	0~2	0 较差 1 一般 2 较好
X6	您所在城市的商业街区和其他城市相比是否有自己的特色和个性	0~1	0 否 1 是
X7	您所在城市的商品、服务和其他地区相比是否有自己的特色和个性	0~1	0 否 1 是
X8	您所在城市的文化活动是否会吸引您前往参与	0~1	0 否 1 是
X9	您了解所在城市的商业品牌吗	0~1	0 否 1 是
X10	您所在城市的商业氛围是否能体现历史和传统	0~1	0 否 1 是

第七章 消费城市的差异营销：文化场景

为了保证量表的客观性和准确性，在正式问卷调查开始之前我们进行了专家试测，完成量表的信度检验和效度检查。专家由 10 名高校经管类科研人员与 5 名商业流通领域高级管理人员组成。评定量表信度的工具是内部一致性系数（Cronbach α）检验：当 Cronbach α 系数 =1 时，认为测评结果完全可信、可靠；当 Cronbach α 系数 =0 时表明测评结果完全不可信也不可靠。一般认为，当 Cronbach α 系数 ≥ 0.7 时，视作信度检验通过。系数计算公式如下：

$$\alpha = \frac{k}{k-1}\left(1 - \frac{\sum \sigma_i^2}{\sigma^2}\right) \qquad (7-7)$$

其中，k 表示评价体系中评价指标的数量，σ_i^2 表示第 i 个评价指标的方差，σ^2 表示评价总得分的方差。采用 10 分制评价法，请专家对量表的 10 个指标进行评价。经 SPSS 计算，指标总体信度测试结果可信、可靠。

评定量表效度的指标是内容效度比，它是指所设计的题项能否代表所要测量的内容或主题。计算公式为：

$$CVR = (N_i - N/2)/(N/2) \qquad (7-8)$$

其中，N_i 表示有 i 个专家认为此评价指标可以较好反映评价对象的特点，N 表示参与评判的专家总人数。15 位专家中有 14 位认可量表对城市商业文化感知的反映程度，经计算得到：$CVR=0.867$，说明量表有效、准确。

2. 居民消费意愿的测度

以城镇居民年平均消费支出作为被解释变量 Y，按消费支出水平划分为 5 个等级。因本调查以杭州为例，因此参照 2017 年杭州市城镇居民年平均消费支出水平，由低到高划分为 5 个等级，形成多元有序决策因变量。[①]

[①] 2016 年杭州市城镇居民年平均消费支出为 35686 元，见《2017 杭州统计年鉴》。

3. 模型选择

根据变量及取值的离散型特征，可以建立不同分布函数的模型，常见的有三种：Probit 模型，Logit 模型和 Extreme Value 模型。此处因变量为大于两元选择的有序变量，宜建立 Probit 排序选择模型，模型基本形式见公式（7-9）。

$$yt^* = \beta 1 x 1 t + \beta 2 x 2 t + \cdots + \beta k x k t + \mu t^* \quad (t=1,2,\cdots,n) \quad （7-9）$$

其中，μt^* 是独立同分布的随机变量，yt 是可以用 yt^* 表示的，如式（7-10）所示：

$$yt = \begin{cases} 0, & \text{当 } yt^* \leq c1 \\ 1, & \text{当 } c1 < yt^* \leq c2 \\ 2, & \text{当 } c2 < yt^* \leq c3 \\ \cdots \\ m, & \text{当 } cm < yt^* \end{cases} \quad （7-10）$$

（三）数据与估计结果

1. 数据获取

为便于分析城市商业文化对居民消费的影响，这里选择浙江杭州主城区城镇居民开展抽样调查，累计发放问卷 200 份，实际回收有效问卷 194 份，对回收的有效问卷进行消费者支出意愿与城市商业文化环境关联性的实证分析。①

2. 估计结果分析

运用 EVIEWS 软件的多元有序决策模型（Ordered Choice）进行估计，输出结果如表 7-2 所示。

---

① 原始问卷数据略，如需查阅可向作者索取。

表7-2　城市商业文化环境对居民消费影响的有序Probit模型估计结果

自变量	相关系数	标准差	Z统计量	显著性
$X1$	0.372 837	0.153 946	2.421 863	0.015 4
$X2$	0.056 935	0.166 955	0.341 023	0.733 1
$X3$	−0.135 846	0.174 230	−0.779 694	0.435 6
$X4$	0.298 229	0.161 257	1.849 398	0.064 4
$X5$	0.301 127	0.137 152	2.195 572	0.028 1
$X6$	1.022 446	0.221 909	4.607 492	0.000 0
$X7$	1.312 290	0.300 593	4.365 666	0.000 0
$X8$	0.572 289	0.186 617	3.066 655	0.002 2
$X9$	0.298 520	0.170 776	1.748 017	0.080 5
$X10$	0.306 426	0.181 068	1.692 329	0.090 6

从表 7-2 可以看出，$X2$、$X3$ 回归结果并不显著，说明所在城市的商业建筑和设施是否有地方特色并不对城镇居民的支出意愿产生重要影响，可以剔除。而商业场所景观是否与城市整体景观相匹配，也没有影响到城镇居民的消费决策。由此可见，随着收入水平的上升、闲暇时间的增多，城镇居民有强烈的休闲、文化需求，商业基础设施成为其重要的消费条件和活动空间，与商旅消费人群不同，城镇居民群体并不会因商业建筑物缺乏特色及其与外在景观的风格差异问题而降低前去消费的可能性。相反，内涵式的服务、品牌、价值导向因素，可能会发挥更大的影响力。

$X1$、$X5$、$X6$、$X7$、$X8$ 的 P 值都小于 0.05，意味着在 0.05 的置信水平其回归结果都是显著的。社区商业基础设施的完备程度、商业环境和商业秩序、商业街区特色、商品和服务的特色、城市特色活动等因素与消费者支出正相关，说明完备的社区商业、良好的消费环境和权益保障，以及富有地方特色的商业空间、商品集合和商业推广活动，能够有效提高消费者的消费意愿，增加消费支出。

第三节　城市文化场景营销的差异化策略

一、转变思路，切实发挥文化场景推进城市营销的效能

德鲁克从组织文化与战略的关系角度强调过文化重要性，认为"在文化面前，战略不值一提"[①]。福山也认为在制度趋同化条件下，文化差异将成为社会和经济差异的关键，由文化所构建的社会信任和合作制度成为经济竞争力的决定因素。[②] 这与场景理论所持观点不谋而合，认为文化驱动的消费和市民活动是城市经济增长、人口流动、社区发展，甚至民主进步的动力。从本质上来说，任何商品和服务都要通过流通环节才能为最终消费者所用，因此商业文化将会成为这股驱动力的关键。

国内大部分城市目前都开始重视城市历史文化资源的挖掘和传播，热衷于文化创意产业园区的扩张。要获得实效，须把抽象的文化具体化、可接触化，向大众提供文化场景式的城市商业空间，强化商业空间的公共文化性；优化消费环境和秩序、提升商业服务业人员从业素质，增加交易双方的信任和合作，降低消费环节的交易成本。城市文化政策应主要立足于完善环境，以提高都市魅力与活力为中心，将工作重点转移到充实和完善作为文化创造和传播据点的大都市功能场景，提高文化艺术活动的策划能力与管理水平。

二、突出商圈文化，打造场景式城市商圈

纵观全球，任何世界级消费城市，一个最直观的共性，就是拥有充分体现城市特色、具备全球影响力的标志性商圈。在纽约，它是顶级百货商店、奢侈品大牌云集的第五大道，《蒂凡尼的早餐》中奥黛丽·赫本站在橱窗前的经典一幕，满足了人们对这个全球最昂贵商业街区的全部想象。在

---

① 约翰逊. 文化能把战略当早餐吃[J]. 企业文化（上旬刊），2014（12）：80.
② 福山. 信任：社会美德与创造经济繁荣[M]. 彭志华，译. 海口：海南出版社，2001.

第七章　消费城市的差异营销：文化场景

迪拜，它是集购物、美食、休闲、时尚于一体的世界最大购物中心，面积相当于 200 个足球场，年访客超 8 000 万人次，向全世界展示这座新兴国际化城市的繁荣与活力。在上海，它是"中华商业第一街"南京路，不到 3 000 米的南京西路上甲级写字楼林立，80% 以上的国际顶级品牌落户于此；与它十字交叉的陕西北路老字号云集，共同形成独属于上海的"城市会客厅"。

随着互联网流量红利的枯竭，由技术驱动的消费增长将日益回归体验、情感和文化价值。我国城镇居民消费从 2017 年开始线下消费已呈现回暖趋势。[1] 城市作为人口和消费的中心，必须依靠强大的流通网络和多样的商圈，才能满足人民日益增长的美好生活需要。传统商圈理论倾向于从商圈辐射的地理范围大小及消费人群数量来区分核心商圈、次级商圈和边缘商圈，且侧重于以提供一般消费品的零售业态为中心。场景式商圈则意味着被不同社区、实体建筑、特色活动吸引和联结的消费群体因价值观的认同而聚集，商圈内林立着各种都市消费娱乐设施，成为汇集各种消费符号的文化价值混合体。

因城市交通便利设施的发达、闲暇时间的增加、消费能力的提高，居民对消费空间拥有了更大的选择权和主动性，能否实现价值渴望将成为选择消费实践场所的关键。为此，在城市商业基础设施规划中，要把零售业态与餐馆、酒吧、咖啡馆、书店、博物馆、运动与健身设施、画廊、剧院、影院，甚至自然景观有机结合，商文、商娱、商展融合发展，并突出不同的价值取向与文化特征。在城市区位扩张过程中，不仅是简单复制、引入某些连锁购物中心、超市或生活性服务业品牌，还应注重新兴商圈的内涵建设；在旧城改造、商圈升级中要注重保留、传承城市历史文化资源，将其作为特定场景的象征或组成元素。

特色商圈文化的提炼，需要将城市的历史、文化遗产、自然遗产以及现代商业、文创产业有机融合起来，提升历史文化街区的环境、服务，做到商

---

[1]　商务部. 今年以来消费价格温和上涨线下消费回暖[EB/OL]. （2017-10-19）[2020-12-25]. https://www.sohu.com/a/198943138_428290.

业与艺术水乳交融、并重发展。对于国内城市而言，可重点选择一个商圈，在建设中学习银座、香榭丽舍大街、第五大道等世界繁华中心的发展经验，提炼独特的文化特征，成为别样韵味、东方时尚的代名词。

三、吸引"时间消费"，营造基于场景的城市消费空间

表7-3数据显示，8项城镇居民主要消费支出中，位列前3位的分别是食品烟酒、居住、交通和通信，这与科斯塔研究美国居民个人消费支出时发现交通与居住支出有较大增长[①]有相似之处，说明城镇居民愿意为了提升生活、居住空间的品质而支付更多，特定城市区域必须提高自身对收入水平持续增长的人群的吸引力。本章第二节的实证研究也表明，商品和服务的品质、商业街区的吸引力、特色文化活动的举行，与城镇居民消费支出正相关，因此，消费的增长受消费空间的直接影响。城市场景作为消费空间的前沿形态和社会组织形态，是形成城市消费新热点的重要支撑和方向。

表7-3　2014—2018年城镇居民人均消费支出项目占比　　（单位：%）

城镇居民人均消费支出项目	2018年	2017年	2016年	2015年	2014年
食品烟酒	0.277 2	0.286 4	0.293 0	0.297 3	0.300 5
衣着	0.069 2	0.071 9	0.075 3	0.079 5	0.081 5
居住	0.239 5	0.227 6	0.221 6	0.220 9	0.224 9
生活用品及服务	0.062 4	0.062 4	0.061 8	0.061 1	0.061 7
交通和通信	0.133 1	0.135 9	0.137 5	0.135 3	0.132 1
教育、文化和娱乐	0.113 9	0.116 4	0.114 3	0.111 4	0.107 3

---

① COSTA D L. Less of a luxury: the rise of recreation since 1888 [J]. NBER working papers, 1997（6）.

续表

城镇居民人均消费支出项目	2018年	2017年	2016年	2015年	2014年
医疗保健	0.078 3	0.072 7	0.070 7	0.067 5	0.065 4
其他用品及服务	0.026 3	0.026 7	0.025 8	0.027 0	0.026 7

资料来源：根据2019中国统计年鉴数据测算得到。

城市居民的消费实践活动，必然包括有计划的信息搜索、方案评估等重要环节，并因此产生相应的交易成本。但除了此类理性、程序性的计划性购买，居民往往会在其他文化和价值体验过程中产生非计划性购买需求。提供优美的商业活动空间和公共文化活动空间，尤其是富有人文气息的商业活动空间，能够吸引消费者延长逗留、休闲、娱乐的时间，从而有效增加非计划性购买支出。通过设计城市活动日历，将文化特色活动与美景、美食融合到居民和游客的文化体验和记忆中。

四、优化消费体验，着重提升文化消费、信息消费的满意度

表7-3的数据也表明，城镇居民的教育、文化和娱乐支出有较大增长空间。将以生产为主的制造业从大都市中心撤离，增加以消费为主的服务业和现代都市设施，成为国内外城市发展转型的主流做法。在城市改造、区域发展、公共管理提升过程中，注重发展与所在城市、社区定位相一致的文化消费集聚区，优化信息消费基础设施战略布局和信息安全环境，打造便捷规范、富有创意的体验式消费空间，彰显区域性商业品牌特色，是有效拉动城镇居民的非实物形态消费支出的重要路径。比如，纽约第五大道不仅是一条"购物大道"，还是一条"博物馆大道"，周边密集分布着大都会艺术博物馆、古根海姆博物馆等近10家博物馆、美术馆，它在担当商业高地的同时，也成为纽约文化品位的象征。

五、整合传播渠道，通过文化个性加强城市品牌推广

全渠道信息传播能够影响和推动城市品牌的构筑。东京都政府为提高东京文化，从2016年起开始举办东京艺术节，东京艺术节是致力于把东京丰富多彩且深邃的艺术文化与世界相连的城市型综合艺术节，2019年的主题是"邂逅改变世界"。此外还在亚洲国际短片电影节"短片电影节&亚洲（SSFF & ASIA）"专门设置了一个以"东京"为主题的竞赛"Cinematic Tokyo部门"，作为由国内外的创作者传输东京魅力的项目。与此同时积极支援东京各地各界举办艺术节和表演比赛活动，向国内外传播这些信息，通过文化加强城市营销能力。纽约则组建了纽约市旅游会展局，作为纽约市五个区的官方目的地营销组织（DMO），最大限度地利用整个城市的旅游和旅游机会，建立经济繁荣，并在全世界传播纽约市的动态形象。

国内城市也应整合官方、民间各信息渠道，政府牵头组建一个有实际咨政、资源调动能力的机构，整合城市形象的国内外宣传工作，积极开发代表城市形象的视频、平面设计等宣传作品，推出一组代表城市形象的文创周边，在地方政府网、主流媒体、新兴媒体上展示城市文化个性辐射能力的政务账号。

六、以人为本，推进支撑文化的城市社会结构建设

文化场景的根基不是物化的建筑，也不是符号化的商品，而应是创造和参与在文化演替中的人，一个能够支撑起优秀文化的传承与分享的社会结构，才是文化场景生生不息、散发魅力的生命力源泉。东京在保持都市魅力与活力的文化发展政策的制定中就深刻地意识到了这一点：在专业人才培养方面，建立发掘和奖励新生文化艺术家的机制，与民间团体合作设立新人奖，为非正式音乐比赛获奖者提供正式公演和进一步成长的机会；在公众文化普及方面开设"东京文化留言板"，推进志愿者、非政府组织、企

业的协作机制,增进文化活动各主体间的交流、协作与交换意见的民间与行政的柔性关系;加强区、市、町、村间的信息交流与协助机制;与志愿者、非政府组织协作,使残疾人和老年人有鉴赏体验文化艺术的机会与条件;为了加强艺术的鉴赏力与创造力的培养,强化学校的培育机制,增加创造表现与创造文化的体验机会,加强学校的艺术教育活动;丰富儿童接触高质量艺术(音乐会、戏剧、美术展)的机会,培育他们的鉴赏力与创造力;支援以学校为舞台、以教师和居民为对象的艺术家及艺术团体举办的欣赏会和讲座,创造培育儿童丰富感性的环境。①

---

① 张暄. 魅力与活力:东京的文化发展战略[J]. 环球市场信息导报,2017(27):77-78.

下篇

消费升级驱动中国城市营销实践

第八章　基于国际消费中心目标的中国城市营销实践

2015年中央城市工作会议明确提出：城市是我国经济、政治、文化、社会等方面活动的中心，在党和国家工作全局中具有举足轻重的地位。从城市科学的角度看，在后工业时代，消费经济正在成为城市经济的主体，消费生活方式也成为城市生活方式的主流。布局和建设国际消费中心城市试点，是顺应消费升级趋势、深入推进供给侧结构性改革的新阶段，是促进城市高质量发展和提升城镇化建设质量的新平台，也是国内城市营销实践的新引擎。

第一节　国际消费中心城市的界定与评价

一、国际消费中心城市的提出

2016年，商务部在《关于做好"十三五"时期消费促进工作的指导意见》中，提出了"继续推进品牌消费集聚区建设，积极培育国际消费中心城市"。2019年1月，商务部明确提出将在全国开展国际消费中心城市建设试点，发改委等部委印发的《进一步优化供给推动消费平稳增长　促进形成强大国内市场的实施方案（2019年）》中也提到，要加快国际消费中心城市培育建设。这是继2016年原文化部在全国开展国家文化消费试点城市之后，在国家部委层面提出的又一个关于消费城市的战略定位和发展目标。此后，商务部深入开展调查研究并借鉴发达国家国际消费中心的形成和发展经验，提出了培育建设国际消费中心城市的工作思路和方案，会同相关部门起草了关于培育建设国际消费中心城市的指导意见。2019年10月14日，经国务院同意，商务部等14个部门正式联合印发了《关于培育建设国际消费中心城市的指导意见》(商运发〔2019〕309号,以下简称《指导意见》),指导推进国际消费中心城市培育建设工作。

国际消费中心城市的提出,既与消费在经济发展中的基础性地位,在推动经济转型升级、实现高质量发展中的重要作用有关,也与保障和改善民生、满足人民群众日益增长的美好生活需要的重要意义日益形成普遍共识密切相关,同时也是我国应对外部复杂严峻环境及不确定性、优化生产和消费等国民经济重大比例关系、构建符合我国长远战略利益的经济发展方式、促进经济平稳健康发展的重大战略手段,为我国经济从工业制造业转向文化服务业、我国城市从生产型城市转向消费型城市、促进消费市场从国内走向世界,发出了更为明确的信号,传递出更加丰富的信息。

在经济新常态下,消费政策的重点应该转向消费升级和消费平台建设。建设国际消费中心城市则是建设消费平台的重要举措,既可以将消费政策嵌入其他国家战略,也可以在消费偏好和模式不断变化的情况下,更好地发挥消费的基础性作用。由于国际消费中心城市是结合我国国情和发展需要提出的新战略概念,在理论研究、政策机制和战略规划等方面还没有成熟、系统的参照,因此,正确认识其现实意义,找准现实的发力点十分重要。[1]

其一,建设国际消费中心城市能更好地发挥集聚效应,是构建"消费者社会"的重要载体。与工业发展类似,消费也存在重要的集聚和规模效应,不同商品和不同品牌的集聚,能节约交易成本,释放规模效应。更为重要的是,市场经济体系是一个由消费者主导的价值运动系统,市场经济对人的关怀,深切地体现在对消费者效用最大化的追求,满足"人民对美好生活的向往"所要构建的正是"消费者社会"。在老百姓消费需求日益多样化、个性化的背景下,建设国际消费中心城市可以给予消费者更充分的选择权和更优质的购物体验,有利于推动消费升级,是构建"消费者社会"的重要载体。

---

[1] 黄卫挺. 关于建设若干国际消费中心城市的建议[J]. 中国经贸导刊, 2015(13): 28-29.

其二，建设国际消费中心城市是城镇化和转变经济发展方式的共同着力点。城镇化和转变经济发展方式是我国经济发展的战略重点，也是长期任务，但不管是优化投资消费结构，还是创新城镇化发展方式，都不能只靠政府行政手段，而要尊重市场规律，更多依靠市场力量来实现。建设国际消费中心城市正是为了更好地发挥市场力量（尤其是消费者的力量）创建平台，是将上述两大战略加以统筹推进的重要着力点。同时，以其为抓手，根据居民消费升级的规律，还可以带动形成服务业发展新高地，推动重要节点城市的功能转变和优化，提升城市形象和品质。

其三，建设国际消费中心城市是新一轮高水平对外开放战略的重要思路创新。长期以来，我国对外开放格局以输出价格低廉的制造产品为主，近年又出现了较大规模的出境游、境外购物等消费力输出现象。这些都是在市场经济规则下形成的客观结果，但从国家利益来看，上述参与国际经济价值循环的模式亟待改变，必须在价值输出通道基础上有效拓宽价值输入通道。目前实施的资本和企业"走出去"是为了构建以资本回报为主要内容的价值输入通道，而建设国际消费中心城市则是在消费方面构建另外一个价值输入通道，其建成将吸引海外消费者入境购物，也将吸引国内高端消费回流，有助于同时获得制造和销售环节的利润。

二、国际消费中心城市的界定

什么是国际消费中心城市？结合现代消费城市理论，基于功能观视角，可用关键词分解法来界定国际消费中心城市。[①]

第一个关键词"国际"，界定了城市消费服务功能的空间尺度，消费服务的空间边界从本地、本国扩张到全球，要面向和服务全球消费者。

第二个关键词"消费"，界定了城市的主体功能即消费服务功能。按照消费城市理论，消费不仅包括个人消费产品，还包括政府提供的城市安全、教育文化等公共消费产品。

---

① 汪婧. 国际消费中心城市：内涵和形成机制［J］. 经济论坛，2019（5）：17-23.

第八章 基于国际消费中心目标的中国城市营销实践

第三个关键词"中心",即超越地理概念的经济、社会等深层次中心,界定了城市在全球城市网络体系中的相对重要性,即在全球消费网络中居于较高层级,具有较强影响力。

综上,国际消费中心城市是消费成为城市发展的集聚向心力和核心驱动力,顺应全球化发展趋势,能有效满足本土及境外居民生活性消费(既包括商贸旅游等个体消费,也包括对安保、教育等公共服务的消费),具有较强的全球消费资源配置能力和消费创新引领能力,通过消费集聚人才,推动以人力资本和知识资本为核心投入的生产性服务业发展,激发创新活力的城市。国际消费中心城市是经济全球化和城市分工深化的产物,直观充分地体现了城市"以人民为中心"的本质。

从前文分析的纽约、巴黎、伦敦、东京等消费城市的特征和规律来看,它们已经具备国际消费中心城市的三大功能。而对于中国的城市来说,国际消费中心城市地位的确立和进化,是其城市品牌"海拔"在国际网络中的显示度、辐射力与集聚力不断刷新的标志;而城市国际消费生态的形成,则是一项系统工程——从集聚商业资源、创新消费业态、完善设施布局、美化市容市貌、畅通交通网络到健全监管体系等,涵盖方方面面。

三、国际消费中心城市的评价指标

为了确立以国际消费中心城市为目标的营销战略和具体路径,选择一致的分析指标是必需的,以保证在同一标准下对国际消费中心城市进行比较分析。

(一)指标选取的理论依据

1966年,英国地理学家霍尔(Hall)在《世界城市》一书中对国际城市进行了诠释,认为国际城市应具备以下特征:①主要的政治权力中心;②国家的贸易中心;③主要银行的所在地和国家金融中心;④各类专业人才聚集的中心;⑤信息汇集和传播的地方,有发达的出版业、新闻业及无线电和电视总部;⑥不仅是大的人口中心,而且集中了相当比例的富裕阶层人口;

⑦随着制造业贸易向更广阔的市场扩展,娱乐业成为国际城市的另一种主要产业部门。

1986年,美国学者弗里德曼(Friedmann)提出了"世界城市假说"理论,提出了7项指标来衡量世界城市:①主要的金融中心;②跨国公司总部所在地;③国际性机构所在地;④商业部门(第三产业)高速增长;⑤重要的制造中心;⑥世界交通的重要枢纽;⑦城市人口达到一定规模。

1991年,美国哥伦比亚大学社会学系教授萨斯基娅·萨森(Saskia Sassen)首次提出了全球城市的概念。她指出,城市在其发展过程中形成了一些新的功能。首先,城市演化成世界经济结构中高度集中的指挥控制中心;其次,城市功能最大的演变在于服务业逐渐取代制造业成为城市发展的支柱行业,尤其是金融与高级服务业的发展成为世界城市的标志之一,极大地不同于工业化时期的城市功能;再次,城市成为创新基地,创新能力的高低成为城市发展的决定性因素;最后,城市也同时成为消费中心及产品销售市场。

联合国世界旅游组织(UN World Tourism Organization)2007年6月在马来西亚吉隆坡举办的"全球旅游行业发展趋势"(Global Trends in the Tourism & Travel Industry)会议上提出了关于建设"购物天堂"城市的若干建议,认为建设国际消费中心城市的关键要素是商品的多样性、目的地到达的便利性和安全性、目的地具有独特的吸引力、能提供世界一流的服务、本地消费繁荣等;同时提出需要加强城市营销和消费者保护的力度,推进"优质旅游服务项目"并实施年度检查,以持续不断地努力保持领先地位。

在中国,哈尔滨工业大学深圳研究生院"深圳打造国际消费中心城市的发展策略研究"课题组(2012)根据爱德华·格莱泽的消费城市要素制定了国际消费中心城市指标,其中一级指标4个,二级指标12个,分别为:城市的整体风貌(地理位置、气候状况、建筑标志),种类繁多的商品和服务(第三产业、商圈布局、旅游消费),基础设施和文化设施(交通状况、资源竞争力、文化氛围)以及令人愉悦的社会交往(人口密度、空间布局)。叶胥结合消费城市内涵、影响因素等理论分析和城市发展转型的经验,提出

第八章 基于国际消费中心目标的中国城市营销实践

我国消费城市发展现状和潜力测评指标体系及测评方法，建立了由消费发展水平、消费集聚力和消费推动力三个维度构成的现状和潜力评价体系。钟陆文从能力、供给、环境、维权四个维度构建了消费城市评价指标体系。[①]知名咨询机构仲量联行从国际知名度、城市繁荣度、商业活跃度、到达便利度、消费舒适度、政策引领度六个维度，综合测评出 2020 国际消费中心城市发展指数，其中，杭州位列全国第六，紧随上海、北京、成都、广州和深圳。

（二）评价指标及层次的确立

基于以上理论分析和本书消费城市规律研究的七个重要结论，结合《关于培育建设国际消费中心城市的指导意见》中建设国际消费城市的重点任务，构建国际消费中心城市评价指标如表 8-1 所示。其中一级指标 4 个，根据一级指标的定义及延伸分析来确定二级指标。

表 8-1　国际消费中心城市评价指标

国际消费中心城市评价 A	消费总量 B1	常住人口规模 C1
		居民商品消费规模 C2：以社会零售消费品年度总额测算
		商旅人数规模 C3
		旅游消费规模 C4：以旅游消费年度总额测算
	消费资源 B2	国际化品牌 C5：以国际消费品牌在一座城市的渗透率测算
		中华老字号品牌 C6：以城市拥有的中华老字号品牌数量测算
		文化消费业态 C7：以书店、健身房、博物馆等多业态拥有量测算
		时尚消费资源 C8：以会展、博览或创意产业相关数据测算
	消费设施 B3	商业街 C9：以特色商业街数量测算
		零售商业设施 C10：零售业态数
		消费融合创新设施 C11：工业向消费设施转变的数量
		生活型服务设施 C12：餐饮、住宿业态数
	消费环境 B4	生态宜居环境 C13：以园林绿化相关数据测算
		国际消费便利化 C14：以机场、高铁站总数测算
		促消费政策措施 C15：以近三年公开发布的市一级促消费文件、通知等数量测算
		消费纠纷解决 C16：以消费投诉处理满意率测算

---

① 钟陆文. 珠三角适宜消费城市评价研究［J］. 经济地理，2018（6）：126-132.

在测算方式上,每个二级指标不单独设立权重,以占位法原则,从20分到1分递减,16项二级指标得分总和,即城市国际化消费水平的最终分值。

第二节 基于国际消费中心目标的中国城市营销策略

一、国内城市打造国际消费中心的行动

从某种意义上讲,由于国际消费中心城市这个概念既包含了国际消费这个最大空间层级,也包含了中心城市这个当今中国城市纷纷追求的目标,特别是它同时还隐含着比国家中心城市这个我国最高的城市层级更高的内涵,因此这个概念一提出,就受到了广泛重视和热切关注。诸多城市提出了打造国际消费中心城市的具体目标与路径(表8-2)。

表8-2 国内城市打造国际消费中心城市的目标与路径

城市	战略目标	纲领文件	路径
上海	建成具有全球影响力的国际消费城市	2019年4月发布《全力打响"上海购物"品牌加快国际消费城市建设三年行动计划(2018—2020年)》	通过实施首轮三年行动计划,开好局,起好头;未来通过滚动实施若干个三年行动计划,持续发力,久久为功,不断提升消费贡献度、消费创新度、品牌集聚度、时尚引领度、消费满意度
深圳	打造国际消费中心城市	2019年9月发布《深圳市建设国际消费中心城市行动计划(2019—2021年)》	线上线下布局。线下将提升消费空间载体,包括加快实施蔡屋围、东门、人民南片区整体城市更新和项目改造,打造罗湖国际消费中心;线上则打造"互联网+商贸+金融"的跨界经营体。大力引进京东、当当网等知名电商平台,支持本地B2C自营式电商平台扩大市场规模

第八章 基于国际消费中心目标的中国城市营销实践

续表

城市	战略目标	纲领文件	路径
北京	打造繁华而不喧闹、多元兼具特色、品位兼备文化的国际消费中心城市	2018年10月出台《北京国际消费枢纽城市建设行动计划(2018年—2022年)》	对标国际一线城市,北京的商业供给尚有不足。未来北京要打造国际一流消费城市,要提供高品质服务,重点构造良好营商环境,保证商业服务业健康发展
广州	打造国际消费城市	2016年10月印发《广州市商务发展第十三个五年规划(2016—2020年)》	着力引进全球顶级零售商和国际品牌、国内知名品牌和品牌旗舰店,大力推进时尚消费品零售业发展,逐步完善高端时尚消费产业链条,努力将城市打造成为国内外知名品牌的集聚地和潮流时尚的重要传播地
西安	力争在5~7年内,将西安建设成为历史文化和现代时尚交相辉映的国际性消费城市	2019年8月出台《西安国际消费中心城市创建实施方案》	到2025年,西安将全面建设成为西部地区引领潮流的消费中心,一座闻名全国、畅通全球的国际时尚之都、国际美食之都、丝绸之路电子商务之都、"一带一路"国际会展之都和彰显中华文明的世界旅游文化之都将呈现在眼前。西安市将推动零售商业国际化、智慧化、特色化、时尚化、休闲化发展,建设一批国际商圈、特色街区和商业综合体,提高零售品牌集聚度,打造具有国际影响力的消费目的地
成都	加快建成充分体现天府文化特色和国际时尚魅力的国际消费中心城市。到2035年,全面建成具有全球影响力、吸引力的国际消费中心城市	2020年1月正式发布《关于全面贯彻新发展理念加快建设国际消费中心城市的意见》	到2022年基本形成布局合理、层次清晰、功能完善、优质高效、品牌凸显的生活性服务业体系,产业增加值达5 000亿元以上,发展型、享受型消费支出占城乡居民消费支出达到70%以上,发展指数进入全国第一方阵
杭州	努力建设国际消费中心城市	培育建设杭州国际消费中心城市总体方案(正在编制尚未公开)	推进武林、湖滨等商圈融合发展,重点建设钱江新城、钱江世纪城等国际化商业中心

续表

城市	战略目标	纲领文件	路径
武汉	打造国内一流消费城市，建设中部电子商务中心、国内领先的服务贸易中心城市	2019年6月出台《全市加快新消费引领打造国际消费中心城市三年行动计划（2019—2021）》	到2021年打造1~2个国际知名顶级商圈，将江汉路步行街建设成为全国一流示范步行街。同时，通过若干年持续努力，建成立足中部、辐射国内、面向世界的国际消费中心城市
重庆	在重庆，购全球	2019年12月出台《关于加快建设国际消费中心城市的实施意见》	通过打造国际消费集聚区、国际消费品牌集聚工程、渝货精品打造工程、特色服务消费提升工程等行动，打造国际消费中心城市。通过着力深化交流合作、扩大国际交往的"朋友圈"，为建设国际消费中心城市提供平台、优化环境、扩大影响。以创建国家文化和旅游消费示范城市为目标，进一步延展文旅消费时间和空间，努力争创"国家级夜间文旅消费聚集区"，在全国打响"夜山城"品牌和全国领先的夜间文旅消费高地
南京	争取国际消费中心城市试点	政府工作报告	以打造国际化品质消费中心为目标，突出新街口商业中心国际化、区域性地位，加强便民生活服务圈建设，规划形成与城市空间结构和商业发展目标相适应的多元化、多层次的五级商业中心体系

二、现存问题和障碍

一是商品和服务有效供给不足，大量消费流失境外。与消费升级的要求相比，我国现阶段改善型、享受型商品和服务的有效供给明显不足，而低端同质商品和服务供给相对过剩，导致大量中高端和新兴服务消费外流。2006年至2015年，我国出境游人群的境外消费年均增长33.7%，出境旅游消费额已位居世界第一。与境外消费形成鲜明反差的是，境外游客在我国境内消费额增长缓慢。这在很大程度上反映出国内商品和服务还难以满足

国际消费需求，导致境外游客消费意愿不强。

二是实现和集聚消费的基础设施存在短板。一方面，我国商业、旅游、文化娱乐、教育医疗、金融、信用体系等服务消费基础设施和配套设施相对薄弱，直接影响到消费体验。另一方面，各种消费行业之间、基础设施和商业之间的融合互动和衔接不足。例如，城市商务区、旅游景点、交通枢纽与主要商业网点和商圈建设之间脱节的现象较为明显。

三是促进消费升级和创新面临体制机制障碍。首先，相关法律法规不健全。在新业态、新模式不断涌现的情况下，一些现行法律法规已不适应创新发展需要，或者在执行过程中存在配套法规不完善、与其他法律缺乏协调等问题。同时，网络诈骗、假冒伪劣、虚假宣传等问题依然存在，消费信息安全、金融支付安全、消费者权益保障等问题依然突出。其次，标准体系建设滞后。与近年来服务业快速发展相比，服务标准体系建设明显滞后，新兴行业标准缺失，现行服务标准和规范整体水平不高、可操作性不强、宣传力度不够等，也导致一些标准在实施过程中效果不明显。再次，市场监管有待进一步改革。部分服务行业依然面临行政审批过多、相关限制性条件过严等问题。部分服务行业还存在垄断，民营资本进入文化、教育、医疗等新兴服务消费领域仍受到一定限制，很大程度上影响服务行业供给、结构和质量的提升。此外，重审批、轻监管的情况依然存在，有的部门或地方虽然加强了事中、事后监管，但基于大数据的监管、社会共治的理念尚未形成，而政府部门之间的监管缺乏有效协调，也造成不少新的风险隐患和监管盲区。最后，对外开放力度有待提高。在商品消费方面，与发达国家相比，中高端消费品进口关税、进口环节增值税和消费税相对偏高；在服务消费方面，健康医疗、教育文化、休闲娱乐等消费服务行业的对外开放相对较慢，市场准入和投资的审批限制依然存在；在吸引国际消费方面，存在旅游签证等便利化水平不高，免签国家扩围速度较慢，国内不同城市之间出入境和边检信息互通水平较低，免税退税政策试点范围小等问题，难以吸引更多国际游客入境消费。

三、国际消费中心目标下的中国城市营销策略

建设国际消费中心城市面临全球性竞争,其形成过程也是城市国际综合竞争力提升的过程,且不同城市的具体路径不同。从国内城市自身发展及面临的竞争来看,建议采取以下对策加以推进。

1. 挖掘城市消费的可持续增长源

消费成为经济总量增长和城市发展变革的主导性力量,将满足各类消费者的需求作为城市营销和城市更新的出发点。居民既可以选择迁入城市来长期消费城市的商品、服务和城市特征,也可以通过短期旅游来进行消费。未来应重点挖掘以下城市消费的可持续增长源。

(1)信息消费需求。生活类服务消费、公共服务类信息消费和新型信息产品消费将成为未来重点领域,线上线下融合消费将成为主流发展趋势,尤其是在"数字内容"文化消费、在线教育和健康医疗、家庭和个人移动通信终端及数字产品的升级三个领域,具备持续增长潜力。

(2)居民生活服务性消费、休闲消费需求。居民需求结构不断升级带来对商贸服务业、社区服务业、文化体育产业、旅游休闲业等改善生活服务性产品供给的数量和质量要求的提升,产生大量多样化、个性化的服务需求。

(3)对品牌化的农业、工业产品的需求。因生活品质的提高,为传统生活必需品和一般制造品创造了极大的品牌化溢价空间。

(4)人力、人才结构升级带来的消费需求。包括外来务工人员消费,高级创新创业人才消费。国际消费中心城市的人口流入效应明显,要充分了解新流入人口消费需求的动态和特征。

(5)短期商旅消费需求。提升其有效停留时间、人均消费额,提高旅游者花费中餐饮、购物、游览和文化娱乐的消费比重。

2. 以消费促产业和经济转型,促进消费领域的互动融合和创新发展

建设国际消费中心城市不是绝对否定工业制造和生产在城市中的存在和作用。只是说,从人类社会从生存型、发展型向享乐型消费演化的历史规律和当前经济发展阶段居民消费需求升级的现实趋势出发,人们会更加看

重城市更新过程中为满足消费而创设的属性和价值，城市本身也更多地转向为消费服务的功能建设。

以消费升级为源头动力，以城市更新为引擎，产业结构升级与消费升级同步进行，才能为城市的繁荣和消费者购买能力的增长奠定坚实的基础。加快培育和发展新兴消费产业，结合信息化、绿色化、智能化、高端化、服务化等消费发展新趋势，深入推动消费产品及服务差异化、个性化、定制化，重点培育以健康、美容、教育、培训、文化、体育、旅游为代表的新兴消费产业，促进国际消费中心产业结构加快调整升级。一方面，扎实推进"新制造业计划"，在保有数字经济之城优势的同时，发展诸如环保可降解用品产业、新能源汽车及电池制造产业、智能医疗器械产业等污染较低、符合未来发展方向的高端化、智能化、绿色化、服务化产业。另一方面，全面提升"double H"产业，即 Health and Happiness（健康与幸福）产业的规模和质量，在老工业区逐步去工业化更新的同时，积极发展休闲活动产业，创设品牌化的地方性活动，使其成为市民和旅游者的文化活动中心。

特别要强化商品消费和服务消费间的融合互动，促进旅游、文化、购物、娱乐、健康、餐饮等行业之间的积聚和一体化发展，创新业态和商业模式，打造多样化消费共同发展的良好生态，进一步提升国际消费中心的创新能力和综合吸引力。

3. 加快提升国际消费中心基础设施水平

在区域和国家层面上，高度重视国际化综合交通枢纽建设和城际间的高铁及轨道交通发展，进一步增强国际消费中心与周边城市、全球各地消费中心城市之间的互联互通，以消费中心城市为枢纽，加强构建以航空运输、高速铁路为主要支撑的交通网络。在大型城市内部，注重完善商业设施布局，加快建设高水平城市公共交通体系。适当调整消费中心城市的发展规划，将部分工业用地活化为商业用地。改善城市接待设施，提升出行便利度，优化旅游交通设施和景点标识，提供多语言导游资料。

顺应大数据、互联网等新技术广泛应用于消费的大势，充分利用大数据、互联网技术，大力发展智能消费。提升城市信息化水平，特别是强化信息化在各类商业载体中的覆盖和应用。加强优质智能商品推广与消费体验，促进智能设备与实体销售结合，推进服务智能与智能服务发展，引领培育智能零售消费、智慧服务消费、信息消费，以智能消费发展满足国内外消费者个性化、特色化、定制化等多元化商品和服务需求。

便捷物流通道，优化商品流通链条。加快国际物流枢纽和口岸建设，实现国际货物运输铁路、公路、水路、空运的无缝衔接，进一步简化货物通关手续，压缩通关时间，以便捷的物流使商品运输和流通成本降低。

加强城市商圈改造和建设用地保障。将商圈打造、商业设施建设与城市功能调整、产业转移升级及城市更新统筹推进，积极探索利用城市更新、工业园区转型及集体土地等土地资源的新方式，进一步提高城市用地使用效率。

4. 打造消费集聚区

建设国际消费中心城市，中心性可更多地定位于国内市场，立足国内市场，着眼吸引境外高端消费回流；国际性可定位于建设以东南亚和欧洲为主要辐射区域的国际消费中心城市，并逐渐向全球拓展。打造跨境消费集聚区，重点是改造提升跨境消费综合体；拓展跨境商品展示区的功能和范围，促进购物、休闲、娱乐于一体的消费链形成；开展进口商品集中折扣、欧洲和东南亚主题购物节、世界文化生活体验、全球美食品鉴等活动。鼓励跨境电商、市场采购贸易、外贸综合服务企业等外贸新业态的综合发展，多渠道扩大中高端消费品进口，丰富国内消费市场的供给和促进国内消费品市场竞争，倒逼国内制造业转型升级，加快产品创新和品质提升，培育自主品牌和增强竞争力。加强本土品牌和商品品质建设，积极扩大中高端消费品供给。

借鉴国际一流中心城市发展经验，充分发挥旅游在城市提升和消费拉动上的作用，推进全域旅游发展吸引域外高端消费。依据全域旅游的思路，在城市景观、城市公共基础设施、城市管理和服务上对标国际先进标准。提升旅游消费业态，重点发展游客停留时间更长、境外游客更为偏爱的都市休闲游，改造提升景观景点，以景点观光游带动都市休闲游。以高品质商品和服务满足消费者高端需求,以品质品牌提升旅游消费满意度,推动本土商品走出去和境外游客引进来。

合理规划和着力打造一批具有较强国内外影响力的新型消费商圈或商业街区,培育新型消费发展载体。通过加快引入新业态、新品牌、新商业模式,拓展新型消费产业和各类生活性服务业发展空间,强化消费中心城市"买全球""卖全球"的商业贸易功能,促进传统商圈向消费体验中心、休闲娱乐中心、文化时尚创意中心、产品和服务设计定制中心、消费业态和模式创新中心等新型发展载体转变。

5. 提高国际消费便利化水平

在进一步简化、优化人员和货物出入境管理的基础上,积极扩围双边免签证国家,加强国内不同口岸和城市出入境信息共享;探索对游学、医疗、美容、庆典、老龄等特殊游客和人群提供入境签证便利化措施;提高邮轮母港的游客出入境管理便利化水平,为境外游客入境旅游消费提供条件。重点结合消费升级和吸引国际消费研究推进消费税改革,进一步降低中高端消费进口税负,加快海南等地免税政策的复制推广,扩大国际游客退税试点地区并进一步简化退税程序。

同时加快提升城市的国际化环境,特别是语言环境,规范公共场所的外语标识,建立多语种的服务呼叫中心,并探索建立符合国际惯例的快捷消费纠纷处理、紧急医疗等救助机制。

6. 以改革为主线提升消费中心城市的市场环境

(1)国际化、法治化的营商环境。这是吸引全球高端品牌和商户入驻,以及城市软实力的核心所在。建议按国际主流做法和标准,进一步深化商事制度改革,取消和优化政府审批,按照全面推进依法治国的战略部署,加快推动形成法治环境,建设法治城市。同时,进一步提升服务业对外开放水平,简化和优化人员和货物出入境管理手续,推动消费中心城市的管理体制改革,增强城市的包容性与多元化。

(2)开放有序的产业环境。进一步放宽健康医疗、整容美容、文化创意、休闲娱乐等新兴消费服务领域的市场准入,简化资质条件和审批流程,打破垄断，重点鼓励民营资本投资。重点加快健康医疗、教育文化、休闲娱乐等新兴消费服务领域的对外开放步伐，在国际消费中心城市加快试点探索国际通行的负面清单制度，鼓励外商投资消费服务领域。

（3）科学有效的市场秩序环境。建议改革和创新市场秩序监管制度，减少政府对市场不必要干预的同时，提升政府依法履职能力。在消费中心城市探索建立由单一部门负责的商品质量、食品安全、市场秩序综合监管体系，依法严厉打击制假、售假行为，净化消费环境。在法治框架下提供多元化、便捷低成本的消费者维权途径。全面推进社会信用体系建设，突出商业诚信建设，提高居民诚信意识。

7. 加强消费中心城市的对外宣传

加强消费中心城市的对外宣传，通过旅游门户网站、国内外重点社交网站等加以推广。城市品牌的作用是将一座城市的独特价值定位清晰地展示给不同利益群体，从而吸引和利用宝贵的资本、人才、产业、市场、文化等社会资源，提高市民、企业、投资者、游客等对城市的认知度、忠诚度和美誉度，从而构建城市的竞争优势。进入 21 世纪以来，我国已经有越来越多的城市通过其地理、文化、政策等优势来推销自己，通过营销定位打造独具特色的城市品牌，如香港定位为"亚洲国际都会"，杭州定位为"世界休闲之都"，海南定位为"健康岛"，南宁定位为"中国绿城"，洛阳定位为"牡丹城"，十堰定位为"汽车城"，西昌定位为"卫星城"，等等。大连靠城市环境和国际服装节，名扬海内外；上海通过举办亚太经合会和世博会，向世界展示了其最富有发展潜力的城市形象；青岛通过举办 2008 年奥运会帆船比赛而引起了全球关注；深圳通过举办"高交会"大大促进了高新技术的发展，高新技术产业占经济的比重已居全国城市首位，深圳已成为我国高新技术创业者的乐园。

第九章 北京经验：从古典向新生消费中心城市的蜕变

特里·克拉克曾指出，"在过去的 10 到 20 年里，德国埃森、意大利那不勒斯、哥伦比亚波哥大和美国芝加哥等重工业城市通过富有创造力的市长和艺术改变了自己，我们看到这些城市的更多的书店、互联网站点、咖啡商店和各种文化活动"。克拉克表明他引用这些城市是出于"它们迅速而深刻的强大的政治领导人的转变，而不仅仅是悠久传统的延续，就像在巴黎或北京"。本书认为，克拉克对北京的理解不够充分全面，而且他写作的时间是 2007 年。事实上，北京不仅经历着"更多的书店、互联网站点、咖啡商店和各种文化活动"的革新，而且经历着从数量到质量的转型，在整个中国乃至世界的城市更新中伫立潮头。

第一节 消费视域下的北京城市定位变迁

李玲、许学强分析了城市在区域发展的不同阶段扮演的不同角色，认为我国城市存在一个从消费型城市逐步变为生产型城市再逐步走向生活型城市的演变过程。[①] 从消费视角切入，细数北京从 1949 年至今的城市定位变迁，可以发现北京基本符合这个规律。

一、1949 年以前：一个古典消费型城市

"北京城是地球表面上，人类最伟大的个体工程。"美国建筑师贝肯（Bacon）曾做此断言。明清北京城的前身为 1264 年营建的元大都城。按照

---

① 李玲，许学强. 50年来我国城市主导功能的发展变化：从消费城市向生产城市、生活城市的转变［J］. 人文地理，2001（2）：26-29.

韦伯的城市类型学,古老的北京从建城以来就是典型的消费型城市。作为中国自古以来的皇城,北京集中了大量的官僚及其军队和家属,通过消费俸禄和各类所得变成"食利者",即便普通市民也有很多非生产性的收入用于消费,例如获得从外地进贡来的财物的零头和边角料,根据掌握宫廷内部信息而获得中介费等。①

  1949年以前,北京经历过三次所谓的"城市规划"。第一次发生在1915年至1937年抗日战争爆发以前。1915年,被誉为"北京城改造第一人"的朱启钤开启了对北京城的现代化改造。朱启钤曾任清末京师大学堂译学馆监督、北京外城巡警总厅厅丞、津浦路北段总办等职。辛亥革命后,他又先后任政府交通部总长、内务部总长,并一度兼代国务总理。中华人民共和国成立后,朱启钤任中央文史馆馆员、全国政协委员。②朱启钤在就任巡警总厅厅丞期间,需要常去北京城各处巡察,他酷爱古建筑学,对此颇有造诣,对北京城里几乎所有的街道、建筑都烂熟于心。除此之外,朱启钤也是"中国营造学社"③的创办人,并邀请梁思成加入,对梁思成在中国建筑史上所取得的成就影响巨大。从1915年起,时任内务部总长兼北京市政督办(相当于市长)的朱启钤主持了改建正阳门、新华门,开放中央公园(今中山公园),建设北京环城铁路及东西火车站等几个重要的城市景观、交通工程④,打通了府右街,南、北长街,南、北池子等南北干道,便捷了京城南北的往来,开辟了城市公共空间。在他之前,中国的城市从来没有在人行道两旁种树的记录,是他在北京种上槐树和杨柳,使古老的北京城透出一股现代化气息。难能可贵的是,这位改造北京的第一人自始至终都十分注重古建筑的保护,他第一个提出"修旧如旧"的概念,也第一个颁布《胜迹保护条例》。⑤1928年,南京国民政府成立,北京改名北平,由中华民国首都降格为特别市,在此后几任市长中,仅1933年6月16日至1935年11月在任的

---

① 张柠. 城市观察:北京是典型的消费型城市[N]. 新京报,2007-11-01.
② 见故宫博物院网站,https://www.dpm.org.cn/donate/102731.html。
③ 在中国古代汉语中,一切土木工程都叫"营造"。
④ 何先龙. 朱启钤[A]. 开阳:中共开阳县委党史研究室,2019.
⑤ 李远江. 从"民国规划"到"梁陈方案"[J]. 时代教育(先锋国家历史),2009(10):55-61.

第九章　北京经验：从古典向新生消费中心城市的蜕变

袁良，在北京建设与管理上取得了可圈可点的成就。袁良组织制定的《北平市政三年建设计划》(1934—1936)，涉及城市交通、水源治理、古建筑保护、公共绿化、夜间照明等，提出把北平打造成为"全世界唯一优良住宅区"，类似今天所说的"全球最宜居城市"。在袁良的带领之下，北平现代化建设又向前推进了一大步，一度被当时的国民政府定位为"旅游城市"。袁良卸任之后，继任的市长均政绩平平，北平的城市建设基本停滞。[①] 第二次发生在1937年至1945年。1938年，由日本学者佐藤俊久与山崎桂主持编制的《北京都市计划大纲》，将北京市定位为华北地区政治、军事和文化中心。尽管这个城市发展规划吸纳了日本保留古代建筑、建立东京新城的技术经验，也比较重视对北京古建筑的整体保护，甚至准备恢复被英法联军烧毁的圆明园，对其后北京城市发展有一定的借鉴意义，但终极目的还是为了侵占中国、服务日侨，并不是真正为了发展中国城市、造福中国人民。伪北京市政府除在五棵松建起了部分新市区并打通了连接复兴门和新市区的道路以外，城市建设几乎毫无建树。[②] 第三次发生在抗战胜利后。1945年8月，日本战败投降，国民党政府接收北平，在日本规划方案基础上修改而成的"北平都市规划"，沿用1928年以前的市界行政区划，提出"一面整理旧有文物名胜，同时计划建设为近代化都市"[③]。

繁荣的商业是这座城市被冠以"古典消费型"之称的重要缘由。1949年之前，北京就流传着这样一句老话："东有东安，西有西单。"出版于1909年（清宣统二年）、如今收藏于首都图书馆的古籍《京华百二竹枝词》中，专门有描绘东安市场的经典之语："新开各处市场宽，买物随心不费难。若论繁华首一指，请君城内赴东安。"词中所描绘的即是东安市场的商业盛景，意为"各处创立市场，以供就近居民购买，东安市场货物纷错，市面繁华，尤

---

① 宗绪盛. 一件"弹劾"北平市长袁良的往事[J]. 北京观察，2016（11）：76-80.
② 齐峰. 日伪时期的《北京都市计划大纲》：产生的原因与性质初探[J]. 首都博物馆论丛，2008（22）：134-145.
③ 摘自《北平市新市界草案》原文，见北平市工务局编《北平市都市计划设计资料第一集》，1947年8月，第73-75页。

为一时之盛"①。东安市场的原址本是清代吴三桂的平西王府,"三藩之乱"后被夷为平地,成为神机营的练兵场。1903年,慈禧批准开放当时已经废弃的神机营操场,原来在王府大街两侧摆地摊的小商小贩,全被收容进神机营旗兵操练场统一管理,于是便有了东安市场(图9-1)。由于此地距离使馆区近,各国商号也来此经营,东安市场逐渐从摆摊设点的露天市场,发展成为一个商号、书店、游艺无所不包的超级市场。至于历史悠久的西单商场,其起源最早可以追溯到1930年厚德商场的开业,后来又陆续建起富德、益德、惠德、福寿和临时商场,共计六个商场,统称为西单商场。②

图9-1 民国东安市景图(张希广 作)

二、1949—1978年:工业化背景下消费产业的砥砺前行

1949年5月,北平和平解放仅三个多月,都市计划委员会成立,专门负责城市规划编制工作,市长叶剑英兼任主任,梁思成任副主任,开始研究和编制首都城市规划,筹划首都未来建设大计。尽管1949年后北京第一个总体规划编制思考了首都除政治、文化中心以外要不要发展工业的问题,但落后的消费城市面貌与首都地位极不相称,一个几乎没有现代工业、160多万城市人口规模的城市就有30万人失业,不发展生产,便无从解决人民的

---

① 宗泉超. 历史上的东安市场[C]// 纪念北京市社会科学院建立十周年历史研究所研究成果论文集, 1988.
② 孔德孟. 1949-1978:计划经济时代下的北京商业梦[EB/OL]. (2019-08-30)[2020-12-25]. http://news.winshang.com/html/066/2745.html.

第九章　北京经验：从古典向新生消费中心城市的蜕变

生计。[①] 在新中国成立初期国家着力迅速恢复和发展城市生产、完善国家工业体系的大背景下，北京这座古老的消费城市也和国内其他众多城市一样，步入了如火如荼的城市工业化，把"消费的城市"变成"生产的城市"，成为城市工作的中心。从1953年的《改建与扩建北京市规划草案的要点》开始至1978年，北京城市规划经历了三次修改[②]，但始终没有脱离"改造旧城""发展大工业、大生产"的核心思路。

新中国成立初期，由于私营工商业从业者对未来经济发展充满迷茫，因此当时北京商业的发展状况并不理想。根据北京商业部门统计，从1949年10月1日至1950年4月15日，北京市私营商户新开业5 963户，歇业3 005户，但其中新增多是小户，歇业者多是大户，还有不少商户缩减规模，此外，准备歇业的商户也有很多。从1951年底开始，公私合营的趋势已经不可避免，人们熟知的全聚德、同仁堂等老字号企业变成了国有企业，到1956年1月10日，北京市宣布实现了全行业的公私合营。在完成社会主义改造运动后，关于商人、资本、自由经济、消费者这些关键词成了旧世界的记忆，这一阶段主要以计划经济下的国营商业为主，北京商业也正是在此背景下起步发展的。

作为首都，那时北京的轻工业并不发达，商品供应长期得不到满足，商业发展百废待兴。1952年，北京市百货大楼的建设提上了议程，1955年正式举行了开幕典礼，是我国自行设计、自行投资建设、自主经营的第一座大型国营百货商店，也是当时计划经济年代下唯一一家被批准享有全国采购权的零售企业，不仅能从上海、广州等大城市进货，还能销售国外的进口商品，被誉为"新中国第一店"。在百货大楼成立时，北京市政府号召500余位北京零售行业年轻精英助力百货大楼经营，这些零售精英后来成为百货大楼第一批商业骨干，而这也正是王府井集团传承北京商业基因的开始。这座北京乃至全国知名的百货大楼的出现，为王府井商圈雏形的确立立下

---

① 董光器. 五十七年光辉历程：建国以来北京城市规划的发展[J]. 北京规划建设，2006（5）：13-16.

② 董光器. 五十七年光辉历程：建国以来北京城市规划的发展[J]. 北京规划建设，2006（5）：13-16.

了汗马功劳,同时,也标志着首都商业正式进入国营时代。这一时期首都服务业也经历了从匮乏到繁荣的发展。为了改变北京服务业落后的面貌,周恩来总理提出"繁荣首都服务行业"。"鸿霞""造寸""万国""雷蒙""蓝天"在内的21家服装店和"中国""国泰""普兰德"等理发、照相、洗染、餐饮等上海服务业纷纷赴京,其中大多落户于王府井、前门、西四等繁华商业区,这些名店为北京商业发展贡献了不可忽视的力量。[1]

在这个阶段,商业和消费活动存在的目的是为生产服务,而并不是以为人们提供自由的商品交换为主旨。尤其是在"文化大革命"期间,社会经济遭到极大破坏,消费被紧紧地压抑着。

三、1978—1989年:改革开放激发消费释放

1980年,中央书记处对首都建设做出明确指示——"重工业基本不再发展"。鉴于北京已建立起较强大的工业基础,市区工业特别是重工业发展过大过多造成能源、水源、用地、交通的全面紧张,影响政治、文化中心功能的正常发挥,北京市于1982年重新编制了《北京城市建设总体规划方案》上报国务院。1983年,党中央、国务院批准了这个总体规划,并做了重要批复。城市性质中不再提"经济中心",而是强调发展适合首都特点的经济,强调除工业外的多种产业的发展,在旧城保护与改造的关系上更强调保护,还第一次把环境保护作为重要专题列入总体规划,提出了"治山治水、防治污染、兴利除弊、提高环境质量"的目标。[2] 随着改革开放政策的实行,计划经济逐渐解体,在新的总体规划指导下,北京经济发展水平、居民可支配收入都得到了空前的提高,消费者的购买力也大幅增加。被压抑的消费释放出来,城市消费开始反弹,消费成为北京人民生活的主旋律。

与改革开放前以国货主导的市场不同,国外品牌的加入造就了全新的

---

[1] 黄加佳. 繁荣首都服务业 50年前上海名店大迁京[N]. 北京日报,2011-08-06.
[2] 董光器. 五十七年光辉历程:建国以来北京城市规划的发展[J]. 北京规划建设,2006(5):13—16.

第九章 北京经验：从古典向新生消费中心城市的蜕变

商品和服务市场。一个历史性的事件是1979年底美国知名品牌可口可乐重新进入中国市场，事实上，可口可乐1927年就曾在上海设立工厂，叫正广和汽水厂，到1948年上海的可口可乐销量已经突破100万箱，但随着1948年美国大使馆离开中国，可口可乐也撤出了中国。1979年，可口可乐意欲重返中国市场时，北京成了可口可乐"复出"中国的第一站，在北京市的支持下，可口可乐将新的装瓶生产线设在北京五里店中粮总公司下属北京分公司的一个烤鸭厂里。①1987年，肯德基正式进入中国市场的第一家店也是选址在北京前门这个古老的商业中心（图9-2）。当时的肯德基远远没有现在这般多样化的产品，只有原味鸡、鸡汁土豆泥、菜丝沙拉、面包、可乐、七喜、美年达等，两年以后才有4.5元的汉堡面世。考虑到中国的酒文化，肯德基开业时还供应了听装的北京五星啤酒，其本土化的思路可以略见一斑。肯德基开业菜单上有7.3元/份的套餐：2块吮指原味鸡＋鸡汁土豆泥＋菜丝沙拉＋小餐包，其中一块原味鸡的售价为2.5元。尽管与当时人均几十元的收入水平相比，价格显得高昂，但人们的热情更高，前来尝鲜的消费者排起长队，甚至有人专门前来与店面门口的山德士上校的塑像合影，其盛况堪比如今的"网红"店。在今天看来，这些消费行为背后的本质没有变化，那就是消费者的"求新"心理推动了城市消费的升级。

图9-2　肯德基北京前门店

资料来源：http://www.dianping.com/photos/1232931934.

---

① 马立诚. 交锋三十年：改革开放四次大争论亲历记[M]. 南京：江苏人民出版社，2008：75-84.

除了消费品类的丰富，新兴的商品和服务还革新了人们的消费和生活方式。生活家电逐步多样化，电视、冰箱甚至饮料和咖啡售卖机开始出现在人们的生活中，也改变了人们的消费习惯。人们开始使用冰箱来提前购买和储存食物，增加了食物的消费支出。自行车成为北京城里主要的通勤工具，扩大了人们的生活、社交和消费范围。电影院、迪斯科舞厅等成为新的休闲方式，吸引了一众年轻的消费群体。

四、1990—2008年：城市按下"国际化"键

20世纪90年代北京开启城市国际化的发展新篇章。1993年国务院在《北京城市总体规划》（1991—2010年）的批复意见中，明确指出要"通过不懈的努力，将北京建成经济繁荣、社会安定和各项公共服务设施、基础设施及生态环境达到世界第一流水平的历史文化名城和现代化国际城市"。北京成为继上海之后又一个确立国际化战略的城市。2004年，由于经济发展和城市建设速度超出了1993年版总体规划的预计，《北京城市总体规划》重新修编，国务院在关于《北京城市总体规划》（2004—2020年）的批复（国函〔2005〕2号）中再次重申了"强化首都职能，突出首都特色，不断增强城市的综合辐射带动能力，努力将北京建设成为经济繁荣、文化发达、社会和谐、生态良好的现代化国际城市"的建设目标。将北京未来的发展目标定位于国家首都、世界城市、文化名城，并首次提出"宜居城市"概念。在这一时期北京城市国际化进程中，两次国际化体育盛会起到了标志性、历史性的重要作用。首先是1990年9月22日，中国举办的第一次综合性国际体育大赛——第11届亚运会在北京拉开帷幕。亚运会的召开对北京城市发展有着跨时代的节点意义，它成为北京城市国际化的起点，成为北京乃至中国向世界展示中华民族文化气质和泱泱大国形象的窗口。其次是意义更为重大的2008年第29届奥林匹克运动会。自2001年7月13日北京成功取得2008年奥运会主办权以来，如何举办一场举世无双、无与伦比的奥运赛会的战略构想就与首都城市现代化和国际化的历史进程融为一体。北京奥运

第九章　北京经验：从古典向新生消费中心城市的蜕变

会提出的"绿色奥运、人文奥运、科技奥运"三大理念，成为推动城市与国际接轨最直接的驱动力。表9-1中三个主要年份的数据能够为北京城市的国际化发展历程提供强有力的证明。

表9-1　1990年、2000年、2008年北京城市经济和社会发展相关指标比较

	指标	1990年	2000年	2008年
能源、资源和环境	城市绿化覆盖率（%）	28.0	36.5	43.5
	污水处理率（%）	7.3	39.4	78.9
对外经济贸易	北京地区进出口总值（亿美元）	236.4	494.0	2 717.1
	实际利用外商直接投资额（亿美元）	2.8	24.6	60.8
批发和零售业、住宿和餐饮业	社会消费品零售总额（亿元）	345.1	1 658.7	4 589
旅游业	入境旅游者人数（万人次）	100.0	282.1	379
	旅游外汇收入（亿美元）	6.6	27.7	44.6
科技	技术合同成交总额（亿元）	20.3	140.3	1 027.2
	专利授权量（件）	2 268	5905	17 747
文化	公共图书馆总藏数（万册）	2 205	3 020	4 100
	博物馆及其他文物保护机构（家）	46①	53	71
	电影放映场次（万场次）	20.7	12.2	46.8

资料来源：北京市统计局，国家统计局北京调查总队.北京统计年鉴2009；北京统计年鉴2019[M].北京：中国统计出版社，2009，2019.
①此项指标在北京统计年鉴中无1990年数据，1989年和1991年数据均为46。

北京奥运会对北京市的驱动作用主要表现在以下四个方面。

第一，奥运驱动了城市的宜居发展。气候条件是成为有竞争力的消费城市的重要因素之一。北京的气候为典型的北温带半湿润大陆性季风气候，

夏季高温多雨，冬季寒冷干燥，春、秋季短促，曾经频繁遭到沙尘暴的侵袭，相比国内其他沿海城市，城市气候条件并不是特别宜居。在绿色奥运理念的激励下，从政府到民众都将环境保护、城市绿化等提到了一个前所未有的高度，城市基础设施、自然环境、绿化植被等得到有效的治理和改善，提升了北京作为国际城市的生活品质。

第二，奥运驱动了城市产业结构优化升级。奥运场馆、奥运会运动员村、媒体村等相关设施的建设直接拉动了建筑业、通信设备、交通运输、旅游会展等行业的发展，同时也有力促进了金融保险、信息传输、商务服务、文化创意等产业的加速发展，为首都产业结构优化升级提供了新的动力，2008年北京市服务业比重为72.4%，呈现出后工业时代消费城市的典型产业结构特征。

第三，奥运驱动了城市服务国际社会、吸纳国际资本能力的提升。通过筹备奥运，北京的政策、资金、人才优势不断显现，信息、法律、商务等国际化专业服务能力不断提高，为国际社会服务的城市功能不断健全。与此同时，北京的对外开放水平进一步提升，跨国公司总部、国际投资等方面的数量和质量均有了较为明显的提升。

第四，奥运驱动了城市文化的对外传播。2008年的奥运孵化了一个新的世界文化中心，挖掘出北京作为奥运主办城市独特的文化资源、文化价值的潜能，以独有的文化影响力征服了世界，而这些正是后工业时代国际城市应有的核心竞争力。至此，一座现代化国际消费城市的轮廓日益清晰。

五、2008—2015年：创新推动城市高质量发展

举办奥运之后，主办城市甚至国家的经济会不会出现"奥运低谷效应"？或者说，相对于筹办奥运过程中形成的对经济增长的拉动和市场需求的刺激，奥运后会不会产生周期性甚至长期的经济疲软？"奥运低谷效应"曾在巴塞罗那奥运会和悉尼奥运会后出现，1986—1993年，巴塞罗那房地产过度发展，住宅价格上涨了250%~300%；悉尼奥运会后的1~2年，"地

第九章 北京经验：从古典向新生消费中心城市的蜕变

产泡沫"的表现也非常明显。人们对北京奥运之后的经济走势和前景更为关注。

事实上，北京用创新打出一套组合拳，使城市发展在各方面交出了一份漂亮的答卷。

何爱比较了天津、上海、广州、深圳与北京的城市创新职能。在多种测度框架下，北京的城市创新规模都是全国首位。北京交通信息业、科教文卫业的创新职能结构和强度都较高，北京商贸业、金融房地产业、科教文卫业的城市创新职能综合创新效率最高；在交通运输、仓储和邮政业、信息传输、计算机服务和软件业、金融业、科学研究、技术服务和地质勘查业，文化、体育和娱乐业等行业部门的城市创新职能在全国范围内具有绝对的优势。① 由清华大学和麦肯锡公司合作发布的主要城市的创新能力量化评价，从创新空间、创新投入和创新产出三项因素对 161 个地级市进行了整体评估与分析，北京稳居全国第一。从具体指标看，北京各项创新产出指标均位居首位，全年研究与试验发展（R&D）经费支出 1 367.5 亿元，比上年增长 7.8%，相当于地区生产总值的比例由 2010 年的 5.82% 提高到 2015 年的 5.95%。全市研究与试验发展活动人员 35.5 万人，比上年增长 3.4%。专利申请量与授权量分别为 156 312 件和 94 031 件，分别增长 13.2% 和 25.9%，其中发明专利申请量与授权量分别为 88 930 件和 35 308 件，分别增长 13.8% 和 51.9%。全年共签订各类技术合同 72 272 项，增长 7.4%；技术合同成交总额 3 452.6 亿元，增长 10.1%。"十二五"时期，专利申请量与授权量累计分别达到 58.8 万件和 32.3 万件，分别比"十一五"时期增长 1.8 倍和 2.2 倍；累计签订技术合同 315 814 项，实现技术合同成交额 13 788.6 亿元，分别比"十一五"时期增长 23.3% 和 1.5 倍。②

此外，在奥运之后，北京为了进一步弘扬奥运精神，巩固和扩展奥运成果，推进"人文北京、科技北京、绿色北京"建设，在北京市人民政府和中国奥林匹克委员会积极推动和倡导下，于 2009 年 8 月北京奥运会成功举办

---

① 何爱. 北京城市创新职能研究[D]. 广州：广州大学，2013.
② 《北京市2015年暨"十二五"时期国民经济和社会发展统计公报》，北京市统计局网站。

一周年之际成立北京奥运城市发展促进会。这也是奥运会举办城市中的创新之举,能够充分利用成功举办奥运会所形成的坚实基础和有利条件,继续倡导奥运精神,大力开展文化、教育、体育、青少年、残疾人、志愿者服务等社会公益事业,进一步拓宽国际交流与合作渠道,加快北京现代化、国际化城市建设。

六、2016 年至今：城市的可持续、协同化发展

2016 年又是北京城市发展具有划时代意义的一年,《"十三五"时期京津冀国民经济和社会发展规划》印发实施。这是全国第一个跨省市的区域"十三五"规划,是京津冀协同发展重大国家战略向纵深推进的重要指导性文件,明确了京津冀地区未来五年的发展目标。2016 年 3 月 24 日,习近平主持召开中央政治局常委会会议,审议并原则同意《关于北京市行政副中心和疏解北京非首都功能集中承载地有关情况的汇报》。2016 年 5 月 27 日,习近平在主持召开中央政治局会议时指出,"建设北京城市副中心和雄安新区两个新城,形成北京新的'两翼'。这是我们城市发展的一种新选择""在新的历史阶段,集中建设这两个新城,形成北京发展新的骨架,是千年大计、国家大事"。两个新城的建设是"疏解北京非首都功能、推进京津冀协同发展的历史性工程",它们如鹰之双翼,助京津冀一飞冲天。至此,城市发展走上以"可持续"和"协同化"为双重主旋律的新道路。

2016 年,围绕"建设一个什么样的首都,怎样建设首都"这一重大问题,北京市组织编制了新一版城市总体规划,这是 1949 年以来首都的第七版总体规划。2017 年 9 月 13 日,中共中央、国务院批复《北京城市总体规划(2016—2035 年)》。2017 年 9 月 29 日,《北京城市总体规划(2016—2035 年)》公开发布,明确提出北京的一切工作必须坚持全国政治中心、文化中心、国际交往中心、科技创新中心的城市战略定位,履行为中央党政军领导机关工作服务,为国家国际交往服务,为科技和教育发展服务,为改善人民群众生活服务的基本职责。

第九章　北京经验：从古典向新生消费中心城市的蜕变

《北京城市总体规划(2016—2035年)》描绘了新时代北京城市规划建设的新蓝图，开启了建设国际一流和谐宜居之都的新征程。摆在北京面前的三件大事是：精心组织实施新一版北京城市总体规划；以疏解北京非首都功能为"牛鼻子"推动京津冀协同发展；全力筹办好2022年北京冬奥会、冬残奥会。至此，一个古老消费城市完成了从消费走向生产，又从生产回归到以和谐宜居的生活质量为发展主旨，以非工业化的政治、文化、科技等功能为主导力量的新生消费城市的蜕变和巨变。

第二节　北京的"地方反营销"实践

在北京城市的新定位与新任务指导下，北京正在经历着特大型城市疏解过程中的"地方反营销"[1]，这与一般意义上城市营销对人口流入的"吸力"政策大相径庭。

一、"地方反营销"的理论含义

在营销学中，反营销(reverse marketing)一般有两种含义。一种是指企业或其他组织不采用常规的营销手段来影响消费者的购买决策，类似于反向心理学。例如，某品牌推出"不要买这个"广告，这个广告要求顾客在每次购买前三思而后行，为品牌描绘了一个对环境负责、以可持续发展为中心的健康形象，事实上引起了更多客户的共鸣，从而增加了其销售额。[2] 剑桥英语辞典对"反向营销"的定义是"使人们更容易找到和选择特定公司的产品和服务的活动，例如通过一般广告，而不是向特定的潜在客户群进行营销，反向营销的目标是以一种能让消费者找到进行营销的公司的方式来

---

[1] 科特勒，等. 地方营销：城市、区域和国家如何吸引投资、产业和旅游[M]. 翁瑾，张惠俊，译. 上海：上海财经大学出版社，2008：323.

[2] https://www.marketing91.com/reverse-marketing/.

推销产品"。第二种是供应链管理角度，原本属于买方地位的企业或组织也需要开展营销活动，例如，采购企业意识到，市场环境的巨大变化要求它们的功能发生巨大变化。在越来越多的企业中，采购正变得积极主动，具有重要的战略意义。这种现象被称为"反向营销"。比曼斯、布兰德（Biemans & Brand）曾通过描述企业如何利用众所周知的营销理念和工具实施逆向营销，来探讨这一概念。一个虚构案例的详细描述说明了如何使用基本的营销原则来实现主动采购。①

科特勒是第一个正式提出"地方反营销"概念的学者。他认为进入20世纪90年代以后，关于人口流入和环境与就业的矛盾，成为地方政府越来越关注的两个趋势。如果一个地方偏向于对环境的关注，则其政策可能会对低收入人群、制造业以及经济型房屋不友好。当地方在决定哪些居民是他们吸引、保留或是接受的对象时，它们通常会面临认同危机。地方之间的差异导致了其对居民开展的营销差异。这是一个世界性的难题和共同话题。

二、"地方反营销"的北京案例及启示

科特勒的研究更多是基于20世纪90年代的美国城市，他的书中也没有能直接指导今天的中国大型城市营销道路的答案。而在对于北京城市营销案例的研究中，我们看到北京的做法在某种程度上尝试解决了其提到的两个难题，并为正在发展中的中国城市化进程提供了面向未来的富有预见性的经验。

（一）首钢园：从工业遗存到冬奥场馆

百年首钢是北京历史的见证者，也是北京消费城市发展历程的写实。1919年，在京西石景山建设的官商合办的烟铁矿股份有限公司炼厂是北京近代黑色冶金工业起步的标志。抗日战争时期，日本侵略者强行占有炼厂，

---

① BIEMANS W G，BRAND M J．Reverse marketing： a synergy of purchasing and relationship marketing [J]．International journal of purchasing & materials management，1995，31（2）：28-37．

第九章　北京经验：从古典向新生消费中心城市的蜕变

将其改组为"南满"铁道株式会社华北兴中公司下属的"石景山制铁所"。1945年11月，国民政府行政院资源委员会接收石景山制铁所，改名石景山钢铁厂，1948年初，该厂一座高炉出铁，当年产铁3.6万吨。1948年，中国人民解放军在华北、东北战场上节节胜利，国民政府急令石钢南迁。该厂的中共地下党组织在华北局城工部领导下组织工人开展"反南迁，迎解放"的护厂斗争，使工厂较完整地得以保存。北平解放后，石钢于1949年6月恢复生产。到1952年底，北京黑色冶金工业全面恢复，石灰石开采、烧结、炼焦、炼铁、铸造、轧钢设备全部投产。3年内，石钢实现了自1919年建厂30年未完成的目标，达到并超过了设计生产能力，年产生铁34.4万吨。1958年5月，石景山钢铁厂开始扩建，并于当年改组为石景山钢铁公司。北京地区初步形成由石景山钢铁公司和冶金局所属地方企业构成的黑色冶金产业。1966年，石景山钢铁公司改名为首都钢铁公司，"文化大革命"爆发后，首钢一度停产，在周恩来总理的批示下，生产得以恢复。1979年，首钢被国家确定为改革试点企业。1992年，首都钢铁公司改名为首钢总公司。1996年9月，首钢集团正式成立。2005年2月18日，国家发改委回复批示，同意首钢减产、搬迁、结构调整和环境治理方案。2005年6月30日上午8时，炼铁厂五号高炉正式熄火，首钢北京地区涉钢系统压产、搬迁正式启动。2005年10月22日，首钢京唐钢铁联合有限责任公司宣告成立。2010年，北京首钢石景山厂区全部停产，全部搬迁至曹妃甸工业区。百年首钢，在北京工业发展历史上做出巨大贡献，甚至成为北京城市地标之后，又开启了自己新一轮的华丽转身。

首钢搬迁的决定，与北京获得2008年奥运会主办权有直接的关系，更与北京城市发展水平和所处阶段有着深层次的关系。改善北京的大气状况从而呈现给全世界一个蓝天白天的北京固然是首钢搬迁的原因之一，更重要的是适应首都产业结构调整新要求、实施产业结构优化升级、北京建设国际化大都市、京津冀协同发展等战略。

2008年北京夏季奥运会成功举办后，2016年北京又携手张家口获得2022年冬季奥林匹克运动会的举办权，北京由此成为全球首个既举办过夏季奥运会又将举办冬季奥运会的城市。而随着北京申办2022年冬奥会的成功，首钢又一次与奥运结下不解之缘。2008年北京奥组委位于北四环学院桥的奥运大厦，已成为地标建筑。这一次，北京冬奥组委则选择落户于首钢西十筒仓。西十筒仓位于首钢北京园区西北端的石景山脚下，是一个由多座炼铁原料区筒仓改造而成的工业遗存项目。这些以前是放原料的筒仓在改造后总建筑面积近2.6万平方米，每筒有6~7层，单层面积约400平方米，层高约4.5米。同时，新建钢结构加层，构建出多元化的空间形态。冬奥组委改造装修在节能、节水、建材选用等方面凸显绿色生态特色。运用了光伏发电、太阳能光纤照明、无负压供水系统、雨水收集和利用系统等先进节能新技术，景观道路铺装使用了由园区拆除的建筑垃圾烧制而成的再生透水砖（图9-3），诠释了可持续发展、节俭办赛的冬奥会理念。①

图9-3 建筑垃圾烧制而成的再生透水砖
资料来源：顺景园林。

此外，另有1 800平方米的精煤车间及周边地区用于改造和新建国家体育总局冬运中心的训练馆，四个场馆被称为"首钢四块冰"，分别承接花样

---

① 李婷婷. 冬奥组委落户首钢老厂区带动第三产业升级［N］. 新京报，2016-02-22.

第九章　北京经验：从古典向新生消费中心城市的蜕变

滑冰、短道速滑、冰壶和冰球项目的训练和比赛。

　　工业遗产的开发利用是城市转型发展亟待解决的问题。许多城市巧妙利用闲置的厂房和设备，精心打造文创产业园、时尚设计园、爱国主义教育基地等，厂房变成博物馆，仓库改成音乐厅，厂区转为影视基地，或将工业遗产与工艺品的制作与销售结合起来。[①] 在此之前，位于青岛的北海船厂已改造成为奥帆中心，并顺利举办了北京奥运会、上合峰会。[②] 而将奥运文化与工业遗产大规模、完美结合，在国际国内也属首创之举。在地理区位、空间资源、历史文化、生态环境上具有独特优势的首钢园区的新生，是落实首都功能定位的重要支撑。对影响城市环境的工业功能的疏解并不是只停留在一个简单退出的层面，而是充分利用了城市空间，形成新的科技、文化、旅游、体育、商业融合增长点，既有利于优化城市空间布局，提供新的就业机会，又能辐射周边地区，带动京津冀协同发展。

（二）高井路：从老旧小区到冬奥社区

　　2019年5月11日，在庆祝北京2022年冬奥会倒计时1 000天系列活动中，北京市石景山区广宁街道高井路社区成为首个被授牌的"冬奥社区"。

　　高井路社区紧邻永定河高井沟，居民曾被高井沟水质恶臭问题困扰多时。高井沟为历史自然形成，流经石门路南侧、高井路西侧。高井沟起点为五里坨铁路桥，向东南流经高井村后，再沿高井电厂东侧向西过丰沙铁路，最终向南经麻峪村汇入永定河，全长约3.2公里，流域范围约为32平方公里。高井沟的支流主要有油库沟、黑石头沟及石府沟，分别在五里坨铁路桥上游及高井村南侧汇入。高井沟主要承担石景山区西北部山区排洪及流域范围内的雨水排除任务，同时还承担着高井电厂、沿线建设区及下游麻峪村地区的防洪任务。2013年高井沟沿岸的所有污水口进行了统一改造，高井沟的水质终于得到改善。

[①] 严鹏，关艺蕾. 日本工业遗产纪行　月桂冠与西阵织：日本传统工业之美 [EB/OL].（2019-09-29）[2020-12-28]. https://www.sohu.com/a/344197976_260616.

[②] 邱正. 唤醒沉睡的工业遗产 [N]. 青岛日报，2020-09-09（14）.

高井路社区原属于老旧小区，地处石景山区与门头沟交界处，各种配套设施不完善，居民生活便利度不高。2017 年广宁街道拆违中，高井路社区围绕高井路、高井沟周边全面整治。在拆违工作中，高井路社区围绕高井路、高井沟周边小区全面整治，对居民阳台外扩建的小车棚、杂物间等一律拆除，对公共绿地内私搭的菜架、瓜棚等一律清理，共拆除六千四、新一万平、松树林等 5 个居民小区、12 栋楼的 117 处违建点位，共拆除 2 000 余平方米违法建设。①

广宁街道与冬奥组委驻地首钢西十筒仓仅一墙之隔，遥相呼应，自冬奥组委入驻以来，就成为向各国宾朋展示中国传统文化、区域形象的重要窗口。2018 年 5 月，冬奥组委工作人员响应"党员社区报到"的号召，纷纷来到属地广宁街道高井路社区报到，经过多次到社区调研、座谈，冬奥组委和广宁街道一致决定，将高井路社区建设成为全市首个"冬奥特色社区"试点。

从高井路社区的转变，我们并没有看到因为关注环境带来的任何负面效应，反而增加了社区的活力与吸引力。社区生活的质量正在成为城市营销关注和发展的一个重点方向。

---

① 石景山高井路社区将成首个冬奥特色社区试点［N］．北京青年报，2018-08-07.

第十章 杭州样本：城市品牌与产业品牌、会展品牌的互动

第一节 城市品牌与产业品牌、会展品牌的关系

一、城市品牌与产业品牌

在实践和学术研究领域，品牌最初用于企业层面，通过标识商品和服务，以区别自身与竞争对手。它是一组为公司创造价值的符号，可视作与品牌名称相关的资产和负债，提高营销效率，为企业增加收益。[1]

品牌的应用从产品、服务逐步扩展到了地方层面。[2] 随着经济与社会的全球化发展，城市之间围绕人才、资源、就业、投资等方面的竞争日益加剧。与产品品牌类似，一座城市、一个地区的名字也成为其内置的标签和外在的信号，代表着整个城市在社会公众中的形象，通过唤起情绪，提高意识和影响行为，为其增添价值。到了20世纪90年代"地方营销"概念兴起，在此基础上"城市品牌"作为一个术语被正式建立起来[3]，它促进城市实施有组织的营销策略，成为全球化的结果和应对措施之一。

产业品牌是一个产业区别于其他产业的标志，一般限定在某个区域范围之内，常用地理名称来命名，地域特色鲜明。作为城市品牌战略重要组成部分，城市产业品牌是城市发展中的一张"名片"，能够有效吸引投资、就业以及旅游或学习，其发挥的"磁场效应"能够有效带动各类经济要素向该

---

[1] AAKER D A. Measuring brand equity across products and markets [J]. California management review, 1996, 38 (3): 102-120.

[2] HANKINSON G. The management of destination brands: five guiding principles based on recent developments in corporate branding theory [J]. Journal of brand management, 2007, 14 (3): 240-254.

[3] KOTLER P, GERTNER D. Country as brand, product, and beyond: a place marketing and brand management perspective [J]. Brand management, 2002, 9 (4): 249-261.

城市集中和流动。培育和发展城市产业品牌对于提升城市核心竞争力具有决定性的作用。

二、城市品牌与会展品牌

会展业是现代流通服务业的重要组成部分，包含了会议、展览、节事活动和奖励旅游等内容。因其产业链长、产业关联度大、工业污染影响小，对区域经济发展、拉动就业、促进消费具有较强的助推作用，因而成为区域经济发展的新兴增长点，日益受到国内各大城市的重视和扶持，甚至于一些中小规模城市也纷纷开拓会展业市场。会展产业品牌对城市品牌有着特殊的促进作用。

（一）会展品牌对城市品牌传播的促进

会展品牌能提高城市的国际、国内的知名度，从而提升城市品牌竞争力。从国际上看，一个城市举办国际会议、国际展览的数量、规模通常是衡量城市国际化程度的重要指标。它能向世界各地参展、观展的组织和个人消费者展现当地的政治、经济、社会、文化等多方面的发展实力。应利用会议、展览、节事活动等传播媒介，有战略、有步骤地推广城市形象，传递城市文化价值与理念。

会展体验能提升受众的城市品牌态度。[①]从体验营销角度看，会展活动通过与当地资源相适应的主题、场景、空间、服务等要素的设计，为消费者提供了多维度、交互式的城市品牌联结体验，有助于建立起受众情感纽带，显著区别于单纯的公益营销行为。

（二）会展品牌对城市品牌发展的依赖

组织和个人对一座城市的幸福感、信赖感、可靠感和安全感方面的评价，会影响其投资与消费决策、就业与居住决策，相应地，也会影响组织和

---

① JOSE T M, NATALIA V. How can mega events and ecological orientation improve city brand attitudes？ [J]. International journal of contemporary hospitality management, 2014, 26（4）: 629-652.

个人选择某座城市作为其会展活动目的地的决策。按照科特勒的城市增长动态机制和城市衰落动态机制[①]，一座城市得益于不断发展的产业、优良的生态环境或惊艳的文化历史遗产，能够提供充分的就业和令人满意的生活质量，城市品牌形象提升，进而吸引旅游、企业和投资的到来。反之，若一个地方的吸引力下降，则核心企业和产业可能因商业管理不佳、城市利便性程度下降、整体经济衰退或其他城市有更低的生产成本而迁出，从而引发其他企业和就业人口的迁出，造成旅游、商务会展活动的急剧减少。

第二节 杭州的"产城融合"品牌传播实践

一、杭州城市品牌与产业品牌、会展品牌互动发展案例

（一）传统四大品牌项目促进区域经济发展的效应放大

作为中国最悠久的博览盛会之一，中国杭州西湖国际博览会（以下简称"西博会"）是杭州一张历久弥新的城市"金名片"，每一届都有很大的创新和突破，特别是自2017年第十九届西博会、第三届世界休闲博览会（以下简称"休博会"）起，"两会合一"举办，品牌效应进一步加强，为全省经济社会发展做出了巨大贡献（表10–1）。

表10–1 西博会（休博会）近五年效果数据

届数	时间	项目数	贸易成交额（亿元）	引进内资（亿元）	引进外资（亿美元）	参加国（个）	人次（万）
第17届	2015年10月16日至11月1日	35	104.5	138.4	10.82	40+	800

---

① 科特勒，等. 地方营销：城市、区域和国家如何吸引投资、产业和旅游[M]. 翁瑾，张惠俊，译. 上海：上海财经大学出版社，2008：5–6.

续表

届数	时间	项目数	贸易成交额（亿元）	引进内资（亿元）	引进外资（亿美元）	参加国（个）	人次（万）
第18届	2016年10月14日至10月31日	33	108.74	276.1	10.23	40+	1 200
第19届	2017年10月20日至11月12日	33	106.5	131	10.24	70+	900
第20届	2018年10月20日至11月3日	27	101	—	—	60+	110
第21届（核心会期）	2019年10月18日至10月20日	—	2.5（现场意向成交）	—	—	50+	12.5

以文化创意产业博览会为例，2019年杭州文化创意产业博览会主会场面积达7万平方米，53个国家和地区的2 000余家文创企业、机构参展，境外展区面积达50%。共举办了23场高峰论坛、行业指数发布活动；参加人数达28.6万人次，其中观众平均观展时间较往年延长了一倍；完成现场成交及签约项目金额达167.5亿元，其中项目融资逾150亿元，绩效再创新高。展会关注度进一步提升，仅微博、抖音的粉丝关注度就突破了2.2亿次。根据现场调查，参展机构满意率达97%，观众满意率达99%。文化创意产业博览会结束当天，有73%的参展商已预定了下届展位。[①]

再以动漫节为例，2018年第十四届中国国际动漫节共吸引85个国家和地区的2 641家中外企业机构、5 760多名客商展商和专业观众参加，参观人数达到143万人次，实际成交及达成签约交易、意向合作项目1 291项，涉及金额138.35亿元，消费金额24.86亿元。[②]2019年第十五届中国国际动漫节秉承"动漫盛会·人民节日"的办节宗旨，以"办好第十五届动漫节，

---

① 曾艺. 2019文博会圆满落幕［EB/OL］.（2019-09-24）［2020-12-28］. http://hangzhou.zjol.com.cn/.

② 143万人次参与中国国际动漫节［N］. 人民日报，2018-05-02.

第十章 杭州样本：城市品牌与产业品牌、会展品牌的互动

喜迎新中国成立70周年"为主题，设立了1个主会场和12个分会场，组织实施了45项主要活动和工作，共吸引了86个国家和地区参与。①

（二）创新会展品牌项目推动产业调整和结构升级

创新的杭州会展品牌项目层出不穷，各领风骚，包括杭州云栖大会、云栖2050大会、世界杭商大会、杭州国际人才交流与项目合作大会等在内的品牌展会，则吸引了更多不同地区、不同行业的企业与人才汇聚到杭州。

2015年才正式定名的"云栖大会"永久落户云栖小镇，会议定位和内容也在不断演进，从关注产品技术到服务并重，从客户应用到云端生态建设，不断突破创新，全方位展示云计算最新应用和实践成果，成为引领云计算行业创新发展风向标，成为全球最大规模的云计算峰会之一，也是中国乃至国际人工智能、云计算、量子计算、大数据等最新科技创新成果的展示前沿。

自2014年开始的世界杭商大会每两年一届，"十三五"期间举行了第二届和第三届。2016年世界杭商大会共有16个重点内资项目签署合作协议，总投资额达到276.1亿元，引进外地资金232亿元。2018年世界杭商大会围绕城市发展、金融创新和产业发展三大主题，举办包括"'一带一路'背景下杭商的机遇和挑战"、大湾区建设与杭商发展主题论坛、杭州独角兽青年领袖高峰论坛等12个分论坛，共邀请全球各界代表800多人参加会议。

受G20峰会效应带动，"十三五"期间举办的两届杭州国际人才交流与项目合作大会的影响力和吸引力有显著提升。大会已经成为浙江、杭州吸引海外高层次人才的"金名片"。通过举办大会，杭州向世界展示了其引才诚意和爱才氛围，为杭州市乃至浙江省引进了一批高层次人才和项目，助力创新驱动发展，促进经济转型升级，实现了经济社会发展的新跨越，推动杭州的人才强市建设。

2020中国会展活动新技术新设备新服务展览会暨会展跨界合作交流萧山峰会（以下简称"会展三新展"）于11月13日至14日在杭州国际博览中心举办。该展会成为国内唯一一个以会展活动新技术新设备新服务为主题

---

① 第十五届中国国际动漫节刷新五项纪录［N］．杭州日报，2019-05-06．

的"展览+会议"综合性活动。

(三)品牌会展企业开拓创新,提升行业和城市的知名度

"十三五"期间,重点培育的在国内有影响力的本地会展企业以及产业龙头企业品牌有:浙江三博会展股份有限公司,2016年获评为"浙江省十大优秀会展企业"以及"中国会展行业领军企业",上市公司,年产值超过1亿元;杭州市迪威展览有限公司,其前身是台州市迪威展览有限公司,产值超过2亿元,主营现代化、智慧化展览展示,成为杭博中心第一个全馆展承办商;浙江远大国际会展有限公司,作为出境展商品牌重点培育和发展,拥有浙江省服务名牌、浙江省著名商标(2012—2017)等品牌荣誉,以"品质浙货行销天下"为主题的自办类展会已布局"一带一路"沿线多个国家和市场;浙江米奥兰特商务会展股份有限公司,于2019年10月22日在深交所创业板挂牌(股票名称:米奥会展,股票代码:300795),成为"中国会展第一股",公司主营境外会展策划、组织、推广及运营服务,聚焦中国企业走出去,打造"自主产权、自主品牌、独立运营"且布局全球的互联网展览公司,是为"中国制造"量身打造拓展全球市场,特别是"一带一路"市场的数字营销方案的综合服务商。

这些头部企业活跃在各大展会中,成为专业的组展商、服务商,提升了杭州会展业整体形象。

二、杭州城市品牌传播的启示

"产城融合"是指产业与城市融合发展,以城市为基础,承载产业空间和发展产业经济,以产业为保障,驱动城市更新和完善服务配套,进一步提升土地价值,以达到产业、城市、人之间有活力、持续向上发展的模式。基于本章第一节对会展品牌与城市品牌之间的互动关系的理论分析,可以看出城市品牌的发展从本质上离不开城市产业资源、城市消费资源所具有的吸引力和影响力;更进一步地,离不开城市发展所根植的价值观、城市文

化、社会资源。杭州案例为其他城市运用"产城融合"品牌传播提供了以下有效的启示。

（一）政府、行业协会、企业三位一体，推动会展业成为城市品牌传播的重要窗口

会展经济具有平台经济的属性，属于流通产业领域范围，是联结供给侧和需求端之桥梁。2017年开始，杭州把会展管理体制改革列入重点改革任务。2018年3月，市会展办下属的杭州西湖国际博览有限公司（以下简称"西博公司"）、杭州世界休闲博览会有限公司、杭州西博文化传播有限公司三家会展公司划归市商旅集团，真正实现管办分离、事企分开。杭州包括西博会、休博会在内的一系列原先政府主导的项目，将进一步走向市场化运作，未来杭州会展业的市场机会将更加开放，市场将更加规范。市商旅集团新吸纳了西博公司等三家会展企业，将极大提升杭州市的会展企业的运营能力和市场化进度，使"商、旅、文、会、体"联动化发展，推动市场化经营，对提升杭州市会展业的市场化、国际化、专业化水平具有重要意义。

2017年8月24日，杭州市第十三届人民代表大会常务委员会第五次会议审议通过首部《杭州市会展业促进条例》（以下简称《条例》），并于当年12月1日正式实施。《条例》在大会展定义，理顺会展业管理体制，促进市场主体培育，推动社会资本进入会展业，对会展活动申请举办实行一次收文、联合办理、一次办结，以及绿色办展、知识产权保护等工作方面规定都走在全国前列。《条例》的出台为杭州促进会展业发展，规范会展活动，建设国际会议目的地城市，打造国际会展之都、赛事之城提供了坚实的法律保障，促进了杭州会展业进一步走上规范、有序、科学发展的快车道。2018年4月杭州市会展办公布了《关于加快推进杭州市会展业发展三年行动计划（2018—2020）（征求意见稿）》。计划对提升承办国际高规格会展的软硬件支撑能力、培育和引进高端国际会议的数量和方法、出台相关会展企业扶持鼓励政策、做大做强会展企业等多个方面做了详细要求。

借势"后峰会、前亚运"的历史机遇，杭州积极开展全市会展空间规划

布局，贯彻落实拥江发展战略，结合城市轨道交通建设以及城西科创大走廊、城东智造大走廊、钱江新城二期区块、九乔商贸区块建设等，优化提升全市会展空间布局。此外，积极推进杭州国际博览中心、白马湖国际会展中心、云栖小镇国际会展中心、和平国际会展中心、杭州国际会展中心等现有会展场馆设施的改造与配套设施建设。

2020年新冠疫情发生以后，杭州市推出了"健康码""清亲在线"数字平台、"战疫引才、杭向未来"高层次人才云聘会，以及"1+12"惠企政策等，全景展现杭州的创新和务实精神。2020年3月2日，杭州市政府召开线上直播会议——全市"战疫情 促发展"工作推进会，会议期间，浙江省委常委、杭州市委书记周江勇提出，适机推出"杭州消费嘉年华"，打响"旅游休闲到杭州""消费购物到杭州""开会观展到杭州"等品牌。3月21日，杭州率先发布《杭州市新冠肺炎疫情防控指挥部关于调整疫情防控措施的通告》，宣布会展等公共经营场所即日起恢复开放[①]，并适机推出"开会观展到杭州"品牌，让杭州又一次走在前列。

（二）以目的地管理为抓手，促进城市品牌、产业品牌与会展品牌互动发展

目的地管理（Destination Management），就是在各类活动、事件、旅游、交通运输与后勤保障等事件中，利用所在目的地的丰富专业知识、技能和优势资源，提供专业的从创意、策划、设计到全面实施的一站式服务。因会展而放大的城市品牌效应，又会进一步吸引国际、国内组织以及消费者个人选择杭州作为目的地。杭州正是在目的地管理思维下进行进一步的产业融合和产业链上下游延伸，充分发挥城市自然景观和人文资源整合优势，综合呈现城市风采、场馆特色、优质旅游服务、专业运营团队的合力。

当前，以会展经济兴城的城市，除了老牌的上海、北京、广州、香港等，新兴的成都、海口、西安、武汉等无不将会展行业列入新兴服务业进行扶持和发展。城市会展市场中同质化现象非常严重，要想让自己的会展品牌

---

① 沈杨根. 杭州市政府发出邀约：开会观展到杭州［N］. 中国贸易报，2020-03-05.

第十章 杭州样本：城市品牌与产业品牌、会展品牌的互动

更加具有竞争优势，品牌个性塑造就非常重要。杭州城市文化以"精致、和谐、大气、开放"为主旨，杭州会展亦力求在每个品牌项目中做到策划上精致、生态上和谐、交流中大气、举办上开放。例如，作为杭州会展场馆的引导者，杭州国际博览中心突破了杭州没有大型综合性会展场馆的瓶颈，为会展产业聚集区的落成提供了强有力的保障。杭博中心周边的商务、金融、物流、商业、酒店、餐饮、娱乐休闲等配套设施建设升级，进一步提升了杭州举办国际会议的服务能力。但它最独特的一点是令人惊喜的精致餐饮服务。在"2020中国会展活动新技术新设备新服务展览会暨会展跨界合作交流萧山峰会"（以下简称"会展三新展"）中，由于疫情的影响，"联谊午餐"转为"主题午餐会"，其推出的商务餐被业界誉为"盒饭界的爱马仕"。

（三）以城市特色产业为根基，塑造可持续会展品牌与城市品牌

杭州在打造世界名城和培育成为国际消费中心城市的过程中，始终坚持以特色产业发展作为立足根基：传统产业方面，对丝绸、茶叶等历史经典产业予以扶持；新兴产业方面，围绕网络经济、高端制造、生物经济、绿色低碳和数字创意等五大领域，重点发展信息技术、物联网、人工智能、高端装备制造、新材料、生物、新能源汽车、新能源、节能环保、数字创意等十大战略性新兴产业。杭州市重点把握会展业与其他产业融合发展的机理，以信息产业、文化创意产业为等为特色优势，持续以会展业促进杭州市构建"1+6"产业集群，加快推进传统产业全面转型升级，以专题展会带动新兴消费，带动产学研结合和转化，实现会展业与优势产业的良性互动发展，通过对大会展产业链环节上各个市场主体的吸引，进一步提升了城市品牌的知名度和美誉度。表10-2列举了面向产业集群的代表性产业融合展会。

表10-2　杭州市会展业与优势产业融合发展情况

所面向的产业集群	代表性产业融合展会
信息产业集群	中国（杭州）国际电子商务博览会
	杭州·云栖大会

城市营销：迈向消费驱动时代

续表

所面向的产业集群	代表性产业融合展会
文化创意产业集群	杭州文化创意产业博览会
	中国（杭州）国际动漫节
	中国（杭州）工艺美术精品博览会
	亚洲设计管理&生活创新展
休闲产业集群	中国国际休闲产业博览会
	中国（杭州）休闲发展国际论坛
健康产业集群	浙江国际健康产业博览会
金融服务产业集群	《金融时报》年度高峰论坛
时尚产业集群	中国国际丝绸博览会暨女装展
高端装备制造产业集群	中国杭州国际汽车工业展览会
传统产业	中国国际茶叶博览会

（四）以生活品质和人居价值为导向，提升杭州城市品牌价值

2007年，由新华社《瞭望东方周刊》与瞭望智库在杭州联合发布了中国第一份最具幸福感城市的榜单，十强城市分别为杭州、沈阳、中山、宁波、青岛、台州、珠海、上海、北京、成都。这一年，杭州取得中国最具幸福感城市桂冠，此后14年杭州成为唯一连续上榜的城市。

2019年杭州常住人口净增55.4万，居全国城市首位，2020年以来又新引进35岁以下大学生28万人，人才、海外人才、互联网人才净流入率连续多年保持全国第一，连续10年入选"外籍人才眼中最具吸引力的十大城市"。在杭州，只要在手机上轻轻一点，每个新来的大学毕业生即可连续3年领到1万元住房补贴，每个租房的企业员工疫情期间就能领到500元租房补贴。在杭州，每个人的劳动和价值都得到尊重和褒奖：厨师出身的程序员入选全球35位35岁以下青年科技创新人才，90后快递小哥被评为高层次人才获得百万购房补贴。①

为深入贯彻落实习近平总书记考察浙江、杭州时的重要讲话精神，杭州

---

① 杭州连续14年蝉联"中国最具幸福感城市"！听市委书记如何解码"幸福感"［N］．杭州日报，2020-11-18．

第十章　杭州样本：城市品牌与产业品牌、会展品牌的互动

市委、市政府按照"山水相融、湖城合璧、拥江枕河、人水相亲"的发展理念，坚决破除"碎片化"现象，优化调整管理体制机制，形成西湖、西溪一体化保护的强大合力。把保护好西湖和西溪湿地作为杭州城市发展和治理的鲜明导向，推进西湖西溪一体化保护提升，把景区的功能变成城市的功能，使城市成为人人向往的诗和远方。

结语　城市营销：未来与展望

第一节　消费时代中国城市营销面临的新挑战

一、政府主导与主体多元化之间的博弈

政府作为城市营销的主导力量，对城市发展有自己的规划和愿景，但并不是"一言堂"，其他城市建设的参与者在法律意义上都是独立的个体，在法律框架内有按照自己利益独立行事的权利，因此，各主体会按照自己的思路和方式去参与市场竞争。如果各方力量能够"心往一处想、劲往一处使"，那当然是最理想的状态，但现实中各方的行事思路和方式更可能是相互影响、相互牵制的，甚至可能是相互抵消和对抗的。

首先，城市营销必须在法律的规则框架之内实施，法律是各方认可并遵守的规则，城市营销各主体的各种动作都不能突破这个框架。

政府虽然拥有较大的权力，但是在后工业时代市场经济条件下，对没有上下级隶属关系的其他各方，约束力显得很薄弱，甚至需要通过间接的影响施加压力，这压力到底有多少作用，还是要打问号的。政府拥有管理城市的权力，掌握相对丰厚的公共资源，在制定方针政策、使用行政手段、安排资金流向、把握宣传导向等方面具有绝对的权威。企业是通过参与市场运行，配置资源产生新价值的，企业是市场经济里的重要一环，是城市经济发展的核心力量，政府的税收、民众的就业大部分依靠企业来实现，可以说企业是城市经济的支柱和基础。民众是城市的"细胞"，民众的城镇化是后工业时代的重要特征，民众也是城市文化的创造者、城市发展的实现者，民众的心理因素对城市整体氛围有极大影响，民众的心理活动经过表达就会形成一定的舆论，舆论就是一剂"催化剂"，正向的舆论能够推动社会形成符合政府需要的正能量，反之，负面的舆论对社会发展有阻碍作用，尤其是

结语　城市营销：未来与展望

在舆论较为自由、传播方式非常发达的后工业时代，舆论所代表的民意成为制定政策的关键影响力量。社会团体在城市营销过程中主要起推动作用，让城市营销活动更加专业化、宣传推广效果更有说服力，其很多职能是通过企业的市场行为来实现的，因此，对企业的依赖性较强，其发挥作用也有局限性。

城市营销的博弈，政府是占主导地位的，其他力量只能说是具有不同力度的话语权，政府是搭建博弈平台、制定规则的关键核心角色，对其他各方有影响力。一个明智的政府会通过各方的不断变化制定政策，形成动态的合作共赢式发展。

二、目标受众的角色转换与重合

城市营销的目标受众的角色也随着其境遇的变化而发生转换。例如，旅游消费者在到某一城市旅行之后，对城市高度认可，决定到该城市居住，成为城市居民，这样，旅游消费者就完成了向居民的转变。同样，旅游消费者在旅行过程中，会发现城市的商机，随后投入到该城市的产业投资中来。

城市营销的目标受众的角色具有多重性，例如，他可能既有良好的居住条件需要，也有投资发展的需要，这些需要都是不可或缺的。所以，城市营销的目标受众可能是一个居住在城市内的企业家。

目标受众的角色转换与多重角色产生的根本原因是人的需求的复杂性和多样性。支持这一特点的理论是马斯洛需求层次论和 ERG 理论，美国心理学家亚伯拉罕·马斯洛（Abraham Maslow）将人的生存发展需要分为五个层次，阐述了人的生存发展需要具有多样性的特征，这就是人类需求层次理论。美国耶鲁大学的克雷顿·奥尔德弗（Clayton Alderfer）在马斯洛提出的需要层次理论的基础上，提出了 ERG 理论。他认为，人们的核心需要包括生存（existence）、相互关系（relatedness）和成长发展（growth）的需要，且三种需要可以同时起作用，人既有居住、饮食、生命安全等基础需要，还有事业有成、获得成就、得到社会承认等更高层次的需要。因此，在现代社会人的需要变得更加多样和复杂，且随着时间和境遇的改变而变化，目标受众不再具有单一的社会角色定位，而有进一步满足自己多种需要的渴望。

三、城市人口的两极分化

城市的组织，城市环境和秩序的特征，最终都是由城市人口规模决定的。[①] 城镇化进程与城市的整体发展是对立统一的，可以相互促进，也可以相互制约。过快的城镇化将带来一系列城市病，影响城市运行效率，降低城市投资效益；城镇化进程迟滞，则导致城镇发展缺乏动力。近十年来，我国城镇化进程加速，导致城市发展极不平衡。东部地区城镇化水平高，城市管理能力没有跟上，对城市的冲击比较明显，如大城市体量过大、环境污染等问题；西部地区城镇化则遇到了新区无人居住、基础设施配套滞后等问题。城市发展不能再走单纯人口集中的发展模式，要做好城市规划和功能分区，加快信息技术、交通等基础设施建设，扩大第三产业结构占比，合理控制人口规模，充分利用高新技术、科技资源，走内涵式发展道路。

四、中小城市的特色与优势挖掘

我国现有672个城市，其中直辖市4个，副省级市15个，地级市278个，县级市375个。绝大部分为中小型城市，市域治理成为城市营销的基底。没有良好的市域治理，便无法形成中小城市的城市秩序和发展基石。

我国的城市发展经历了粗放的发展阶段，即人口大规模向城市集中，但城市基础设施建设、管理水平配套仍停留在较低水平，导致一系列城市病的发生，已经不能满足城市进一步发展的需要。鉴于大城市的种种弊病，我国也提出使中小城市作为接收农村转移人口的主要力量，但是中小城市在就业、医疗、养老、教育等方面与大城市的差距，导致发展受到制约。现阶

---

① 帕克，伯吉斯，麦肯齐，等. 城市社会学：芝加哥学派城市研究文集[M]. 宋俊岭，吴建华，王登斌，译. 北京：商务印书馆，2012：8.

段,要发挥中小城市的特色与优势,统筹考虑、科学规划,加强城市综合治理,创建良好的人居环境,作为大型中心城市的依附和缓冲。

五、迎接新的消费城市时代

2001年,格莱泽断言,人们对城市作为消费中心的作用关注得太少,未来的城市必须迎合消费的升级。时至今日,城市治理者和消费者都已经关注到了消费的重要性,挑战来自对消费新动向的关注和把握。

在新的消费城市时代,人们期待更多的高度接触,信息技术的进步可能会导致更多面对面交流的需求,因为面对面交流与通过电子方式交流的时间是互补的。[1] 高接触服务成为消费中的重要区别点。如何将线上线下资源有机结合起来为城市中的各类型消费者服务,形成其良好的体验感,将成为城市能否具有持续吸引力的关键。

各种市民的自由流动,要求城市提升其包容性,在就业公平的同时超越性别、民族和经济状况等界限,接纳少数群体,使其融入城市建设。

除了物质消费以外,如何才能让市民或旅游人士获得更高的体验感,是未来消费城市面临的另一个新挑战。日本学者三浦展在《第四消费时代》中把日本消费社会分为四个阶段,预言日本将进入简单朴素、回归简约的第四消费时代,"购物使人幸福"的时代将要终结。他认为中国属于突然跃进第二消费时代的新兴国家之一。[2] 事实上,每个国家的城市发展有自己的历史渊源和时代脉络,并非每个国家都必定有三或四个消费阶段。中国城市消费将存在消费分化、多种消费阶段并存发展的特点。但市民之间共享消费资源、公众注重城市生态、地方发扬特有的历史文化底蕴和公民意识,是城市未来保有活力和吸引力的源泉。

---

[1] 格莱泽. 城市的胜利[M]. 刘润泉,译. 上海:上海社会科学院出版社,2012:33.
[2] 三浦展. 第四消费时代[M]. 马奈,译. 北京:东方出版社,2014.

城市营销：迈向消费驱动时代

第二节 未来城市营销的特征与方向

后工业时代带来的城市巨变，让城市更加复杂多样，也促进城市营销进行自我革新，城市营销有了新的特征。

一、资源整合成为城市营销关注的首要领域

随着后工业时代科技革命深化和城镇化进程加速，以及城市的数量和规模不断增加，世界范围内对资源的要求也更加严苛，围绕着资源的争夺越加激烈，如果城市自身不积极合理地争取资源，那么其未来发展前景将受制于人，城市价值更无从谈起。资源是城市可以掌控并在城市管理过程中使用的资产，资源对于一座城市来说就是后勤补给线，资源与城市价值是相互依赖的关系，资源促进城市价值的提升，城市价值则吸引资源的集聚。资源和能力是城市竞争力诸要素的重要方面。

现在，研究城市的综合竞争力不仅仅要关注城市的生产能力，还要关注其拥有的稀缺的、不可模仿和替代的资源禀赋，这是生产特异产品的初始条件。每一座城市都有不同种类的资源，比如自然资源、社会资源、区位资源、政治和经济资源等，这些资源如何配置是城市竞争力差异之所在。也就是说，作为资源集合体的城市，资源的分布、规模、比例等内部的特质性，决定了城市的生产能力和生活品质，决定了城市拥有超出其他竞争对手的可持续发展能力，可以保证城市源源不断的组织动力来源。因此，随着城市资源需求量的猛增和资源禀赋的限制，资源也许就会成为城市未来发展的瓶颈。城市的资源禀赋对城市的价值创造有着决定性的影响，对城市资源的关注因而也就上升到城市发展战略层面上来了，城市的发展战略也就不可避免地研究、开发、培育、整合、保护城市资源，关注城市资源的组合和构成，全新的城市资源观和理念已深入人心。

哪些城市资源是稀缺或者独特的呢？一般认为，容易被复制、模仿、获

取的资源是非稀缺资源,获得门槛较低,来源渠道多样,资源储备丰富,而稀缺资源正好相反。一座城市的人才资源、知识资源、品牌资源是最独特、最难以掌握的资源,需要通过长期的积累来获得,常常成为城市独特的战略资源。

二、互联网时代印记深入城市营销

互联网的诞生和发展与后工业时代基本同步,与城市营销的发展也基本一致。首先,互联网成为城市营销的渠道之一,逐渐成为城市营销与"顾客"之间重要的交流渠道,丰富了城市营销的送达手段;其次,互联网成为城市营销的重要手段,网络营销与城市营销有很多共通之处,可叠加使用的方法很多;最后,互联网及周边技术,为城市营销带来丰富的数据和情报支撑,大数据、云平台、数据挖掘等技术,帮助市场各方拟定营销方案,控制营销过程,分析营销效果。现在互联网技术仍在不断创新,传统媒体将逐渐成为互联网的一部分,在宣传、树立形象、举办活动等方面更加成熟。城市营销在互联网时代针对性更强,方法手段更加多样,互联网对城市营销的发展有较大的促进作用。

三、营销风险控制理念提上日程

城市治理的市场化运作是必要的,这是后工业时代城市发展的必然要求,激励着城市营销的兴起。在依法实施的前提下,城市营销能够有效地开发城市资源,提升城市形象和价值,实现城市发展进入良性循环的轨道。但是,城市治理的公共属性与城市营销的获益要求之间存在着巨大矛盾,这个矛盾就是给城市营销带来风险的根源。主要的风险点有:政府越位风险,政府作为城市营销的组织实施者,过度干预城市营销的具体步骤;城市过度包装问题,城市营销的重要手段是树立良好的城市形象,为此,一些城市大建形象工程、大搞城市新区,从而背上巨额债务,引起城市财务风险;城市资源的短缺风险，土地、矿产等有形资源经过多年开发，已逐渐枯竭；地方利益保护主义和本位主义思想对城市的损害。城市营销过程中存在的风险一旦爆发，将会带来不同程度的障碍，直接影响营销效果。

现在，对城市营销风险的分析和判断已经成为城市营销实施前的必备步骤，分析、预测、化解城市营销的风险，制定风险和损害的应对预案成为常态，系统化、规范化的营销方案是必然趋势。

四、更加人性化的城市营销理念

城市不能忘记，营销最终仍必须回归人性。随着后工业时代对"顾客"个性需求的重视和市场的日趋饱和，城市营销的人性化色彩越来越浓厚，"与民为伴"的感情牌成为城市营销的重要手段，因为城市的利益相关者，无论是组织还是个人，都是最终由人来完成决策的，重视人的感受将有利于交易的达成、居民的理解。在城市向前更新和进化的过程中，不但是为了提高城市的便利性，更是为了保护、创新优秀的历史文化，建设成有自身特定传统和情感的邻里区域。

五、城市营销更为注重城市的可持续性

后工业时代的城市发展将超越以往任何时候的城市发展，因为它改变了扩大城市规模和追加投资的传统增长模式，而是依靠知识和技术的发展，知识和技术的水平和发展程度直接影响着城市的生产力。城市营销更加注重城市的可持续性软实力。一是要有相应的治理能力，具有相对完备的治理体系和实现治理的方法；二是资源配置能力，能够建立符合现代产业要求的场体系和基础设施，并在全球范围内调动生产要素。这些能力随着知识和技术的更新而有新的要求，城市营销的发展理念须符合城市发展潮流，跟上城市发展节奏。

未来城市营销应围绕着推进城市物质和精神两方面的可持续发展而展

开。在物质层面上,它以各种需求为导向,通过分析城市在竞争中的地位、优势和劣势,发现其存在的问题和机遇,有针对性、科学地选择和优化产业结构,合理利用土地、能源、劳动力等各种资源,寻找城市长期持续发展的路径。在精神层面上,建立政府、企业、公众共同成长的愿景,在城市中培育积极向上、文明进步的社会风气,发挥人的主观能动性,为城市提供创造力和聪明才智。与此同时,城市营销也应遵循绿色营销和社会责任营销理念,在优化人居价值的同时树立旗帜鲜明、超前的环境保护规则,积极应对城市中大量消费带来的污染、垃圾等问题。